中 国 家 常

CHINESE CHITCHAT

（CHINESE READER）

杨贺松　编著

北 京 大 学 出 版 社

中 国 家 常

杨贺松 编著

责任编辑：王春茂

*

北京大学出版社出版

（北京大学校内）

国防科工委印刷厂印刷

新华书店北京发行所发行 各地新华书店经售

*

850×1168毫米 32开本 10.625印张 260千字

1991年3月第一版 1996年5月第四次印刷

ISBN7-301-01366-3/H·138

定价：12.50元

目 录

序

  这部《中国家常》是一本教外国学生学习汉语的教材，并且是正式出版之前就已经受到欧美学生广泛欢迎的一本教材。

  教外国人汉语，通常称为对外汉语教学。新中国的对外汉语教学，已经有了四十年左右的历史。作为一个专门的学科，对外汉语教学有它的特点，有它的特殊的教学方法，当然也应该有专门的教材。这部《中国家常》就是根据对外汉语教学的特点编写的教材。

  对外汉语教学有哪些特点，有经验的教师和专家一定能说出许多许多。事实上，在这方面已经发表了不少很好的论文。我国的对外汉语教学水平正在不断提高。教学水平的提高，也要求教师和专家们编写出更多更好的教材，以适应教学的需要。

  对于一部教材，应该有些什么要求呢？我以为，首先要求它所使用的语言是规范的，并且是能够"琅琅上口"的。这似乎是不言而喻的，但并不是每一部教材的编者都充分注意到了这一点。如果考察一下当前众多的出版物，我们不是还很容易发现其中的各种语言混乱现象吗？有的文章，粗看上去似乎没有什么大毛病，可是你拿来朗读一遍就会发现，它跟活的语言是完全脱节的，或者说，谁也不会按那些文章的腔调来说话的。这些可以算是语言里的"病毒"，咱们可不能让这些病毒侵入对外汉语教学的教材！

上面这些话是从消极方面来说的；从积极方面说，一部好的教材先得要求用语准确、优美、生动，只有这样的教材才能够引导外国学生正确掌握汉语。《中国家常》的语言朴素自然，明白如话。每一课课文都是可以"上口"的，真像是听老朋友聊家常那样，让人觉得亲切。我以为这是本书很突出的一个优点。

其次，对外汉语教学的对象是成年人，成年人学习一种语言，当然不同于儿童的语言习得，教材必须适合成年人的特点。语言作为社会交际工具，它所反映的社会生活也是丰富多彩、多种多样的。只有把这些社会生活内容安排到教材里去，教材的每一课课文才是充实的，引人入胜的。只有这样的教材才是结合实际的。外国学生学了，既掌握了汉语，又通过汉语了解了中国社会，增强了对中国的感情。事实上，不管是谁，学习一种语言，如果完全不懂得说这种语言的民族的社会、文化、风俗、习惯、历史，乃至心理状态，那就不可能真正掌握这种语言。这部《中国家常》在这一点上不愧是它的读者的好帮手。它几乎涉及中国当代生活的各个方面，读者可以从中增进对中国的了解，这种了解又会进一步巩固所学到的汉语知识。

本书编著者杨贺松教授是我的同窗学长，多年从事对外汉语教学，积累了丰富的实践经验。但是因为工作单位不同，平时见面机会不多，难得有向她请教的机会。现在她以《中国家常》一书书稿见示，并嘱写序。我读后深感受益，写了上面一些话，就算是读后感吧，不知道说得对不对？

刘 坚

1990 年 9 月

自　序

　　前年，德意志联邦共和国柏林自由大学 (FREE UNI-VERSITY) 曾经邀请我前往讲授汉语。可是，因为我在此以前已经接受了美国斯坦福大学 (STANFORD UNIVER-SITY) 的邀请，并已到达该校任教，所以只好放弃那次很好的机会。去年春天旧话重提，自由大学又寄来邀请信，我深感荣幸，便愉快地接受了邀请。我所担任的三门课里，有两门是阅读、讨论课，并附带要求学生进行简单的写作练习。其中一门课的课文以中国的婚姻、家庭、子女教育为题材，另一门以中国当代生活为题材，这都是自由大学规定的。我认为这两门课的内容和教法都很新鲜，而且有益于学生更好地学习汉语、了解中国，便以极大的兴趣开始准备。我虽翻阅了许多报刊书籍，但找不到适合做教材的现成的文章，于是决心自己动笔来写。经过三个月的努力，终于写出二十篇课文（每门课十篇），并注释了课文中的若干词语，选定了课外读物，列出了供课堂讨论用的一些思考题。这样，两部教材的雏形就具备了。去年十月，我带着这两部教材前往西柏林，向自由大学的大约三十名学生讲了四个月，受到学生的欢迎。今年二月回国后，承北京大学出版社厚爱，决定将这部教材正式出版发

V

行，我深感欣慰。为了读者使用此书方便，与出版社商定将两部教材合并为一部，分为上下编；因为书里讲的内容都是家常事、家常话，所以取名《中国家常》。《中国家常》适合已经学过两年或三年汉语的学生学习，是中级的汉语教材。上下编既可以作为一门课的教材前后连续使用，也可以作为两门课的教材分别使用。因为它们的内容都是介绍中国现状的，所以也可供外国读者了解中国家庭日常生活和社会一般状况之用。每篇课文一千多字，相当于一个题目的概述，课文后面附有生词注释和词语例释，要求学生精读。每课还附有若干课外读物，围绕课文的内容提供参考资料，只要求学生浏览，明了大意就行了。这些课外读物的阅读量比较大，可以训练学生的阅读能力；如果时间不足只选读一部分也可以。因为这是一部中级教材，所以我想，在用它进行教学的过程中，应当把课堂讨论放在突出的地位上。课堂讨论可以训练学生用汉语思考的能力、说汉语的能力，以及听别人说汉语的能力；讨论前写发言提纲，讨论后写总结，又可以训练学生的写作能力，可谓一举数得。如果组织得好，课堂讨论可能是十分有趣的。在这部教材里，除了课堂讨论思考题以外，我没有列出通常教材里都有的那类练习题。我想那类练习最好由任课教师根据不同国别学生的实际需要，在讲课过程中，随时设计。那样更灵活些，效果也会更好些。

本书每一篇课文大概用六节课（每节课五十分钟）可以教完。如果每周四节课，刚好一年可以教完。教师讲授和课堂讨论的时间比例，可由任课教师自己根据学生的水平决定。但请务必给学生留出足够的课外阅读时间，以及讨论的准备时间，如果没有足够的准备，讨论恐怕会失败的。

　　在编写此书的过程中，时常与我的丈夫袁行霈教授切磋琢磨，得到他许多鼓励和帮助，并承他校订了课文，深表谢忱！马丁·科恩先生 (Mr. Martin Kern) 以极大的兴趣通读了课文，将生词译为德文；柯嘉豪先生 (Mr. John Kieschnick) 同样以极大的兴趣通读了课文，修订了生词的英译部分；并把此书的自序译成英文。最后，小野桂子女士又通读了全部课文，并将生词译为日文。他们分别提出不少宝贵建议，这些建议很有助于提高这部书的实用性。对他们的热情帮助，我由衷感谢！这部教材得以编成，还有赖于我在斯坦福大学教学的经验，我一直怀念那段愉快的时光。最后我要特别感谢自由大学，如果没有自由大学的邀请，就不会有这部教材！在此谨向自由大学以及自由大学的诸位帮助过我的同事们表示由衷的谢意！

　　承中国社会科学院语言研究所所长刘坚先生为此书作序，深表谢忱！

北京大学　对外汉语教学中心

杨贺松

1990. 4.

INTRODUCTION

This book is called <u>Chinese Chitchat</u> because it is about daily life and daily language. <u>Chinese Chitchat</u> is appropriate for students who have already studied Chinese for two or three years; it is an intermediate level textbook. The two parts of the book can be used in succession, or they can be used separately. Because the lessons introduce contemporary China they will help foreign readers to understand the basics of daily Chinese family life and Chinese society. Each lesson introduces a particular topic in approximately one thousand characters. At the end of each lesson are listed vocabulary and explanations of phrases that the student should study carefully and drill intensively. There are also suggestions for outside reading at the end of each lesson which provide information that in one way or another concerns the topic of the lesson. The students need only skim these articles and understand their general meaning. There is quite a bit of outside reading to improve the student's reading ability. If there is not enough time to read all of the material, students may select specific articles that interest them. Because this is an intermediate textbook, special importance is placed on class discussion. Class discussion will improve the student's ability to think in Chinese, as well as to speak and understand it. Before discussion, students should write an outline of what they plan to say. After the discussion, they should write a summary. It is hoped that this will improve their writing ability. If organized properly, the class discussions can be very interesting. Besides topics for discussion, I have not provided exercises usually found in textbooks of this kind. It will be better, I believe, for such exercises to be provided by teachers in the course of their teaching, by taking into account the specific needs peculiar to students of various countries. The exercises, so designed, will be more flexible and serve their purpose better.

Each lesson in the book takes approximately six classes (50 minutes per class) to teach. If there are four classes a week, it can be taught in one year. The ratio of lecture to class discussion should be decided by the teacher according to the level of the students. The teacher should be careful to leave enough time for the students to read outside material and to prepare for the discussions. If there is not enough time for preparation, the discussions will not be successful.

Peking University,
Center for the Teaching of Chinese as a Foreign Language
Yang Hesong
April, 1990

ACKNOWLEDGMENTS

The year before last, Free University in Berlin invited me to go there to teach Chinese. But as I had already accepted an offer from Stanford University in the United States, I could only pass up that excellent opportunity. In the spring of last year Free University sent me another invitation which I was honored to accept. Of the three classes I was responsible for, two were reading and discussion classes that also required students to write simple compositions. Free University stipulated that one of the classes was to be on Chinese marriage, family life, and child education. The other class was on everyday life in contemporary China. I found the contents and teaching method of these two classes stimulating and at the same time beneficial for the students' study of Chinese and understanding of China.

I began preparations with a great deal of interest, reading a number of articles and books. But as I could not find published articles appropriate for teaching materials, I decided to write them myself. After three months, I finally finished twenty lessons (ten lessons for each class), with explanations for a number of words in the texts, selected outside readings, and questions for thought and class discussion. In October of last year I took these two sets of teaching materials to Berlin and used them to teach approximately 30 students at Free University, where the materials were well received by the students. After coming

X

back to China in February of this year, I received the support of Beijing University Press to formally publish the book. I am thankful for their support. For the reader's convenience, after discussion with the publishing company, I decided to put the two sets of materials together.

In the process of writing this book, I often talked problems over with my husband, Professor Yuan Xingpei, who proofread the lessons. I am very grateful for his encouragement and help. Martin Kern read the lessons with great interest and translated the vocabulary into German. John Kieschnick also read through the entire text and corrected the English translations of the vocabulary. Finally, Keiko Ono also read through the entire text and translated the vocabulary into Japanese. These three offered many valuable suggestions that have helped to make the book more useful. I am deeply grateful for their enthusiastic help. In compiling this book I also benefited from my teaching experience at Stanford University for which I am most grateful. Finally, I want to especially thank Free University. If they had not invited me to teach, this textbook simply would never have been written. To Free University and all of my colleagues there I wish to express my most heartfelt gratitude.

I hereby express my heartfelt thanks to Mr. Liu Jian, Director of the Institute of Linguistic Research of the Academy of Soical Sciences of China for writing a preface to this book.

Y. H. S.

上　　编

第 一 课

八十年代青年的择偶标准

近四十年来，女青年的择偶标准发生了三次大的变化。五十年代到七十年代前期，比较注重荣誉和政治地位，特别是五十年代后期和六十年代，政治条件起着举足轻重的作用。七十年代后期到八十年代初期，比较注重财产和其他物质条件。八十年代中期以来比较注重知识、才能等精神方面的条件。

最近在某大城市里，对四百名女青年选择丈夫的标准作了调查，结果如下：注重男方知识、才能的占百分之八十，而注重财产和其他物质条件的只占百分之二十。许多姑娘表示，要找文化水平高的人，最好有专业技术职称，如技术员、工程师、讲师、会计师等；或者是刻苦学

3

习业务知识的人，他们现在虽然还未成才，但能看到成功的曙光。另外，那些具有经营管理才干的人也是她们追求的对象，其中有企业的经理、工厂的厂长、成功的个体户等。

至于男人的相貌和性格也很重要。她们更喜欢坚强、仗义、具有男子汉气概的人，而不太喜欢带几分娇气的"小白脸"。她们找丈夫是想找个依靠和庇护，要的是安全感和稳定感。还有一个有趣的现象，大约近二十年来，姑娘选择对象很看重身高。她们喜欢身材高大的小伙子，一米六五以下的男人被叫做"二等残废"，很难找到对象。丈夫比自己矮，在有些姑娘看来简直不能容忍。

男青年选择妻子，除了注重相貌以外，也很注意女方是不是处女，但在学历方面并不一定要求很高。他们尤其不愿意找学历比自己高的姑娘，一个男大学生很难选择一个女研究生，他们会觉得丢脸。不少有事业心的男青年，愿意找有一定学历而学历又不太高的女性，她一定要温柔、会做家务事，也就是所谓"贤妻良母"型的女性。正像女青年不喜欢贾宝玉一样，男青年喜欢林黛玉的也少起来了。择偶标准，估计在九十年代不会有太大变化。

生　　词

(1) 择偶　　　　　〔动〕　Ehepartner suchen
　　zé'ǒu　　　　　　　　to choose a mate
　　　　　　　　　　　　恋人、配偶者を選ぶ

(2) 物质条件　　　　　　　materielle Voraussetzungen
　　wùzhì tiáojiàn　　　　material conditions
　　　　　　　　　　　　物質的条件

(3) 技术职称　　　〔名〕　Rangbezeichnung　für　technische
　　jìshù zhíchēng　　　　Fachkräfte
　　　　　　　　　　　　titles for technical personnel
　　　　　　　　　　　　技術職の名称

(4) 会计师　　　　〔名〕　Buchhalter
　　kuàijìshī　　　　　　bookkeeper
　　　　　　　　　　　　経理士

(5) 经营　　　　　〔动〕　managen，（Geschäfte）führen
　　jīngyíng　　　　　　management
　　　　　　　　　　　　経営

(6) 才干　　　　　〔名〕　Befähigung
　　cáigàn　　　　　　　abilities
　　　　　　　　　　　　能力、仕事の実力

(7) 企业　　　　　〔名〕　Betrieb，Unternehmen
　　qǐyè　　　　　　　　enterprise，business
　　　　　　　　　　　　企業

(8) 个体户　　　　〔名〕　（kleiner）Privatbetrieb

gètǐhù   (small) individual enterprise

個人経営の小企業

(9) 相貌 　　　　〔名〕 Aussehen, Äusseres

xiàngmào   facial features

容貌、顔立ち

(10) 仗义 　　　　〔动〕 Gerechtigkeitssinn haben

zhàngyì   to have a sense of justice

正義感が強い

(11) 男子汉 　　　〔名〕 ein "echter" Mann

nánzǐhàn   a "real" man

男、男子（そのたくましさを強
調した言い方）

(12) 气概 　　　　〔名〕 geistige Haltung

qìgài   spirit

気概、心意気

(13) 小白脸 　　　〔名〕 ein hübscher Junge

xiǎobáiliǎnr   a "Pretly" young man

色白のやさ男

(14) 庇护 　　　　〔动〕 beschirmen, beschützen

bìhù   shield

庇護する、かばう

(15) 处女 　　　　〔名〕 Jungfrau

chǔnǚ   virgin

处女

(16) 丢脸 　　　　〔动〕 das Gesicht verlieren

diūliǎn   lose face

体面、面目を失う

(17) 贤妻良母 　　〔成〕 tugendhafte Ehefrau und gute Mut-

6

	xíanqī liángmǔ		ter
			(of a woman) virtuous
			良妻賢母
(18)	贾宝玉	〔人名〕	Personenname
	Jiǎ Bǎoyù		Personal name
			人名
(19)	林黛玉	〔人名〕	Personenname
	Lín Dàiyù		Personal name
			人名

词 语 例 释

(1) 近四十年来，女青年的择偶标准发生了三次大的变化。

"近来"，指过去到现在的一段时间，这段时间离现在还不久。例如：

① 近来他工作很忙。

② 我近来常去看她。

"近来"这两个字中间可以插入表示时间的词语，具体说明这段时间的长短。例如：

① 近十天来她体重减轻了三磅。

② 近几个月来我对汉语发生了很大的兴趣。

③ 近日来阴雨连绵，我的心情也很忧郁。

④ 近年来全世界的气候都转暖了。

注意：可以说"近日来"、"近年来"，但习惯上不说"近月来"或"近周来"。

(2) 特别是五十年代后期和六十年代，政治条件起了举足轻重的作用。

"特别"在这里是副词，表示强调，相当于"尤其"。例如：

① 你不能走，特别是在母亲生病的时候。

② 冬天他常常关节疼，特别是在阴雨天。

③ 她门门功课都好，特别是数学课。

（3）那些具有经营管理才干的人也是她们追求的对象，其中有企业的经理、工厂的厂长、成功的个体户等。

"具有"的意思就是"有"，但比"有"的应用范围小，多用于抽象事物。例如："有……意义"也可以说"具有……意义"，"有……精神"也可以说"具有……精神"，因为"意义"、"精神"都是抽象事物。但不能把"有一本书"说成"具有一本书"，不能把"有两个孩子"说成"具有两个孩子"，因为"一本书"、"两个孩子"都是具体事物。

（4）至于男人的相貌和性格也很重要。

这里的"至于"是连词，紧接上文另提出一件事或者另一种情况加以论述。例如：

① 文章首先要写通顺，至于生动那是进一步的要求。

② 我和他只有工作来往，至于他的私生活我从来不过问。

"至于"也可以当副词，表示事情发展到一定的程度或地步，常在前面加"不"字或"何"字，表示还不到某种程度或地步。例如：

① 那篇文章写得很清楚，他不至于看不懂。

② 她功课很好，何至于考不上大学！

课 外 读 物

（1）征婚启事数则

（2）杨同《我的择偶观》（《中国妇女》1984 年第 7 期）

（3）李银河《当代中国人的择偶标准》节录（《中国社会科学》1989 年第 4 期）

8

课堂讨论思考题

(1) 你对当前中国青年的择偶标准有何看法？

(2) 你认为最重要的择偶标准应该是什么？哪些条件可以不考虑？

(3) 你自己有没有明确的择偶标准？能向大家谈一谈吗？

＊　　　　　＊　　　　　＊

征婚启事数则

▲某男，52岁，丧偶。身高1.70米，相貌端正，身体健康。户口在沈阳市内，近郊有房子，本人在文艺团体工作多年，现已退休，每月工资150元。现在农村从事婚丧、嫁娶演奏工作，本人系锁呐世家出身。子女均成家独立生活。现觅一位年貌相当，会演奏锁呐、笙、二胡等民间乐器的女性为终生伴侣。有意者请写信转沈阳市大东区文宫街道乐群居委会孙振国收。

▲某男，39岁，身高1.70米，未婚，高小文化程度，现为北京市怀柔县饲料公司合同工人，月收入150元。本人忠厚诚实，家有住房3间。欲觅一位年龄在35岁左右、老实善良、能操持家务的农村女子为伴侣。以北京地区农村女子为最好，文化程度不限，带一子女也可。有意者请与北京市怀柔县沙峪乡渤海所村堵久凤联系。邮政编码：101405。

▲某女，28岁，原配偶因公死亡。身高1.56米，品貌好，身体健康，湖南省某军工厂工人。经济条件优厚，家有3岁小孩一

个（有抚养费）。现欲觅一位品貌端正、忠厚、对小孩好、年龄在40岁以下、在国营单位或事业单位工作的干部为伴，地区不限。有意者请信寄湖南省冷水滩市7319工厂工会何丽收转。

▲某男，38岁，身高1.73米，身体健康，五官端正，为人正派，离异。现任某单位厨师，家有住房6间，年收入2000元。觅心地善良、能料理家务、愿到男方落户、共建幸福家庭的女性为伴，条件不限。有意者请与安徽省萧县刘套镇常楼村匡兴文联系。

▲某男，27岁，身高1.70米，身体健康，五官端正，长相好。本人为某单位推销业务，月收入200元，有住房4间，父亲在新疆工作，来后可共同开办商店。本人欲觅一位27岁以下、其余条件不限的女性为伴。有意者请与江苏省铜山县黄集乡黄西村二队王广侠联系。

▲某男，38岁，身高1.73米，身体健康，五官端正，高小文化程度。在村里担任行政工作，有住房，独自一人生活，月收入百余元。本人欲求一位40岁以下、其余条件不限的农村妇女为伴。离异、丧偶带小孩皆可。有意者请与江苏省铜山县黄集乡黄西村卜庆月联系。

▲某男，26岁，貌端体健，未婚，身高1.70米，钢筋工，月薪300多元，有住房三间，觅善良端正、26岁以下的未婚姑娘为伴。请与江苏常熟市大义友谊南卷村本人联系。

我 的 择 偶 观

我想从一个男大学生的角度，略谈男性择偶。男性择偶的理想标准是什么？我常和同学们谈论，大多数人认为是：漂亮、有风度，温柔、有教养。

异性之间首先要互相吸引才会产生爱慕。女性的美丽和优雅，比任何东西都能更直接地打动男性的心。美的外貌，往往能激发起人们对心灵的美好想象，使好感迅速增长。一个男子有一位美貌的女伴，不仅自己觉得骄傲，同时还成为别的男子羡慕和仿效的对象。例如，一位男青年陪着一位漂亮姑娘上街，一路上行人频频注目，这位男青年自然会不禁自喜，仿佛把自己抬高了。

男子赞赏女性的温柔贤慧，犹如女子倾慕男性的磊落刚毅。温柔是顺乎女子天性的，尤其是经过极左时期的那种宣传，人们对方海珍式的女子极欲远之。平日，我常听姑娘们说："起码得找一个戳得住的男子汉。"同理男子也想找一位温柔贤慧的妻子。

当然，如果能在生活中自然结识，形成深厚的情谊，的确是再幸福不过的。那样就不只是因为对方美才觉得可爱，而是因为对方可爱，才觉得美了。不过现在青年的社交活动少，产生这种机遇很偶然。目前男女结识主要通过介绍的途径，所以，在无从深知对方内涵时，外表和年龄就成了首要因素。因此不分条件就去谴责男性只侧重外表是不妥当的。

有些男子为什么回避事业型的女子呢？我就不希望女方的地位和能力比自己高。在社会上全力奋斗之后，回到家中希望能够得到缓解和乐趣，如果还要再谈事业、理想就实在是件苦事了。我并不希望女子作事业上的追求，而只需要女子富于教养就行了。如果女子还能在音乐、艺术方面稍有修养那就求之不得了。再说，目前一般家庭经济条件差，家务劳动繁重，两人都全力追求事业是不可能的，"二保一"是一种社会现实。

以上所谈只根据我个人的观察，难免有偏颇之处，希望大家各抒己见，愿与大家一起探讨。

当代中国人的择偶标准（节录）

四、研究结果

第一部分

1. 征婚者的基本特征

（1）年龄：从样本看，征婚者中最年轻的是 20 岁，最老的是 71 岁。25 岁以下的占 29.0％，26 岁至 30 岁的占 27.0％，31 岁至 35 岁的占 22.3％，36 岁至 40 岁的占 9.7％，41 岁以上的占 12.0％。

（2）教育程度：样本中大学以上教育程度（本科肄业、毕业、研究生）的占 27.0％，中学教育程度（包括高中、初中、中专、中技）的占 35.7％，小学教育程度的占 16.7％，文盲占 1.7％。此外，有 19％的人没有提到自己的教育程度。

（3）职业：样本中干部占 13.3％，知识分子占 24.0％，国营工人占 33.0％，集体职工、临时工、合同工占 3.0％，乡镇企业职工、民办教师占 8.0％，农村专业户占 4.7％，一般农民占 3.7％，军人占 2.7％，个体户、待业青年占 2.3％。样本中有 5.3％的人没有提到自己的职业。

（4）户口状态：样本中城市人口占 78.3％，农村人口占 19.3％，军人占 2.4％。

（5）婚姻状况及经历：样本中 51.7％的人声明至今尚未结过婚，20.6％的人曾结过婚，目前丧偶或离异，有 27.7％的人没有提到自己的婚姻状况及经历。

2. 征婚者对自身状况的描述

从征婚者对自身状况的描述可以看出人们在择偶时看重自身的哪些素质，以为自己在哪些方面值得配偶予以注意（或是值得骄傲的对自己有利的"条件",或是对自己不利但应当让对方有所了解的情况),因而也在一定程度上间接反映出人们在择偶过程中最看重的因素。

除去全部征婚者都提到的性别和年龄以外,其它按样本成员描述自身情况时提到某一因素的频率顺序排列如下:

(1)有94.7%的征婚者提到了自己的职业,只有5.3%的人没有提到自己的职业。由此可以看出,在中国,一个人的职业是其社会地位的主要标志,以致人们在把自己展现给对象时将它摆在极重要的位置,而那种如在印度社会中人属于哪一等级(种性)或在西方发达国家中人的财产或在种族纷杂的社会中人的种族等因素的重要性在中国都是不显著的。

(2)其次重要的是身高:样本中有92.3%的人提到了自己的身高,只有7.7%的征婚者没有提到这一点。这个现象在世界各国的征婚广告中是绝无仅有的,十分有趣。联想到中国的一些俗话,如"一高遮百丑"以及有一段时间甚为流行的关于男子在1米75以下就是"二等残废"、1米70以下是"一等残废"等谑语,可以印证中国人在择偶时对身高的特别关注。虽然我们尚难以确定这种关注的确切原因(是因为男子高大才显得有男子气概?——这是一种对健美、性感的较高层次的追求;还是因为在勉强温饱的国度身材高大是营养较好因而身体强健的标志?——这则是较低层次的追求了),但人们不约而同地将身高摆在如此重要的地位加以介绍这一点却是不争的事实。

(3)征婚人在自我介绍时摆在第三位的是教育程度。样本中有81.0%的人提到自己的教育程度。在中国,教育程度的高低虽然与职业密切相关,但与收入的多少却不甚相关或很不相关。近年暴露出来的收入"脑体倒挂"(知识分子有时甚至不如普通工人、服务行业职工收入高,更比不上个体户),更使这种关系变为负相关,从而使教育程度的重要性相应降低。然而人们在择偶时仍把教育程度放在重要地位。可以想到的原因是，中国人往往不仅把教育程度同谋生手段相联系，而且把它视同为教养程度。

（4）征婚人在自我介绍时摆在第四位的是容貌，有73.3%的人提到自己的容貌，女性多用"秀丽""端庄""清秀""端正""白晰""俊秀"等词汇，男性则多用"五官端正""英俊"等。

（5）征婚人提到自己婚姻状态的占72.4%，占第五位。样本中有51.7%的人提到自己从未结过婚，20.7%的人提到有婚史，其中有人强调只有"短暂婚史"。由此看来人们对初婚再婚还是相当关注的，这也是在跨文化比较中较为突出的中国特色。

（6）征婚人提到自己性格品德的占69.0%，比例也相当大。使用的词汇主要有：质朴稳重、勤勉谦和、温柔娴静、热情真诚、正直善良、开朗活泼、老实正派等等。

（7）征婚人介绍自身情况时第七注重的是健康，样本中52.3%的人提到自己身体健康。

（8）有30.7%的征婚人提到自己的爱好，其中包括爱好文学艺术、音乐美术、摄影书法等，也有许多人只笼统地说"爱好广泛"或"兴趣广泛"。

（9）25.7%的征婚人提到自己的收入。这个比例是不太高的，可能的原因是，在中国，人们的基本工资较平均且固定，一旦说出职业，对方基本上可以估计出其收入，只有个体户和专业户这一群收入高低差别大的人才有必要加以特别说明。

（10）样本中有17.7%的人提出自己的家庭背景，除了有极少数出身于干部和知识分子家庭的人提到自己的家庭出身之外，多数人是说明"无负担""孤身一人生活"或提到自己与母亲一起生活等等。看来有无家庭负担也是人们择偶中不可忽视的一个因素。

（11）征婚者中有16.7%的人提到自己有住房。这种情况在跨文化研究中也较少见。可见住房在中国人的择偶标准中有非比寻

14

常的份量。在世界多数国家中，人们根据财力不同会享有极为悬殊的住房条件，但很少有如我国由于住房几乎完全由单位分配因而有钱也租（买）不到的。因此，在征婚广告中提到自己住房条件的人往往并不说自己住房的好坏，而只是说"有住房"，这就足以增加其吸引力了。

(12) 有14.3％的征婚者提到自己有事业心。

在以上征婚者介绍自身的主要条件之外，还有一些不及10％的因素，如6.7％的人提到自己有某种技术专长；6.7％的人提到自己身有残疾；6.0％的人提到感情的因素，所用词汇多为"重感情"、"感情丰富"等；6.0％的人提到自己的身材（"苗条"）；5.0％的人提到自己没有不良嗜好（"不嗜烟酒"）；4.7％的人（男性）提出如对方条件好愿去女家居住（这一条件的提出证明中国男性认为愿去女家入赘是对女方作出的重大让步，可以吸引对方）；2.7％的人提出自己善理家务；2.3％的人提出家有全套家具或家用电器；2.3％的人承认自己是党员（这一因素的重要性比起怀特与帕瑞斯在"文化大革命"期间对中国人择偶标准的研究所得到的数据是大大降低了）；2.0％的人申明自己所属的民族，其中多为回族人。一个值得注意的现象是，申明自己民族为回族的征婚者全部要求配偶也是回族人，而其他提到自己所属民族的人并没有要求对方与自己同族。

3. 征婚者对配偶提出的要求

从征婚人对配偶提出的要求可以更加直截了当地看到中国人择偶标准中的各种因素是如何排列的。

(1) 样本中征婚人对对方提出的头等重要的条件是年龄，有78.3％的人提出了具体的年龄要求，当然也有人只简略地要求"年龄相仿"。

(2) 择偶标准中第二重要的是性格品德，有76.3％的人提到要求对方要通情达理、豁达开朗、诚实正派、温柔善良、气质好等等。

（3）择偶标准中占第三位的是身高。与上节征婚者介绍自己情况时一样，身高在向对方提出的要求中也占了很不寻常的位置。样本中有 54.3% 的人提出身高要求。许多人采用了"年龄在××岁以下，身高在××米以上"这一句式。

（4）在择偶标准中占第四位的是婚姻状况和经历。有 30.0% 的人要求对方必须从未结过婚，24.0% 的人声明可以接受有婚史的人。对婚姻状况提出了要求的总共占样本的 54.0%。

（5）择偶标准中占第五位的是教育程度。样本中有 44.3% 的人对对方的教育程度有要求。

（6）择偶标准中按其重要性应列为第六位的是容貌——41.0% 的征婚者提出容貌要求。

（7）第七位是健康——39.0% 的征婚者提出这一要求。

（8）第八位是职业——36.7% 的人提出职业要求。许多人要求对方的具体职业为国家正式职工、干部等，有些提出对方最好从事医务工作、教学工作等等，但许多男性对女性的职业要求仅仅是"有工作"或"有正式工作"。

（9）第九位是地区要求。样本中有 23.7% 的人对对方的居住地有具体要求，如北京、上海、天津、武汉等大中城市的征婚者往往提出要求对方在本市居住，也有少数人指定了一定居住范围，如某省的北部或某个更小的范围。

（10）有 21.7% 的人要求对方事业心强，办事能力强等。

（11）有 14.0% 的人对对方提出感情要求，多数只是写"重感情"，虽然也有直书希望对方"能够爱我"的，但只是极少数。

（12）样本中有 13.0% 的人向对方提出户口要求。有 7.3% 提出希望对方是城市户口，有 5.7% 的人提出对方可以是农村户口。

第 二 课

大龄姑娘的心事

　　八十年代出现了许多未婚的大龄姑娘，她们的婚事成为社会关注的一个问题。

　　这些大龄姑娘主要是文化大革命中上山下乡的知青。她们在文革开始的一九六六年是中学生，大约十二岁至十八岁之间，当时还不到结婚的年龄。一九六八年以后她们陆续上山下乡，一部分人在农村结了婚；还有不少人既在一同上山下乡的知青中找不到合适的对象，又不愿和当地的农民结婚，在原来居住的城市找对象吧，城里人又不愿要她们，因为她们的户口迁不回来，于是她们的婚事就耽搁了下来。一九七一年以后，有人被推荐上大学，有人因病迁回城里转为工人或售货员，后一部分人的婚姻也不好解决。一九七七年高等院校恢复招生，又有一批人考取回城，但她们的年龄已接近三十，这时谈恋爱已经晚了。到一九七九年，大多数上山下乡的知青都可以回城了，那时她们却已经三十上下，没结婚的回城再找对象，很不容易了。就这样，三耽误两耽误，她们中间一部分人错过了恋爱结婚的时间，成为未婚大龄姑娘。

在这批大龄姑娘中有许多品德高、修养好、知识丰富的人，她们不愿降低要求，为结婚而结婚，和自己并不相爱的人勉强组织一个家庭。她们想，反正自己已经错过了时机，当时既然不肯马马虎虎嫁人，那就坚守初衷，遇不到满意的决不迁就。可是她们的家庭以及同事、朋友并不很理解这一点。用世俗的眼光看待她们，也许觉得她们可怜。于是常常有些热心人劝说她们快结婚，或为她们介绍对象。而这一切反而成为无形的压力，使她们痛苦。她们多半经人介绍交过男朋友，也有登过征婚启事的。但成功率不高，她们自己对这类方式也感到别扭。可是她们理想中的伴侣毕竟难以遇见了！

恋爱婚姻方面的挫折，往往在事业上得到了补偿，她

18

们中间有不少人一心扑到事业上，取得突出的成就，并从中得到心理的满足。看着别人恋爱、结婚、生男育女，她们也许会有几分羡慕。但自己那无牵无挂的自由自在的生活，以及超脱于世人的精神方面的追求与满足，似乎又抵得上家庭生活的缺憾了。

生　词

(1) 上山下乡　〔成〕　(als gebildete städtische Jugendliche) zur Arbeit aufs Land gehen
shàngshān-
xiàxiāng　　(of educated urban youth) to go and work in the countryside
文革中，都市の知識青年たちが農山村へ行き肉体労働に参加したこと

(2) 知青　〔名〕　(mittel-) Schulabsolventen
zhīqīng　　young (middleschool-age) intellectuals
知識青年

(3) 户口　〔名〕　eingetragener ständiger Wohnsitz; Anzahl der Haushalte und der Gesamtbevölkerung
hùkǒu
registered permanent residence
户籍、住民登録

(4) 耽搁　〔动〕　verweilen; hinausschieben, ver-

19

			dānge	zögern
				to be delayed
				滞る、おくれる
(5)	推荐	〔动〕		empfehlen
	tuījiàn			to recommend
				推薦する
(6)	品德	〔名〕		Moral，Tugend
	pǐndé			moral character
				道徳的品性
(7)	修养	〔名〕		Bildung
	xiūyǎng			education，cultivation
				（知識や学問の）修養、素養、教養
(8)	时机	〔名〕		günstige Gelegenheit
	shíjī			opportunity
				時機
(9)	初衷	〔名〕		anfänglicher Wunsch
	chūzhōng			original intention
				初めの志
(10)	迁就	〔动〕		sich anpassen
	qiānjiù			to accommodate oneself to
				妥協する
(11)	世俗	〔名〕		Konventionen
	shìsú			common customs
				世の中、世のならわし
(12)	压力	〔名〕		Druck，Zwang
	yālì			pressure
				圧力

(13) 交（朋友）　〔动〕　mit jmd, Freundschaft schliessen
　　　jiāo　　　　　　make friends
　　　　　　　　　　　（異性と）つきあう、交際する

(14) 启事　　　〔名〕　Ankündigung，　Bekanntmachung，
　　　qǐshì　　　　　　Anzeige
　　　　　　　　　　　notice
　　　　　　　　　　　告示

(15) 成功率　　〔名〕　Erfolgsrate
　　　chénggōnglǜ　　　the rate of success
　　　　　　　　　　　成功率

(16) 别扭　　　〔形〕　unangenehm, unbehaglilch
　　　bièniu　　　　　uncomfortable
　　　　　　　　　　　しっくりしない、気にかかるところ
　　　　　　　　　　　がある

(17) 伴侣　　　〔名〕　Gefährte, Partner
　　　bànlǚ　　　　　partner
　　　　　　　　　　　伴侣

(18) 挫折　　　〔名〕　Rückschlag
　　　cuòzhé　　　　　setbacks
　　　　　　　　　　　挫折

(19) 补偿　　　〔动〕　kompensieren, wettmachen, aufw-
　　　bǔcháng　　　　iegen
　　　　　　　　　　　make up
　　　　　　　　　　　償う、埋め合わす

(20) 扑　　　　〔动〕　sich auf etwas sturzen
　　　pū　　　　　　　to throw oneself into, to devote
　　　　　　　　　　　oneself to
　　　　　　　　　　　没頭する

21

词语例释

（1）一九六八年以后她们陆续上山下乡，……

"陆续"是副词，表示动作、行为、状态有先有后，时断时续，不是同时发生的。例如：

① 开学前学生们都陆续到校了。

② 一到三月，桃花、李花、丁香花就陆续开放了。

"陆续"可以重叠成为"陆陆续续"，有加重、强调的意味。例如：

① 我陆陆续续地收到她许多信。

② 在会上大家陆陆续续发表了一些意见。

（2）还有不少人既在一同上山下乡的知青中找不到合适的对象，又不愿和当地的农民结婚，……

"既……又……"，表示两种情况同时存在。例如：

① 他既是好丈夫又是好爸爸。

② 体育运动既可锻炼人的身体，又可磨练人的意志。

"既"和"又"后面各有一种情况，往往前者是一般的、公认的或谈话的对方已经知道的，后者是所强调的。

（3）就这样，三耽误两耽误，她们中间一部分人错过了恋爱结婚的时间，成为未婚大龄姑娘。

"三……两……"，表示不确定的数字，不一定就是三和二。有时表示少，有时表示反复。例如：

① 她三言两语就把问题说清楚了。

② 我三说两说硬是把他说服了。

这里的"三耽误两耽误"，是一再耽误的意思。

（4）她们不愿意降低要求，为结婚而结婚，和自己并不相爱的人勉强组织一个家庭。

这里的"为……而……",表示一种目的以及为了达到这种目的而采取的行动。"为"的后面是目的,"而"的后面是行动。例如:

① 他一天到晚为赚钱而奔忙。

② 让我们为主人的健康而干杯!

（5）而这一切反而成为无形的压力,使她们痛苦。

"反而"是副词,表示跟前文意思相反或出乎预料之外,在句中起转折作用。例如:

① 她不但不厌烦,反而更耐心了。

② 下雪以后天气反而更暖和了。

"反而"的同义词有"反"、"反倒","反"多用于书面,"反倒"多用于口语。

课 外 读 物

（1）于倩《为什么男女之间这样难于理解》（《中国妇女》1984 年第 4 期）

（2）曲兰《穿行在爱与不爱的小道上》节录（江苏文艺出版社 1987 年出版）

（3）冯媛、毛磊《默默此情谁诉——北京独身者的心声》（《北京日报》1986 年 12 月 10 日）

课堂讨论思考题

（1）请根据课文和课外读物的内容,概括地说说大龄姑娘的心理状态。

（2）你认为应该怎样对待她们?

（3）你们国家的姑娘一般在多大岁数结婚?超过三十岁的

姑娘结婚容易吗？

* * *

为什么男女之间这样难于理解

编辑同志：

我偶然翻开第四期《中国妇女》，看见你们愿为未婚大年龄青年穿针引线当"红娘"，并为我们解决一些婚姻恋爱上的认识问题的消息，十分高兴，也十分感动。此时，我正在希望与失望交织着的痛苦和混乱之中，这则启事使我已濒于绝望的心，升起了一线希望，希望您能给我指导和帮助，为我指出一条正确的道路。

我是个快 37 岁的姑娘。由于众所周知的历史原因，过去不想（也没有条件）考虑个人问题。1980 年，我从南部边境山区调回城市，又回到十几年前起步的地方。那时我已经 32 岁，却家未成、业未立。面对新的环境，在"振兴中华"的时代洪流推动下，我决心竭尽全力，争取早日打开"成家"、"立业"的局面，追回消逝的青春。

四年来，我在事业上的进展是令人欣慰的。我通过刻苦钻研很快熟悉了业务，为跟上时代的发展我又考取了师院中文函授本科班，同时我已在书法夜校毕业，作品曾在市书画展中展出。然而，我在婚姻问题上却是一败涂地。几年来经人介绍也曾认识过几位男子，他们大都是识书懂礼、勤奋好学的人，有的还是书法爱好者。我原以为，共同的爱好，共同的志向能使爱情有共同的基础。不料这些男同胞的看法是"女子无才便是德"，他们要的是有点文化修养的贤妻良母，而不是志同道合的伴侣，更容不得有执着追求的女性。可悲的是这似乎已成为一种普遍现象。我下乡十几年，懂得生活的艰辛，但我不明白，对事业的追求和贤妻良

24

母之间，真有一条不可逾越的鸿沟，二者必择其一吗？我也曾接触过个别文化程度较低的男子，他们一开始就摆出一副妄自尊大，矫饰做作的派头，似乎现在不显点"威风"，日后我就不会言听计从。我其他方面的条件不错，并不想"骑在别人头上"，我只要求真诚、坦率、平等，这过分吗？我并不追求对方的地位、财产、家庭、学历，我只求有个能互相理解，互相尊重的知音良友。但人海茫茫，知音难觅。而更令人心寒的是我这些想法并不为别人理解，周围的亲朋、同事、左邻右舍，都一味指责我是条件提得太高，太挑剔，嫁不出去的老姑娘。

我不明白社会上提倡的恋爱观为什么在现实生活中行不通？我苦恼、迷惘、彷徨……但要我放弃对理想的追求，放弃做人的尊严，而低三下四委为人妻我又实在做不到。我不知道该怎么办？

编辑同志：我迫切希望能得到您的指导和帮助。

广西读者　于　倩

穿行在爱与不爱的小道上（节录）

大龄未婚，引起整个社会的注意。人们异口同声地将此归结为他们择偶条件太高。一个"大女"却这样说：是时代使我们这些人在婚姻中成为多余的人。

我的一个朋友和几位独身者组织了一个"女性独身者协会"，经常在周末聚会。我几次要求前去采访，都被她"挡驾"了："我劝你别去碰钉子了。我们那帮人极不客气，上次有个女记者钻了进去，结果遭到大家的白眼儿，弄得她很尴尬。你要是想了解大女的情况，我给你介绍一个人，她叫唐小沪，很有思想，是个助理工程师，你和她谈谈，也许会有收获。"

唐小沪在我面前坐下的时候，是一副愤愤不平的样子："我的情况你看到了。我不讲别的，就先讲房子问题吧！在家里，我实在呆不下去，我妈妈几乎每天晚上都要在我面前唠叨找对象的事，我都烦死了。我要是不听她唠叨，坐在那儿看书，她便会把我的书夺下来，然后郑重其事地问我：'你到底是怎么想的?'让你躲都没法躲。她总是要刺激你那根最敏感的神经，让你难受！要是家里来个人，甭管是我父亲的朋友还是我妹妹的朋友，她马上就凑上去，要人家给介绍对象，好像要向所有的人宣布，她家里有个嫁不出去的老姑娘，让你难堪极了。"

"不能向单位要间房吗?"

"我要过，就因为我没有结婚，有房也不给我。我跟头头们吵了好几次，才勉强在集体宿舍给我分了个床位。现在我总算有个栖身的地方，只是星期天才回家。要是让我天天忍受妈妈的唠叨，非得神经病不可。

"我们这些人也没什么奢望，只求有一个安静的生活环境，有一个属于自己的小天地，不用随时随地听父母唠叨和感受别人揶揄的目光。现在，盖了那么多房，解决了那么多人的困难，为什么从来没有人想到过我们！有位五十八岁的老教师，辛辛苦苦教了一辈子书，连她的学生都搬进了单元楼，而她，因为没结婚，至今还住在集体宿舍里。

"不久前，上海《采风报》登了这样一则消息：一个懂英俄日三国外语的女研究生——是个老姑娘，因不堪社会和家庭的压力而自杀了。很多人为她感到惋惜，我看了这则消息，更是物伤其类，悲凉之情难以言表。也许，您体会不到我们这些人做人之难；我们随时随地都生活在令人窒息的环境中，每时每刻都得小心地保护着自己那点儿可怜的自尊心。

"再说孤独的问题吧,我并非愿意远离人群,甘于寂寞。可是,我又能和谁在一起呢?我自然不能同那些二十几岁的小姑娘聚在一起,她们互相追打,取笑,谈论的是男朋友,什么时候结婚,我不感兴趣,我早已过了那种浪漫的年龄,同那些年龄和我差不多的女同志在一起,她们谈的都是如何调剂儿子的营养啦,给我们那口子打个什么花儿的毛衣啦,我同样不感兴趣;同那些上了年纪的老大姐在一起吧,假如你凑到她们堆儿里,她们会立刻转向你:'怎么样,有对象了吧?'往往很多无意的伤害,是出自于关怀。我们只有装作孤僻的样子躲在一边。在我们'女性独身者协会'办的英语班上,老师用英文问一个学生平时都干些什么,她回答:'Sleep(睡觉)。'我们这些人只能用这种办法度过工作以外的时间。

"我总觉得,我们这些人就像是砂子,溶不进社会生活的水中,于是就突出在那里,成为人们挑剔、议论的对象。我现在感到最痛苦的,并非是没有伴侣,而是不能像普通人那样生活!

"其实,我也没有理由抱怨整个社会,并不是我周围的社会——我周围这些人造成了我的悲剧;而是时代,时代造成了我们这部分人的悲剧。这又得归结于'文化大革命',它给我们这个民族带来的灾难几乎是灭绝性的。它刺激了我们民族原有的劣根性,使之畸形发展。同时,它又窒息了民族性中那些美好的东西。这些问题就涉及得太广了,包括社会学、心理学、伦理学等许多方面,我只谈谈我自己这方面:大龄青年为什么'文革'后会这么多?这是任何一个时代,任何一个社会也少见的现象。

"我十八岁到山西插队。'十八的姑娘一朵花。'十八岁,是多么美妙,多么令人赞叹的年龄,该有多少生活的乐趣呀!可我十八岁的时候,连意识到这点都没有!我意识到的只是越朴素,越能吃苦,就越革命。就在许多'革命'的口号下,几乎消灭了一切男女之间的社会分工,同时也消灭了男女性别上的差异。在那个年代里，女性的柔和、爱美等性格上的特点被认为是娇气、资产阶级意识……似乎女人只有越不修饰，越像男同志，越泼辣粗野才越革命。直到今天，青春时代所接受的教育也没有完全从我们身上消失。可以说，我仍然不是一个完全的女人。可以设想一下，在那种环境中熏陶出来的女人，哪个男人会喜欢呢？哪个男人会喜欢没有女人味儿的女人呢？去年在泰山，我碰到一个从香港来度蜜月的女电话员，她长得并不很美，从外貌上说可能还不如我。但声音柔和悦耳，神态举止也娇憨可爱，一举手一投足，都有一股活泼泼的生气。我总感到她身上有一种大陆女孩子所没有的东西，想了很久想不出来，和我一起出差的一位同志感叹说：'见到她，我才觉得我们这些人都太缺少女人味儿了！'

"——女人味儿，对！一个完全没有沾染过'文革'空气的姑娘。见到她，我恍然明白了自己的悲剧所在，内心的酸楚难以形容。

"女人男性化还表现在另一方面。现在妇女地位提高了，女性在智力上的优势充分显示出来，女研究生、女市长、女工程师……各种女强人崛起，妇女在各个领域内都成为一支强大的力量，男女之间的差距迅速缩小。然而，在婚姻缔结的观念上，'郎才女貌'、'男高女低'的模式却并未打破。传统的择偶观念要打破是极其困难的，女中专生就得找男大学生，女大学生要找研究生，依此类推。

"我们这些人可以说是时代的牺牲品，是妇女地位提高、男女差距缩小后，多余出来的那部分。

"我们既然落到如此可悲可叹的境地，人们就应该理解我们，宽容我们，给我们留下一席之地。也许我们中的一些人性格怪僻，不好交往；也许有的人心理发生变态，这都并不奇怪。因为我们确实生活在一个孤独的环境中，随着年龄的增长，由于生理的改变和环境的压迫，心理上多多少少要发生变化，'存在决定意识'

28

嘛！只要人们给我们更多的宽容，更多的理解，视我们为正常人，我们就能勇敢地面对生活。"

默默此情谁诉

——北京独身者的心声

由于采访大龄青年未婚情况，我们接触到与此相关的另一个问题——独身。

据了解，北京地区现有大龄未婚人口十五万左右。他们中许多人由于各种主客观原因，已准备独身生活下去。此外，第三次全国人口普查资料表明，我国还有一部分终身不婚的独身者，即六十岁以上未婚者，他们约占同龄人口的 1.35%。

他们怎样看待生活？他们怎样要求生活？这里，我们向社会转诉他们的隐衷、表达他们的追求。

一位早已过了而立之年的小学教导主任品貌兼优，很有事业心，她告诉记者："我觉得不可能找到合适的，所以决定过独身生活。我现在在考虑自己将来的发展方向，是深造拿更高的文凭呢，还是钻研业务、争取成为小学教育专家。业余时间要学习，还要做家务，我和母亲生活在一起。有时看看电视，生活得很充实，从来没觉得空虚，总有干不完的事。我还有很多朋友。"

看得出，她精力充沛，无甚"近忧"。那么，她有没有远虑呢？她表示："我只希望社会重视老年福利事业，离退休老人也可以组织联谊会，不至于孤独自守，形影相吊。"

的确，随着我们的社会逐步老龄化，独身老人的人际交往、社会生活，是一个应该未雨绸缪的问题了。

前边介绍的女教导主任还算是比较幸运的，许多人则有更实际的困难，尤其是一些女同志，家中缺少住房，父母有意见，兄弟有怨言：你该走不走，占着房子，影响别人。她们忍不住向记者诉苦："工作中，我是骨干，堂堂正正，心情舒畅。但来自家庭的压力，却让人苦不堪言，寄人篱下一般，看人脸色生活。"

技术员小纪在给记者的信中写道："我们单位已两次分房，厂级、中层干部多分多占，有的在第一次分房中分到了住房，第二次又分到了；有些人有了房子长期闲置不住。我家三代八口人，居住面积三十平米，多次申请分房都不被理睬，就连已婚者退掉的小房子也不考虑分给我。理由是：不结婚者不分房。"

有类似情况的何止小纪一人，有一位女青年对记者说："我们单位房子紧张，有些新婚青年、三代同堂的困难户还没解决，我也不好意思去跟人家争房子！"她建议，"既然北京能盖鸳鸯楼，也可以盖单人公寓吧？独身者负担少，房租贵些也可以；没有资金，搞募捐、集资也不妨试试呵！这绝不比填登记表、开舞会意义小！"

单身公寓一下盖不起来，他们就希望早日有一个"未婚者之家"之类的俱乐部，为他们的业余时间，提供一个温馨、理解、清新、能催人上进的天地。

这些独身者们很反感亲友、组织"好心"的过分热情，他们说，不见得婚姻就是幸福，不婚就是不幸。他们提出不要捏合的婚姻而宁缺勿滥。至于社会的偏见，他们倒不大在乎，而且也感到，随着改革、开放，人们的一些传统偏见在开始破除，私生活渐渐受到尊重。这倒正是他们所欣慰的！

第 三 课

黄 昏 恋

"黄昏恋"是近几年流行的新词儿,指老年人之间的恋爱,也包括他们的婚姻。这些老人多数是丧偶的,也有离婚的,当然也有从未结过婚的。

黄昏恋以前在中国不多见。因为在封建思想的束缚下,女人再婚受到歧视,老年妇女结婚更会传为笑话。女人死了丈夫往往终身守寡,而不改嫁;女人离婚再和别的男人结婚的事也不多见。至于男人当然就无所谓了,不但可以休妻再娶,还可以娶姨太太。解放后情况发生了很大变化,妇女的婚姻自由得到法律保障,但在人们的观念中,老人结婚似乎是多余的事,感到不习惯。

进入八十年代,在开放的浪潮中社会习俗也发生了变化,老人再婚已不是稀奇的事了。人们对这样的事有了新的看法,采取了欢迎的态度。不过更深刻的原因在于实际的需要:中国以前的大家庭已被小家庭所代替,儿女结婚以后多半离开父母单独生活,老夫老妻相依为命,一旦丧偶,生活和精神都会出现很多问题,需要再找一个老伴儿。但也正因为许多老人再婚是出于这种实际的需要,相对说来爱情的因素不多,所以造成不少问题。男的再婚为了找个人照料自己的生活,女的再婚为了得到经济的保障,结婚后一旦感到不满足就会再离婚。他们从相识到结婚,时间短;从结婚到离婚,时间也短。匆匆结婚,匆匆离婚,这样的事很多。

老人再婚最大的障碍是双方的儿女,有些儿女觉得父母再婚自己脸上无光,有些儿女怕父母再婚失去继承权,他们常常采取反对的态度。有的老人虽然想再结婚,但被儿女管住了,只好作罢。有的老人虽然不顾儿女反对结了婚,但婚后和儿女的关系又成为一大问题。

"黄昏恋"这名称很好听,许多老人确实也因此得到了晚年的幸福,但有些情况并不像这个好听的名称这样美好。其中的麻烦问题还需要进一步加以解决。

生　　词

(1) 丧偶　　　　〔动〕　seinen Ehepartner verlieren, ver-
　　sàng'ǒu　　　　　　　witwet sein
　　　　　　　　　　　　widow (er)
　　　　　　　　　　　　つれあいに死なれる、やもめ

(2) 封建思想　　〔名〕　Feudaldenken
　　fēngjiàn sīxiǎng　　　feudal thinking
　　　　　　　　　　　　封建思想

(3) 束缚　　　　〔动〕　binden, fesseln
　　shùfù　　　　　　　　binds, constraints
　　　　　　　　　　　　束縛

(4) 歧视　　　　〔动〕　diskriminieren
　　qíshì　　　　　　　　discrimination
　　　　　　　　　　　　差別視する

(5) 守寡　　　　〔动〕　Witwe bleiben
　　shǒuguǎ　　　　　　　to remain a widow
　　　　　　　　　　　　後家を通す

(6) 休妻　　　　〔动〕　seine Frau verstossen und nach
　　xiūqī　　　　　　　　Hause züruckschicken
　　　　　　　　　　　　to abandon one's wife and send her
　　　　　　　　　　　　home
　　　　　　　　　　　　妻を離縁する

(7) 姨太太　　　〔名〕　Konkubine, Nebenfrau
　　yítàitai　　　　　　　concubine

めかけ、妾

(8) 多余　　　　　〔形〕　überflüssig
　　　duōyú　　　　　　　superfluous
　　　　　　　　　　　　　余分な

(9) 浪潮　　　　　〔名〕　Strömung，Woge
　　　làngcháo　　　　　　tide，trend
　　　　　　　　　　　　　風潮

(10) 习俗　　　　　〔名〕　Sitten
　　　xísú　　　　　　　　custom
　　　　　　　　　　　　　習慣と風俗、しきたり

(11) 稀奇　　　　　〔形〕　selten
　　　xīqí　　　　　　　　rare
　　　　　　　　　　　　　稀な

(12) 相依为命　　　〔成〕　aufeinander angewiesen sein
　　　xiāngyī-wéimìng　　depend on each other for survival
　　　　　　　　　　　　　一蓮托生である（死なばもろとも）

(13) 相对　　　　　〔副〕　verhaltnismässig
　　　xiāngduì　　　　　　comparatively，relatively
　　　　　　　　　　　　　相対

(14) 继承权　　　　〔名〕　Recht auf Erbschaft
　　　jìchéngquán　　　　right of inheritance
　　　　　　　　　　　　　相続権

(15) 作罢　　　　　〔动〕　fallen lassen，aufgeben
　　　zuòbà　　　　　　　to drop，to give up
　　　　　　　　　　　　　あきらめる

词 语 例 释

（1）这些老人多数是丧偶的，也有离婚的，当然也有从未结过婚的。至于男人当然就无所谓了，不但可以休妻再娶，还可以娶姨太太。

这两个句子里的"当然"都是副词，表示肯定，有"理所当然"、"无可怀疑"的意思；还有加强语气的作用。"当然"可以省去，但省去以后语气就显得缓和了。请比较以下句子：

① 我会打字。

　　我当然会打字。

② 她生长在中国，能说一口流利的汉语。

　　她生长在中国，当然能说一口流利的汉语。

（2）中国以前的大家庭已被小家庭所代替。

这里的"所"是助词，用在动词之前，配合前面的"被"字（或"为"字），表示被动。例如：

① 这个物理公式已被实验所证明。

② 他的职位被别人所代替。

③ 他的学术成就已为世界所公认。

（3）有些老人虽然想再结婚，但被儿女管住了，只好作罢。

"只好"是副词，表示不得不，没有别的选择。例如：

① 今天我生病，只好请假。

② 他不懂汉语，只好请我翻译。

当"只好"用在形容词前面的时候，这个形容词的后面要加以下词语："点儿"、"一点儿"、"一些"、"下来"、"起来"等。例如：

① 他的话我听不懂，只好请他讲慢点儿。

② 来不及出去买菜，只好简单一点儿了。

③ 听众纷纷退场，他的演讲只好停了下来。

35

课 外 读 物

(1) 陈建功《家事》

(2)《老人再婚问题讨论》(《中国老年》1986 年第 10 期)

(3) 邹世勇《老年再婚的阻力来自何方——来自老年婚姻介绍所的信息》(同上第 11 期)

(4) 傅拴岗《再婚小记》(同上)

课堂讨论思考题

(1) 中国近几年来为什么老人再婚的现象增加了？

(2) 你认识的老人里有再婚的吗？他们再婚后生活怎样？

(3) 你们国家老人再婚有没有障碍？为什么？

*　　　　*　　　　*

家　事

一

"爸，我们要离婚。"

"真的？"

"真的。"

老爷子看看儿子，看看儿媳妇，半天没说出话来。终于，他点上烟，冷冷地对儿子说："怎么，你是不是也在外头搞上'第三者'啦？"

"没有。"

"那么，你说，"他看了看儿媳妇。"你发现他有'第三者'没

36

有？"

"没有。"儿媳妇垂下眼皮。

老爷子点点头，又默默抽开了烟。

"要不，就是……就是你有了'第三者'啦？"这话是冲儿媳妇说的，可他没好意思抬眼看她。

"没有。"

"哦？"老爷子一愣，瞥了她一眼，扭脸对儿子说："那该问问你啦，你也觉得她没有'第三者'吗？"

"是的。没有。"

老爷子不再问了，目光在儿子和儿媳的脸上扫来扫去，好像在看着两个怪物。

"那为什么要离婚呢？为什么？为什么？"突然他把茶几上的象棋子举起来"啪"地一拍，斑白的脑袋一点一点，朝着这棋子痛心疾首地喊起来。"你们说。那到底为什么要离婚呢？为什么？啊？！"

棋子木头木脑地呆在那儿。老爷子重重地出了口粗气。皱起眉头想了好久，最后还是不得其解地苦笑了。他无精打采地朝儿子儿媳摆摆手，说："吃饱了撑的。滚！"

<hr />

二

"小明，我可要结婚了啊。"父亲对儿子说。

"……"儿子正在吃饭，喉结动了半天，才咽下堵在嗓子眼那口饭。

"和谁？"

"老年活动站认识的，姓张。"

儿子伸筷从盘子里拨拉出一粒海米，放到嘴里，细细地嚼着。

"您不是都六十七了吗？"

"那是虚岁。周岁才六十五。"

"还'才'呢!"儿子的鼻子里喷出一声笑来,想了想,又说:"您的身体,您的身体还挺结实。不是也用不着人侍候吗?"

"那倒是。"

"您要是真动不了窝儿了,不是也得花钱,请个保姆吗。"

"唔",父亲应了一声。"可我找的是老伴,又不是找保姆。"

"您的伴儿不是也不少吗——下棋的、遛鸟儿的、票戏的、要剑的……"

"……"

"您说,日子过得好好的,您结的哪门子婚啊。"儿子站了起来,咧开嘴,强作着微笑,那样子比哭还难看。他挠了挠鼻梁骨,想着什么,最后长长出了口气,无可奈何地笑了。他也想到了"吃饱了撑的"这句话,可他没敢说出口,"何苦,您这是何苦?图什么?您说,您到底图什么?……"

父亲和儿子,各自回到各自的房间里去了。

老人再婚问题讨论

编者的话:

最近,我们在来信、来访和实际调查中,发现老年再婚问题十分突出。他们说:"当年'小二黑'得益于《婚姻法》,得到幸福美满的结合;三十年后的今天,'老二黑'丧偶,再婚却遭到儿女、以至社会舆论的非议、刁难与干涉。"在建设现代精神文明的今天,如何解决好老年人再婚问题,它不仅仅关系到老年人能否安度晚年,而且是促进社会安定,加强现代精神文明建设的重要课题,是一个既涉及理论,又涉及到实际生活的社会问题。

据统计,北京六十岁以上老年人丧偶占 40%。全国六十五至七十九岁的老年中,丧偶的男性占 29.4%,女性占 55.8%;八十岁以上老年丧偶的,男性占 62.8%,女性占 92.9%。因此,在某种意义上说,丧偶是人生老年阶段必不可免的经历。夫妻可有共同生活的开始,却不可能共同结束,总有一方先走。所以,消除封建意识的影响,摈弃封建主义的道德观,十分必要。尤其应当看到,伴随现代物质文明程度的提高,宣传社会主义的伦理道德,从科学上、理论上确立老年人再婚问题的新观念,并从法律上予以保证,愈加显得迫切。本刊将从这一期起开展关于"老年人再婚"问题的专题讨论。欢迎老年人踊跃参加,更希望中青年同志勇于发表自己的见解,共同探讨,以期得到社会各界人士的关注和支持。

老年人再婚是
"感情背叛""老不正经"吗?

编辑同志:

目前,老年人再婚,困难重重,阻力很大。首先是封建残余意识阻力,如:有的子女认为,其丧偶的父(母)再婚就是对他去世的母亲(父亲)"感情上的背叛"、"不道德",并质问说:"你这样做对得起我死去的父亲(母亲)吗?"极力阻挠、反对,且得到周围一些人的同情、支持;有的人认为老年人再婚是"老不正经",说什么"都七老八十,入土半截子了,还谈什么恋爱呀,真是老不正经",甚至背后讥讽想再婚的老年人是"老风流";有的子女感到母(父)再婚很不光彩,给他们"丢人现眼"。"你都这么大岁数了,还要再婚,叫我们的脸往哪搁啊!""有你吃的,有你穿的,我们养你老,你还要怎么样?"

这些认识对吗?到底应当怎样看待老年人的再婚?希望贵刊能就此问题展开广泛讨论,以明辨是非,提高认识,给老年人再婚以舆论上的支持。

读者 丛锋剑

老年再婚的阻力来自何方

——来自老年婚姻介绍所的信息

最近，我们到北京市四个老年婚姻介绍所作了一些调查，发现老年人再婚的阻力很大，其中既有老年人自身的原因，也有社会舆论的压力，但主要还是来自子女的干涉、阻挠和破坏。

孤身老年人想不想再婚？随着人们物质生活的改善、提高，许多孤身老年人已不仅仅满足于物质生活上的温饱，埋藏在内心深处的感情要萌发，不少人渴望找个老伴，解除寂寞，安度晚年。许多孤身老年人听到开办"老年婚姻介绍所"的消息后，冲破许多阻力，前去登记。呼家楼"婚介所"开办第一天，去登记的达二百多人，一年来，有一千三百多名老年人前去登记；西长安街"婚介所"开办不到一年，去登记的达六百八十多人；北新桥、福绥境"婚介所"开办仅两个月，去登记的也各有一百四、五十人。有位八十八岁高龄老人也去登记找老伴。

老年婚姻介绍所，目前成功率还不高。呼家楼"婚介所"开办一年来，只成功五十对；西长安街"婚介所"一年来成功二十八对；也有的连一对也没有成功。成功率低的原因，除了双方要求过高、子女干涉等因素外，一个突出的原因是男女比例失调，男多女少，选择余地小。如：西长安街"婚介所"登记的男女比例是六比一；北新桥"婚介所"为九比一；福绥境"婚介所"为十比一；呼家楼"婚介所"情况最好，是三比一。

男女比例失调是不是由于孤身老年女性少呢？实际情况恰恰相反，女比男多。据呼家楼街道调查，该地区有孤身老年女性八百多人，男性六百多人。西城区老龄委对一千七百七十三名老年

40

人调查，其中丧偶男性一百三十四人，女性四百六十人，女性高于男性二点五倍。出现这种情况的原因，主要是女性本身的封建残余思想比男性重，顾虑较多，生活自理能力强，不到迫不得已，是不轻易再婚的。

从调查情况看，子女干涉的原因很复杂，最主要的原因有以下几点：

第一，感情上的原因。有些子女由于对去世的父（母）感情深，加上封建伦理道德的影响，认为父（母）亲再婚，是对死去的亲人"感情上的背叛"、"没良心、不讲道德"、"对不起死去的父（母）亲"。对父（母）再婚的配偶，有的坚决不予承认；有的不许继母（父）进门，同父（母）吵闹，断绝来往，甚至闹到老年婚姻介绍所去。这个问题值得重视。据统计，三百五十名登记求偶的老年人中，丧偶者占百分之八十五，这意味着大多数再婚的老年人都会碰到这类问题。

第二，经济上的原因。相当一部分子女阻挠老年人再婚，是因为担心得不到或少得遗产，得不到房子。有的公开对父亲说：你再婚可以，先拿出五千元钱来。因为其父拿不出五千元，只好同已谈得差不多了的对象分手。有的公开对想再嫁的母亲说：你要再嫁也行，得先分家产，留下房子，你可以走。有的子女为得到财产，到法院同母亲打官司。有的听说父亲要再婚，先砸锁破门，强占房子，使你办不成事。有的说：你要到女方家去住可以，占这里的房子不行。就这样，有的已经准备登记结婚的，也硬是被子女搅散了。

第三，面子上的原因。有些子女认为，父（母）再婚，是极"不光彩"的"丢人的事"，使自己"没法做人了"。有的对准备再婚的母亲说："你这是干嘛呀，都七老八十了，还找什么对象啊！"有的则讽刺、咒骂，什么"老不正经"、"老风流"、"不要脸"、"有伤风化"、"缺德"，等等。还有的采取软的办法，说什么，"妈，你从小疼爱我们，现在你也得为我们想一想啊！你一改嫁，叫我们的脸往哪搁呀，在单位还怎么见人啊！""你一改嫁，我们以后怎么找对象啊？"等等，以此动摇、软化老年人再婚的意志。有的老人为了照顾子女的面子，不得不牺牲自己的感情，屈从儿女的一己私利。

有些老年人在子女的干涉面前，感到左右为难，特别是女同志。他们深有感触地说："过去反了父母包办儿女的婚事，现在倒过来了，父（母）亲再婚要听从儿女之命啦。"

这些问题是很值得深思的。

再 婚 小 记

花甲之年的姚荣祥再婚后十分幸福和美满。近邻远亲都传为佳话。但他的老伴刚要进这个门儿那阵子，儿女们也真叫他们经历了一段小小的"考验"。

姚荣祥是河北省石家庄市槐底卫生院医师，已六十三岁，一九八一年丧妻。他有三个儿子三个女儿，其中五人已婚，只有一个十来岁的小女儿跟他生活在一起。原来家庭生活完全靠老伴操持，老伴去世后，他在生活上遇到很多困难，这就更增加了他心情不快。精神上的空虚，促使他产生了再寻伴侣的念头。经一个朋友的介绍，一九八五年二月与年近半百的高美铃结为伉俪。两人互相照顾，相互体贴，死气沉沉的小家庭又重新笑语声声。

姚高夫妇结婚后没有几天春节到了。正月初一，家家喜庆新春佳节。姚高夫妇和其他家庭一样，天不亮就吃了饺子，迎候人们拜年。左邻右舍三三俩俩都来拜年了，但不见儿孙们来。姚荣祥也出门拜年去了，正巧大儿子保珍走进门来，见爸爸不在家，看了高美铃两眼，眨巴眨巴眼没有说话，走了。高美铃很尴尬。不

42

一会儿，次子二虎踏进门坎，一看爸爸不在家，连看高美铃一眼都没有，扭头就走。高美铃的心像有人紧紧揪住一样难受，她想哭，但因为是大年初一，控制着自己。突然三子志中进来了，问："爸爸哪去了？"

"南院去了。"

"给阿姨拜年"。

志中虽然没喊"娘"，但拜了年，叫了声"阿姨"，使高美铃顿时觉得又舒坦了许多。她认为三子是懂事的。这一天，给了她不寻常的印象：今后与子女们的关系不好处呀！

没过几天，大女儿、女婿来了，不但不给拜年，反而严肃地追问高美铃："你是从哪里来的？"高为了搞好与儿女们的关系，作了自我介绍。

"与我爸爸结婚有结婚证书吗？"女婿追问。

高美铃一听，脑袋像一颗炸弹一样轰地一声爆炸了。她很想说"你们没有权利查这个"，但她立即冷静下来，抑制着自己的感情，说："一定要看吗？"

"一定要看。"

高美铃走进里屋，从炕头毛毯下边拿出两张崭新的结婚证书，递给女婿。女婿接过来看了看，放在桌子上，什么也没说，和女儿转身走了。

一连串的不愉快事情，使高美铃很伤心，多次偷偷哭泣。但她后来又一想：这不怪孩子们，因为结婚前没有好好与儿女们商量，就是商量也得容许有思考接受的过程。于是，她下决心与老伴一起共同补上这一课。她心想，人心都是肉长的，只要与孩子们讲清楚，他们会通情达理的。

经过与孩子们以心换心，现在与三个儿子的关系都比较好，有的也喊"娘"了。由于家庭的温暖，又使姚医师精神愉快，工作上心，慕名前来求他治病的患者也比以前多起来。看见该卫生院

43

没有住院条件，姚高夫妇俩商量好，拿出两千多元钱，办起个住院部，设了二十张病床，高美铃还主动承担了住院部的病房管理和护理工作，加上服务态度好，受到患者和患者家属的好评。

今年"五一"，姚高夫妇召开了家庭会，儿女全部到会，高美铃高姿态地首先发言："咱们这个家庭如果有什么矛盾，责任主要在我……。"说是家庭会，实际上是团结的会。

姚荣祥老夫妻俩异口同声地对笔者说："看来，还是再婚好处多。"

第 四 课

婚　礼

　　中国古代的婚礼虽然不断变化，但一直都很复杂，到清末民初还是如此。说媒、订婚、聘礼、亲迎、拜堂、合卺，这些是不可少的程序。说媒，是由媒人到女家述说男家求婚之意，同时问明出嫁女子的年岁、生肖，请算命的算一算这两人结婚是否吉利。例如，属鸡的不能配属猴的，属羊的不能配属鼠的。订婚，是双方交换庚帖，上面写明生辰八字，庚帖的作用相当于订婚证书。聘礼，是由男家向女家送订婚的礼物，一般是女子所用的衣服首饰，还要有若干财帛。女方则还以冠履、文具。亲迎，是新郎亲自到女家迎娶新娘。拜堂，又叫拜天地，是婚礼过程中最重要的大礼。先拜天地、祖先，再拜父母，然后新郎新娘互拜。合卺，是新夫妇在新房内共饮合欢酒，表示永远合好。合卺之后新夫妇便可以就寝了。

解放以后婚礼大为简化了，特别是在城市里，而城市里的知识分子家庭尤其简单。男女青年自由恋爱，双方商定要结婚了，便到各自的工作单位开封证明信，证明是未婚的，然后到医院检查身体，如果没有精神病、性病或其他妨碍夫妻生活的疾病，就可以到街道办事处登记结婚，领取结婚证书。结婚登记之后，夫妇的法律地位就确立了。至于在这之后的婚礼，只是一种庆祝的仪式。婚礼有的很简单，在自己家里请亲戚朋友吃喜糖就行了；有的复杂些，把亲戚朋友请到一起，像开会似的，由双方父母或领导讲话祝贺，新郎难免要被迫讲讲恋爱过程，新娘难免要被迫表演一个节目，这种场合总有糖果招待。更复杂的是在饭店包了酒席，请亲友大吃一顿。或者男家租一辆小汽车，挂上红绸子，由新郎亲自到女家迎来新娘，新娘进门时燃放鞭炮以示欢迎，门上还要贴红喜字，以求吉利。

办婚事铺张浪费，是近几年来出现的问题，农村尤其

46

严重。这主要表现在两方面：一是聘礼过多，有时女方提出各种要求，包括住房、家用电器、成套家具、衣服首饰等等，东西要得太多以至成为变相的买卖婚姻。二是请客送礼花钱太多，如果请十桌客，每桌以三百元计算，就要花三千元，这是一个普通工人一年半的工资。亲友结婚送礼，十年前花十块钱就很体面了，现在没有三十块是拿不出手的。

近来提倡的集体婚礼是一种好方式。把某个单位或某个地区准备结婚的青年组织起来，安排在同一天同一个地方举行一个集体结婚的仪式，仪式之后有茶点招待，并有文艺表演，费用由结婚的人们分担。有人认为这种方式既隆重又节约，值得推广。

生　词

(1) 婚礼　　　　〔名〕　Hochzeit, Hochzeitsfeier
　　hūnlǐ　　　　　　　wedding
　　　　　　　　　　　　結婚式

(2) 清末　　　　〔名〕　Endphase der Qing-Dynastie
　　Qīngmò　　　　　　at the end of the Qing Dynasty
　　　　　　　　　　　　清朝末期

(3) 民初　　　　〔名〕　Frühphase der Republik

Mínchū　　　　　　　at the beginning of the Republic of

China

中華民国初期

(4) 程序　　　　〔名〕　Ordnung；Verfahren，Prozedur

chéngxù　　　　　　　procedure

順序、段取り

(5) 出嫁　　　　〔动〕　(als Frau) heiraten

chūjià　　　　　　　　(of a woman) get married

嫁にいく、とつぐ

(6) 生肖　　　　〔名〕　die zwölf Tierzeichen fur die zwolf

shēngxiào　　　　　　Erdzweige （zur Zuordnung von

Geburtsjahren im chinesischen Ho-

roskop）

any of the twelve animals，repre-

senting the twelve Earthly Branch-

es，used to symbolize the year in

which a person is born

十二支を動物にあてて生まれた

年を示すこと

(7) 算命的　　　〔名〕　wahrsagen

suànmìngde　　　　　fortune teller

占う人

(8) 吉利　　　　〔形〕　glucklich，glückverheissend，gün-

jílì　　　　　　　　　stig

lucky

幸先のよい

(9) 生辰　　　　〔名〕　Geburtstag

48

| | shēngchén | | birthday |
| | | | 誕生日 |

(10) 八字　　　〔名〕　acht horoskopische Schriftzeichen,
　　　bāzì　　　　　　　die in vier Paaren von je einem
　　　　　　　　　　　　Himmelsstamm und einem Erdzweig
　　　　　　　　　　　　angeordnet sind und Aufschluss u-
　　　　　　　　　　　　ber Geburtsjahr, - monat, - tag,
　　　　　　　　　　　　und -stunde einen Person geben
　　　　　　　　　　　　eight characters (in four pairs, in-
　　　　　　　　　　　　dicating the year, day and hour of
　　　　　　　　　　　　a person's birth, each pair consist-
　　　　　　　　　　　　ing of one Heavenly Stem and one
　　　　　　　　　　　　Earthly Branch, formerly used in
　　　　　　　　　　　　fortune-telling.)
　　　　　　　　　　　　人の生年、月、日、時の干支の
　　　　　　　　　　　　総称、運勢をみる時、特に結婚
　　　　　　　　　　　　の相性を見るときに用いる。

(11) 财帛　　　〔名〕　Reichtum, Vermogen, Geld
　　　cáibó　　　　　　wealth, money
　　　　　　　　　　　　金钱、财产

(12) 冠履　　　〔名〕　Hut und Schuhe
　　　guānlǚ　　　　　 hat and shoes
　　　　　　　　　　　　帽子とはきもの

(13) 就寝　　　〔动〕　zu Bett gehen
　　　jiùqǐn　　　　　　go to bed
　　　　　　　　　　　　就寝する

(14) 性病　　　〔名〕　venerische, Geschlechtskrankheit
　　　xìngbìng　　　　　venereal disease

49

性病

(15)	街道办事处	〔名〕	Strassenbüro
	jiēdào bànshìchù		subdistrict office
			町内の事務所
(16)	仪式	〔名〕	Feier. Zeremonie
	yíshì		rite
			儀式
(17)	鞭炮	〔名〕	eine Schnur von Knallfröschen
	biānpào		a string of small firecrackers
			爆竹
(18)	铺张	〔形〕	extravagant
	pūzhāng		extravagant
			派手な、大げさな
(19)	变相	〔形〕	getarnt, in veränderter Form
	biànxiàng		in a disguised form
			形を変えた
(20)	体面	〔名〕	ehrenhaft, ehrenvoll
	tǐmiàn		honourable
			体面
(21)	隆重	〔形〕	grossartig, feierlich
	lóngzhòng		grand
			盛大で厳かである

词 语 例 释

（1）聘礼，是由男家向女家送订婚的礼物，一般是女子所用
的衣服首饰，还要有若干财帛。

"若干"是数词，用以提问数量或指不确定的数量，意思相

50

当于"多少"，常用于书面。例如：

① 此书价值若干？

② 若干年前这里还是一片荒地。

③ 每年春天都要在校园里种植若干树木。

（2）解放以后婚礼大为简化了，……

"大为"是副词，表示由于前面所说的情况引起很大的反应。例如：

① 听了她的自述以后，我大为感动。

② 收到大学的录取通知书，我大为高兴。

③ 这部小说改编成电影以后大为逊色。

（3）成套家具

"成套"是形容词，意思是几种东西或部件配合起来，成为一套完整的用具或设备。例如："成套设备"、"成套的期刊"、"成套家用电器"、"成套木工用具"。

（4）亲友结婚送礼，十年前花十块钱就很体面了，现在没有三十块钱是拿不出手的。

"拿不出手"，意思是不好意思拿出来，怕拿出来丢脸。是送人礼物或钱财时常用的客气话。例如：

① 礼物太少了，实在拿不出手来！

② 父亲生病住院，老大只肯出这么一点儿钱，我看他是拿不出手来的。

课 外 读 物

（1）吕网大《上海结婚费用上升　青年不堪负担》

（2）魏铮《"喜"泪》（见《一分钟小说一百篇》，中国文联出版公司 1986 年出版）

（3）山西省妇联调查组《高额彩礼已成"公害"》（《中国妇

51

女》1987 年第 4 期）

课堂讨论思考题

(1) 有人认为结婚是人生大事，婚礼应该讲排场，你的意见如何？

(2) 简单地介绍一下你们国家的结婚仪式。

(3) 你对集体婚礼有何看法？

*　　　　　*　　　　　*

上海结婚费用上升　青年不堪负担

上海青年中婚事奢办之风越来越盛，不少青年讲排场，求时髦，近几年结婚费用直线上升。三年前，青年结婚费用约四千元，最近的调查则表明：青年的结婚费用平均已达八千元，比三年前增加了一倍，最高的支出已超过一万元。

婚事的支出一般为下列几大类：首先是家用电器与家具占总支出的 50％，包括千元以上的整套家具、彩电、冰箱、收录机等；第二类，新房布置、床上用品、服装等占 20％；其次是酒席占 15％；购买首饰为 10％；外出旅游支出占 5％。

从目前情况来看，上海青年结婚费用增长的主要原因有：

一、小家庭讲究"高、精、尖"。近年来，我国的经济有了很大发展，耐用消费品已进入千家万户，人民的生活水平普遍提高。因此不少青年认为，建立一个新的家庭，新房内彩电、冰箱、收录机是必不可少的，家具也要求高档。上海住房不宽敞，这些东西塞得满满当当，仅此几大件的支出就是数千元。

二、金银首饰成为新的支出。前几年，金银首饰在结婚费用

52

支出中还是零，近年来，新婚女青年佩带项链、耳环、戒指已成风气，不少女青年婚前就向男方索要首饰，这项支出已成为婚事中必须考虑的重要一项。

三、大摆宴席外加旅游热。八十年代初，不少青年办婚事是不办酒席，省下钱外出旅游，现在则是办完酒席即启程旅行。传统观念认为，不办酒席不算结婚，一般办喜酒七、八桌，多的十几桌，每桌费用都在百元以上，旅途也由近向远伸展，去苏杭游玩已不够"意思"，一般都到北京、桂林、庐山等地。

上海青年中的婚事奢办已成一种风气。一是青年自己图虚荣、讲排场，互相攀比，认为结婚是人生最重要的一件事，应该办得象样些。二是屈于社会压力，办得太寒酸有失面子，不少人借债也要大操大办。对月平均工资不足百元的青年来说，这样办婚事实在不堪负担，超出了他们能力。因此，绝大部分青年办婚事得依赖父母支持，父母资助的费用占三分之一左右，这对家庭是一个沉重的负担。不少青年对这股风并非熟视无睹，但又表示无可奈何。但也有相当部分的未婚和已婚青年则认为，在加强精神文明建设的今天，社会应该进一步倡导文明办婚事的风气。青年们办婚事，也应更新观念。

"喜" 泪

王振宇给儿子办喜事，办得可真有气魄。只要是来贺喜的，即便只凑了三毛钱份子，也要留下吃饭。不说家禽海味，单是蔬菜，几乎囊括了暖房里的所有品种。难怪刘二宝甩开腮帮子吃完后，抹着油光的嘴赞叹道："王师傅，您可真不易，就这菜，谁家弄得来！"王振宇听了，像六月天泡在凉水里，浑身舒坦。五十年来，他第一次享受到一种精神上的满足。

喜事过了一个星期了，可老王头始终还像咂摸着一颗滋味无穷的橄榄果一样。他炸了一辈子油饼，没做过一件值得夸耀的事。只有一次，他因为手被热油烫伤去医院，那个换药的护士问他道："老师傅，我自己炸的油饼怎么老发不起来？"他得意地拉长了声调："这炸油饼呀……"可惜正当他讲到紧要之处，那个护士竟转身照应别的病人去了。

但这一次给儿子办喜事，他着着实实露脸了。左邻右舍，三公四婆，哪个不竖大拇指："瞧王家办的喜事，啧啧……。"这使他大有不负祖辈重托之慨了。但是，有一个人却不买账。那就是住在靠水井那间小耳房里的万强。这次摆桌时，叫他来吃饭，他就是不来。这小子平时连背心都不买，只穿空心衬衫，省了钱买台录音机，一不听戏，二不听歌，一人儿在小屋里听些叽哩哇啦的外国话，真是"红毛猪——各色！"

当王振宇跨进大门道时，原来那颗兴致勃勃的心，凉了半截。屋门没锁，炉子是灭的，他掀开锅盖，屉上只剩一个半凉窝头。听对门张胖子讲，儿子儿媳为还债的事干起架来，儿媳赌气回了娘家，儿子搬到厂里。王振宇望着孤灯清影，一股凄凉之情袭上心头……这时门开了，万强端着一碗面走进来，红着脸叫道："大爷，我看您家的火灭了，做饭时就多煮了一碗。给您放这儿了……"王振宇慌忙站起来，万强已经撂下碗走了。老王头看着那碗冒着热气的鸡蛋挂面，原来还在眼眶里的泪水，竟扑簌簌地滚落下来……

高额彩礼已成"公害"

近年来，一些地区的农村索要彩礼的数额直线上升，范围逐年扩大，名目日渐繁多。1986年底，我们在山西雁北地区平鲁县

蒋家坪乡进行了摸底调查,可以看出这样一条规律:

时间	索要彩礼数额
50年代	500元
60年代	1000～1200元
70年代	1300～1500元
80年代	5000～10000元

蒋家坪乡少家堡村共有30户124人(其中女性56人占45.16%),22—30岁的光棍12人。50年代至80年代全村娶媳妇共花彩礼100万元,平均每年花去2.5万元,占全村农业总收入的70%。最多的一户是大合堡村王万富,共花彩礼1.3万元。彩礼的名目及具体数量如下所示:

序号	名目	金额(最低～最高数)	说明
1	彩礼钱	3000～6000元	送女方父母
2	盖房钱	2500元	3间窑
3	家具钱	200～500元	按3件算
4	衣服钱	300～1000元	3～8套
5	高档用品	500～1300元	老三件及新三件
6	看钱	20～100元	男方去女方家相看时付给女方
7	见面钱	20～30元	女方去男方家相看时付给女方
8	说媒钱	30～200元	男方付媒人
9	定亲钱	30～100元	男方给女方
10	鼓匠钱	100～200元	结婚时请吹鼓手
11	拜钱	300～2000元	结婚时亲友给新娘
12	被子钱	10～30元	缝制被褥
13	磕头钱	30元	长辈给新娘
14	骡轿钱	120元	结婚专乘的骡轿车
15	喊爹叫娘钱	10～30元	结婚时公婆给的磕头钱

16	上轿钱	30～50 元	上轿前付新娘钱
17	下轿钱	30～50 元	下轿后付新娘钱
18	开箱钱	100～200 元	女方陪嫁箱中的钱,男方要照付或加倍
19	回门钱	50～100 元	

总之,从说媒到结婚要花掉人民币 7380 元至 14450 元。娶一个媳妇对农民来说不啻为一场灾难,轻则负债累累,重则倾家荡产。难怪群众说:"三中全会后,光景好过了。眼下只有三愁:一愁给儿子找不上对象,二愁找了对象给不起彩礼,三愁给了彩礼打不清饥荒(还不起债)。"

由于彩礼逐渐加码,一些受传统封建礼教影响较深的人就拿女儿当商品出卖,甚至认为"女儿是致富的门路",是"招财进宝的摇钱树"。只要满足了彩礼要求,男方从事何种职业、人品如何、何时迎娶一概不问。蒋家坪乡七墩村农民杨晚成共有 5 个女儿。为了彩礼,竟狠心将 3 个女儿先后嫁给 3 个傻子:二女儿 1978 年"卖"了 3000 元;三女儿 1982 年"卖"了 4300 元;四女儿 1985 年"卖"了 6000 元。杨四女婚后不回婆家,为此常挨男人拷打,她整天东躲西藏。一次在庄稼地里被傻子找到,硬用铁丝套她回家,几乎把她勒死。如此惨剧,令人发指。

高额彩礼还给社会造成诸多不安定因素,有的男青年为了结婚时能有钱,便不择手段地弄钱,赌博偷窃、行凶抢劫直至落入法网;有的青年采用换亲、非法同居等方法逃避彩礼。亵渎了婚姻法,扰乱了社会治安,破坏了社会主义精神文明建设,有碍于四化的正常进展。为此,我们建议在各级党委领导下综合治理高额彩礼这一公害,同时持久地、大张旗鼓地进行普法教育,引导群众树立新婚俗,自觉抵制封建愚昧思想的侵蚀。

第 五 课

离 婚

在中国古代封建社会，只许丈夫抛弃妻子，叫休妻；
而妻子主动离开丈夫是不允许的，除非偷偷跑掉。辛亥革
命以后才有了现代意义上的离婚，但离婚的人并不多，特
别是农村。解放后，一九五零年公布了《婚姻法》，一些
由家长包办的婚姻得以解除，一些童养媳恢复了自由的
身分，于是出现了第一个离婚高峰期，全国离婚案件最多
的一年达到一百八十多万件。那部《婚姻法》带有保护妇
女的倾向，如果男方提出离婚，女方坚决不同意，就很难
判离。如果男女双方在政治上或生活作风上都没有问题，
仅仅是感情不和，法院也总是采取调解的办法，劝他们重
归于好，而不轻易判离。所以有的案件拖了多年不能解

决。

一九八零年制订了新的《婚姻法》，感情的因素得到了重视，那些仅仅因为感情不和而提出离婚的案件可以判离了，于是一九八一年出现了第二个离婚高峰期。某大学生调查组的调查结果，北京市东城区一九八一年上半年提出离婚的人数比上一年同期增长约百分之三十九；一位学者的统计数字是：一九八一年北京市受理离婚案件为一九七七年的百分之三百三十一点二。

八十年代提出离婚的人里，以下几类特别能引起我们的兴趣：一、文化大革命中结婚的青年，因为择偶的标准发生了变化，或结婚后双方的境遇和地位产生了差异，导致感情破裂。例如，当时看重出身和政治处境，两人的感情并不牢固，后来情况变了，原来重要的变得不那么重要了，于是提出离婚。又如，本来都是插队知青，后来一方考取了大学，另有新欢，厌恶另一方，提出离婚。二、一些过去被划为右派的人得到更正，地位有了很大变化，原来草草结成的婚姻也就产生了裂痕，于是提出离婚。三、改革开放的政策实行以来，人们的价值观念发生了变化，在家庭生活方面更多地要求感情的和谐和相互的理解，原来可以凑合的现在不能凑合了。或者，一方的思想观念跟上了新的潮流，而另一方没有跟上，于是发生争吵乃至提出离婚。

第三者插足也是造成离婚的一个重要原因。第三者往往会遭到道义的谴责，不论是负心的男人还是负心的女人，都不会得到中国传统道德的原谅。可是已经没有感情的婚姻还有必要去维护吗？能不能让互相爱着的双方结合成一个新的家庭呢？对这个问题人们有不同的看法，曾在报刊上展开争论，但是没有结果。

离婚以后住房是一大问题。城市职工的住房大多是由其工作单位按职工的职务、家庭人口、年龄等条件分配的，职工交付一定的房租（两居室带厨房、厕所的公寓楼房，每月大约十元）。有的城市虽然试行私人买房，但房价太高，一般职工是买不起的；供人随便租用的房屋也几乎没有。因此夫妇离婚首先就遇到谁搬开的问题，以及搬开之后到哪里住的问题。如果是双职工家庭，当初由谁的单位分的房子谁就可以留下来，另一方只好搬开，或者谁主动提出离婚谁搬开。搬开的一方只能向自己的单位申请集体宿舍去住，或者暂时到父母家里挤一挤。对于搬开的一方来说，生活的变动太大，不能不慎重考虑是否离婚。住房问题限制了一些人的离婚要求，否则离婚率也许会更高的。

四十岁以上的人离婚之后，男的再婚比较容易，女的却相当困难了。农村里由于旧思想作怪，妇女离婚再嫁十分困难；城市里现在总的看来女青年找对象比男青年难，离了婚的妇女想再找一个合适的男人就更难了。常常可以看到这种情况，一个四十岁上下的男人离了婚很快就又结婚了，但他的前妻却一年年等下去，也许永远要过单身生活。

中国人重视家庭，总是努力维护家庭的稳定性。看重家庭的稳定，必然不会轻易提出离婚。虽然一九八一年出现了离婚的高峰，但八一年以后总的趋势是有升有降，大概离婚还不至于成为一个严重的社会问题。

生　词

(1) 辛亥革命　〔名〕　die Revolution von 1911
　　Xīnhài gémìng　the Revolution of 1911
　　　　　　　　　辛亥革命（1911 年）

(2) 包办　〔动〕　alles regeln；von den Eltern arrangierte Ehe
　　bāobàn
　　　　　　　　to run the whole show；to arrange a marriage
　　　　　　　　本人に代わって婚姻を取り仕切る

(3) 童养媳　〔名〕　Kinderbraut（die schon vor der Ehe in der Familie des Bräutigams lebt）
　　tóngyǎngxí
　　　　　　　　a girl taken into the family as a daughter－in－law to be
　　　　　　　　将来息子の嫁にするために金で買ってきた女の子

(4) 调解　〔动〕　einstellen，regulieren
　　tiáojiě　　to mediate
　　　　　　　　調停する、調節する

(5) 重归于好　〔成〕　die frühere gute Beziehung erneuern
　　chóng guī yú hǎo
　　　　　　　　to renew cordial relations，to make up
　　　　　　　　旧好を取りもどす、よりをもどす

(6) 差异　〔形〕　Unterschied，Verschiedenheit

61

			chāyì	difference
				差異
(7)	导致	〔动〕		zu etwas führen
			dǎozhì	to bring about, to lead to
				（ある結果を）導く
(8)	破裂	〔动〕		platzen, brechen, bersten
			pòliè	to fracture, to go bad
				決裂する
(9)	出身	〔名〕		(Klassen-) Herkunft
			chūshēn	class origin
				（政治的階級の）出身
(10)	处境	〔名〕		(ungünstige) Situation
			chǔjìng	position, situation
				状況、状態
(11)	牢固	〔形〕		fest, solide
			láogù	firm, solid
				堅固である
(12)	插队	〔动〕		in einer landwirtschaftlichen Produktionsgruppe leben und arbeiten
			chāduì	to go to live and work in an agricultural production team (during the Cultural Revolntion)
				文革中、農村へ行き、人民公社の生産隊に加わり労働したことをいう
(13)	新欢	〔名〕		neue Liebe
			xīnhuān	new sweetheart

62

新しい恋人

(14) 草草 〔形〕 oberflächlich，flüchtig，übereilt
cǎocǎo hastily
そそくさと、いい加減に

(15) 裂痕 〔名〕 Riss，Sprung
lièhén cracks，problems
ひび、裂け目

(16) 和谐 〔形〕 harmonisch
héxié harmony
調和がとれている

(17) 凑合 〔动〕 etwas einstweilen hinnehmen；lei-
còuhe dlich klappen
to make do with；to be passable
どうにか間にあわせる、
しんぼうする

(18) 潮流 〔名〕 Stromung，Trend
cháoliú trend
潮流、時流趨勢

(19) 第三者 〔名〕 eine dritte Person
dìsānzhě a third party
第三者

(20) 插足 〔动〕 sich in etwas einmischen
chāzú to participate（in some activity）
介入する

(21) 道义 〔名〕 Morälitat und Gerechtigkeitssinn
dàoyì morality and justice
道義

(22) 谴责 〔动〕 verurteilen，anprangern

	qiǎnzé		condemn
			譴責する、非難する
(23)	负心	〔动〕	in der Liebe untreu werden
	fùxīn		to break a promise
			（男女間で）愛情を裏切る
(24)	工作单位		Arbeitseinheit
	gōngzuò dānwèi		unit in which one works
			職場
(25)	居室	〔名〕	Wohnraum
	jūshǐ		room
			部屋
(26)	集体宿舍	〔名〕	Wohnheim
	jítǐ sùshè		dormitory
			寮
(27)	慎重	〔形〕	achtsam, vorsichtig, sorgfältig
	shènzhòng		prudent
			慎重
(28)	作怪	〔动〕	Unannehmlichkeiten herauf-beschwören, Unheil anrichten, Unruhe stiften
	zuòguài		to do mischief, to cause trouble
			変なまねをする、事を起こす

词 语 例 释

（1）**妻子主动离开丈夫是不允许的，除非偷偷跑掉。**

"除非"是连词，强调某一个条件是唯一的先决条件。相当
于"只有"。例如：

64

① 她每天一定来学钢琴，除非生病。

② 除非你去请她，她是不会来的。

　除非你去请她，她才会来。

（2）一九五零年公布了《婚姻法》，一些由家长包办的婚姻得以解除，……

"得以"是助动词，有"才能够"、"总算是"的意思，表示因为采取了某种措施而取得这样的结果，常用于书面。例如：

① 由于作了充分准备，这次考试得以顺利通过。

② 战争停止了，人民得以安居乐业。

（3）一方的思想观念跟上了新的潮流，而另一方没有跟上，于是发生争吵乃至提出离婚。

"乃至"是副词，强调事情发展到严重的程度，常用于书面。例如：

① 他对她的爱情很强烈，乃至到了发狂的程度。

② 她失眠越来越严重，乃至彻夜不眠。

（4）住房问题限制了一些人的离婚要求，否则离婚率也许会更高的。

"否则"是连词，有"要不"、"如果不这样"的意思，常用于书面。还可以和"除非"连用，组成"除非……否则……"的格式。例如：

① 学习外语必须多说多练，不要害羞，否则是学不好的。

② 除非亲自到中国去，否则不能真正了解中国。

"也许"是副词，表示对情况的猜测、估计或者不肯定。例如：

① 她对我的请求也许会同意，不过还没得到答复。

② 今天晚上也许会下雪，请穿上大衣吧！

课 外 读 物

(1) 曲兰《穿行在爱与不爱的小道上》节录

(2) 赵合明《一个引人思索的现象：农村离婚率上升》(《中国青年报》1986 年 11 月 20 日)

(3) 李欲晓《离婚是不是当前严重的社会问题——访最高人民法院女法官文慧芳》(《中国妇女》1985 年第 10 期)

课堂讨论思考题

(1) 中国过去妇女改嫁为什么那样困难？

(2) 请谈谈你对离婚的看法。

(3) 根据课文和课外读物谈谈你对中国离婚问题的认识。

* * *

穿行在爱与不爱的小道上（节录）

（一）

"当我们之间不存在任何关系的时候，我又觉得她很可爱了，我们成为很知心的朋友，但爱情却消失了。真是覆水难收啊！

"我现在的爱人同她的前夫因性格不合而分手,他们都是人们一般概念中的好人，但也许正因为如此，正因为他们之间共同点太多了，才不免发生种种冲突，难以在一起共同生活。夫妻不成情意在，离婚之后，他们仍然友好相处，她的前夫也成了我的好朋友。

66

"她和他，都是我们这个家庭中的座上宾。但我们这种友谊，却遭到许多人的非议，说我们'旧情不断'，父母们更是经常以白眼相待，让我们无可奈何！

"我和现在的爱人都是北京老三届中学生，我们这一代人大都经历过红卫兵运动，上山下乡，个人经历比较坎坷。我们的童年和少年时代，是在五十年代那火热的充满真诚信仰的年代中度过的，那个时期，全面地接受了我们民族传统的伦理道德观念。十年动乱，我们过去所受的教育使我们在现实面前碰得头破血流；我们在痛苦中幻灭、思索、追求，似乎悟到了什么，又似乎什么也没有搞清楚，朦朦胧胧。'文革'后，特别是经济改革、门户开放之后，我们已经逐渐成熟了，从外面涌进的许多新意识、新观念，经过比较、选择之后，才为我们所接受。无论现实中，婚姻道德观念发展到哪一步，传统的贞操观念依然在我们心中根深蒂固。但是，有些观念，例如：不成婚便成仇、从一而终等等，已经逐渐被我们抛弃。我们既有上一代人某些传统的观念，又比较容易接受新的意识，同下一代人沟通。我们同现在二十岁左右的青年人是不同的。他们的少年时代，真正渴求知识的时候，正处在我们国家'知识断裂'的年月；而当他们能够获得知识的时候，外来文化也随之涌入了。于是他们比较完全地吸收了外来文化和道德观念。在他们这一代人中，连贞操观念也被很多人放弃了。

"我不想评价我们这一代人同他们那一代人的观念孰优孰劣。我只想说明，我们确确实实存在着差异，代际的差异。从这种差异上，可以看到民族意识的转折。我们这一代人，起着承上启下的作用，我可以自豪地说，我们民族整个观念意识（包括爱情、婚姻观念）的转折是由我们这一代人来完成的，而这种转折是从现在就开始了的。"

——转折，观念的转折！

传统民族意识的优劣，正在被越来越多的人认识到。传统文化，对一个民族来说，既可以是"宝贵遗产"，又可以成为沉重的包袱。传统的东西，都有一种惯性，这种惯性严重阻碍新思想、新意识的萌生。当世界上许多国家的经济、文化、科技都在飞速发展的时候，在中国这块多灾多难的土地上，竟会发生"文化大革命"！在世界上信息已如此流通的六、七十年代，全世界四分之一的人口竟会与世隔绝！如果说"文化大革命"是一个悲剧，有其偶然性的话，那么，也就有它的必然性。它是我们民族的劣根性，半封建的奴性意识和排外意识，包括对马克思主义曲解的意识等等，在适宜时机的总爆发。它给中国带来巨大的灾难，也促使中国人进行反思。然而，这种反思，应该站在历史的高度，而不能仅仅局限于十年动乱，应该从"五四"运动，从中国人第一次荡涤封建主义开始。在中国，封建的婚姻观念，经过"五四"运动的冲刷，减弱了不少，但是，即使是"五四"运动的一些先驱者们，也仍然未能彻底摆脱封建意识的影响。自"五四"之后，半封建的东西则遍地皆是了。"五四"运动与"文化大革命"从表面上看，并无必然联系，然而，它们却在暗中由"半封建"这根线连接起来。正因为"五四"运动没有像资产阶级革命那样彻底摧毁封建观念意识的根基，才有后来的总爆发。

我相信，"文革"后的第二个十年，必然是观念变革的十年。而我，作为一个女人，一个"婚姻与家庭"专栏的记者，更加关注爱情婚姻领域内观念的变革，它将使千千万万人冲破那张无形的网，它关系到千千万万人获得幸福的权利！

我已经听到这种变革到来之前的雷声了。只是这声音还很沉闷、很遥远……

（二）

近几年来，"第三者"这个词，越来越多地见诸报端，出现在人们的口头上。尽管不断有人指责它的概念含糊不清，但由于它通俗、概括化，贬意成份也比其他类似词汇少一些，因而被应用得越来越普遍。

"第三者"这个词从什么时候见诸文字，是谁发明的已无从考证。在它流行之前，人们习惯于把此类行为称作婚外恋、通奸、姘居、重婚、轧姘头等等，现在则一言以蔽之——第三者插足。

不管"第三者"这个词多么年轻，但第三者插足的现象却有悠久的历史。古代许多法典都规定有对此的刑法。古巴比伦的汉穆拉比法典规定：若自由民之妻与他男同寝而被捕，则应将此二人捆缚而投之河；伊斯兰教的海湾国家法律规定：犯有通奸罪的已婚穆斯林，要用石头砸死；我国古代刑法规定：犯有"淫罪者"要处以宫刑。从这些五花八门的法典中，可以看出，基于当时的社会性质和历史发展水平，人们对通奸行为十分憎恶，刑罚也是极其严厉的。

从我国解放以后的情况看，建国初期，在各地法院审结的离婚案中，第三者插足的案件并不多；十年动乱后，这类离婚案却以比离婚率上升更快的速度增加着。不少地方，这类离婚案约占20%左右，有的地方，此类离婚案竟占离婚收案总数的一半。不过，这些数字并不准确，因为这只是"官方"数字，许多与离婚案有牵连的第三者，尚在"地下"活动，未被统计在内。

第三者插足，是个古老而年轻的问题，为什么近几年格外地引起人们的注意呢？如果认真地追究起它的背景，不免使人吃惊：它与我国正在进行的具有重大意义的经济体制改革有密切的关联！是随着东方传统伦理观念的裂变与异化而出现的，是社会变革的一种反映。

改革，从经济体制入手，首先冲击的是传统物质生产方式，从而使以此为基础的生活方式也发生了根本的变化。生产方式、生活方式的改变，加上经济的发展，生活水平的提高，必然使人们在精神生活上提出更高要求，这一过程使人们的婚姻价值观、爱情价值观随之改变。

我国当前仍然大量存在着以传统婚姻价值标准和观念为基础结合起来的婚姻关系。这种婚姻关系的双方在文化构成上往往存在较大差异。这种差异，形成一种空隙，当人们的婚姻价值观发生变化的时候，这种空隙骤然间拉大，使第三者乘虚而入。这正应了中国一句老话：枳句来巢，空穴来风。

据郑州金水区妇联一九八三年调查的三十七件离婚案，"插足者均为女性，这些第三者大多数具有良好的个人素质，有一定的知识水平，工作条件比较优越，在精神生活上有所追求"。"而那些遭遗弃的女性则一般处于劣势，相对前者来说，她们少'才'或者缺'才'。"

经济基础的变革，引起上层建筑——观念的变革，使婚姻价值观发生改变，这是唯物辩证法"存在决定意识"不可逆转的规律。

其次，是道德观的变迁。在人的社会角色中，权利和义务实际上是一对矛盾。爱情更多地体现个人的意愿、个人的权利；而义务，则更多地体现家庭和社会的利益。权利和义务这对矛盾也非常突出地表现在经济改革中。在国家与企业、个人与国家和集体的经济关系调整以后，分配形式有了改变；在分配过程中，人们的个人权益得到了更多的肯定和照顾，和过去的忽视个人权益形成鲜明的对比。这一比重在经济关系中的变化，必然要反映到其他社会关系、包括婚姻关系中。个人权益感的上升，往往导致义务感、道德感的下降。这些都对传统的婚姻道德、责任和心理产生冲击。

婚外爱情的产生，就是当事人过于强调自己获得爱情自由和性自由的权利所致。

另外，商品经济的发展，导致人口迁徙、信息流通、人与人之间交往的增多。一方面促进了经济的发展，另一方面，加速了家庭的社会化，使异性间有了更多的交往机会，并改变了过去社会交往男子化的倾向，使更多的女性进入中国传统社会一向为男子所占领的交往领域。同时，对外开放，使东西方文化相互渗透，其中包括生活方式、价值观和道德观等。西方社会从第一次世界大战后，就出现了一批性道德专家，形成了系统的性自由理论。这种理论崇尚人性，崇尚个人欲望的放纵；强调人的本性，摈弃人的社会性。这些观念，都乘门户开放之机，悄悄溜了进来。

在今天的条件下，婚外感情是个极为敏感的问题，无法进行公开的调查。我曾私下里调查过一个由于第三者插足、险些儿濒于破裂的家庭和当事人。这是我所接触的第三者插足现象中最为典型的一例。（为了使这种"阴私"能够客观地出现在读者面前，故在文中隐去当事者的真实姓名。）

不久前，我所调查过的一桩离婚纠纷的当事人张桂芝找到我："记者同志，我有一件事想求你帮忙。"

"说吧。"

"你能不能帮刘颖找个对象？她如果不结婚，将来还会来纠缠我丈夫。"

自古以来，情敌之间就有刻骨的仇恨，而她，竟用给情敌找对象的办法来达到巩固家庭的目的，让我都感到新鲜。

张桂芝与丈夫林汉达是中学时的同学。林汉达考上大学后分到北京，在工厂当工程师。张桂芝则在中学毕业后参加了工作。婚后，张桂芝也调入北京。夫妻关系处于一般水平。不久前，三十五岁的老姑娘刘颖与林汉达在长期接触中产生了感情，致使年已四十五、又有一双儿女的林汉达提出离婚。据了解，刘颖在单位里工作及各方面表现都不错，好学上进，是业务上的骨干。熟悉刘颖的人，都认为她是一个正派的姑娘。

当我在她宿舍找到她的时候，她显然充满敌意。

我费了很大力气，才使她理解我所要进行的调查工作。她一

71

旦理解了，敌意也随之消释。

"……我十六岁就到北大荒去了。在那里呆了九年，七八年考上大学。在大学里，我是两耳不闻窗外事，一心只读圣贤书。直到大学毕业，我才突然觉得该找对象了：我们一起去兵团的同学，大部分作了妈妈，可这时，我已经三十岁了，已是四顾茫茫，知音难觅了。

"这些年，我被人们拉着，去过婚姻介绍所；我妈妈也给我登过'征婚启事'；亲戚朋友也都给我介绍过对象。一个老姑娘找对象，难堪极了，就像商品一样，一次次被摆出去供人挑选。没有谁注重你的心灵，只注重你的外表。对这套，我腻了，只希望能找个情投意合的人，其它条件都不在乎。可就这点可怜的要求，也难以实现，根本碰不到一个可心合意的人，天底下未婚的男人似乎都是那么一副猥猥琐琐的劲头，根本激不起你的任何兴趣和好感。

"我和林汉达在一个实验室。他是老大学生，基础知识非常雄厚，经常在业务上帮助我，我们一起出过几次差，在生活上，他总像对小妹妹一样照顾我。……世界上的事就是这样，有心栽花花不成，无心插柳柳成荫；当你没有想到要寻找知音的时候，偏偏就遇上了知音！我不知道林汉达究竟什么地方吸引了我，既不是他的外貌，也不是他的风度，也许是他对工作的那种迷恋和执着。他老是生气勃勃的，工作起来不知疲倦。也许正是这一点，使我感到他是个真正的男子汉。由此，我想到我曾经见过的那几个'对象'，他们总是不厌其烦地谈自己的家庭条件、存款数目，如何通过了怎样的后门，找到现在这个舒适的工作……相比之下，他那种忘我工作的精神就显得更加可贵。

"而且，林汉达这人很幽默，知识渊博。别看他是搞科研的，对文学也很爱好，文学基础很好，讲起什么事来，妙趣横生。开始，我同他在一起只是感到愉快，后来就慢慢爱上了他。有一段

72

时间，我们俩总想单独在一起，可在一起时，又无话说，两人都沉默着，他那些风趣的小故事都没有了。这时，我们终于明白，我们已经相爱了。

"爱情就是这样，得到周围社会认可的爱情，往往平平淡淡，而受到压抑的爱情，反倒更强烈。有时，我甚至想先和他生个孩子。他有自己的家庭，我留不住他；可要是我能有个他的孩子，那么我就永远留住了他的一部分，我这一辈子也就有了安慰了。我不知道为什么自己的命运这么悲惨，所有女人都能得到自己爱的人，而我却得不到！

"时间长了，我渐渐发觉，在我们彼此相爱的幸福中，总有一种罪恶感在压迫着我，使我坐卧不宁。随着时间的推移，痛苦的成份越来越多，幸福的成份越来越少。

"我爱林汉达，但我深知，爱情并不是他的全部生活内容；工作，对于他来说，才是最重要的。他现在是课题组的组长，他研究的项目已经出了成果，厂里非常重视。假如我们的关系公开化，他不仅会丧失领导的信任，还可能要受到组织上的处理。这样就会毁了他的前程。而且，他还有两个孩子，如果他与我结合，那两个孩子就要遭到痛苦……我不是那种只顾自己的人。虽然，对我来说，这一生中第一次爱情是非常珍贵的，但我和他不可能永远这样偷偷摸摸地爱下去，为了他今后的前程，也为了那两个孩子，我经过反复考虑，终于决定同他分手。最近两天，我就要调到别的单位去了。

"这种分手是非常痛苦的，有时我甚至觉得没有他，活在这个世界上都没什么意思了。可是，又有什么办法呢？我只有这一条路可走。"

之后，我又找到林汉达，当他得知我已同刘颖谈过，紧张的神态顿时松弛下来："……如果不致为此引出什么麻烦的话，我当然非常愿意同你一起探讨这个问题。也许，我个人感情上的经历在当前还是有一点儿代表性的。

"谈到婚外爱情,有位作家曾经说过:'人到四十岁才懂得什么是爱情;可到了这个年纪,什么都晚了'。也有一个好友这样对我说:'在中国,爱情不是掌握在夫妻手里,而是掌握在第三者手里。'这些话,当然不见得对,但确实代表了一些人的思想。这说明两个问题,第一,在中国,夫妻间婚后失恋的现象比较多,特别是中年夫妻。第二,中年人在爱情的追求上,有其独特的地方,而人们却往往认为,爱情只属于青年人,中年人就是过日子。就拿我来说吧,当我认识刘颖的时候,确有一种'恨不相逢未嫁时'的感觉。人在年轻的时候,找对象都是很盲目的,容易受激情的左右,也更注重外表。到了中年,在生活中经历了一些挫折,阅历也更加丰富了之后,人对生活、对爱情则有了新的看法。这时的感情才更加成熟,更加深沉,更注重内心。这时,女人只有靠其内在的气质美,才能激起中年男人的爱。人到中年,在爱情中寻找的,往往是知音,这不是青年时代所理解的爱情。我就是这样,我觉得我和刘颖是能够互相理解的。很多话,我宁愿同刘颖说,而不愿同张桂芝说。比方说吧,人到中年以后,意志容易消沉,特别是遇到挫折的时候,这时我回到家里,表现出不愉快,往往会遭到张桂芝的斥骂,而我又不愿意同她吵,只有暗自嗟叹。如果在刘颖那里,她会非常理智地帮我分析碰钉子的原因;或者她根本不说话,只是把手插进我的头发里,轻轻地抚摸,我就会感到快慰。女人的温柔,有时具有神奇的力量。刘颖,是因为看重我的性格和才华而爱我的,因而就成为激发我积极向上的力量。

"在遇到刘颖之前,我和张桂芝的关系还可以。整天忙于工作,抚养孩子,天长日久,似乎感情上已经麻木了。见到刘颖之后,我内心深处隐藏的感情才突然爆发出来。应该说,和刘颖相遇,是我一生的不幸;当我这样地爱过之后,下半辈子再也不会对自己的家庭满意了。

"当初，正因为考虑自己后半生可能遇到的苦恼，我才下决心抛弃一切而跟刘颖结合的，可是她拒绝了我。我知道，她是为了我才拒绝我的。那天晚上，我哭了，她却非常冷静，骂我没出息，男儿有泪不轻弹。然而，大哭一场之后，我似乎清醒了。刘颖是对的，假如我们把爱情看得超过一切，并为此毁了我的前途、我的事业的话，那么，我总有一天会后悔的。

"在我和刘颖相处的日子里，责任感和精神压力时时都在噬咬着我的心。我毕竟还是在中国这块土地上长大的，我们民族自古以来在爱情中就很强调责任感。我小的时候，就不断受到这样的教育：贫贱之交不能忘，糟糠之妻不下堂。正因为这样，我们才能理智地分手，当然她比我更理智。不过，我并不为此感到难堪，我觉得我们的感情是纯洁的，不掺杂任何物质利益和其他考虑。今后也将永远留在我的记忆中。……"

一个引人思索的现象：
农村离婚率上升

地处太行山区的河南省林县近几年农民致富的劲头很大，全县八十万人口中，出门经商、做工的有二十余万人，一部分农民确实富了起来。与此同时，山村农民的道德观念发生了深刻变化。

一九八三年，该县审结的离婚案 215 件，一九八四年为 247 件，去年 298 件，今年元月至七月收离婚案已达 269 件。离婚案在民事案件中所占比例逐年上升，由三年以前的 40% 左右，到去年和今年上半年已达 60—70%。在这悄悄增长的数字的背后，是喜？是忧？请看造成离婚的两大原因——

一、勇于冲破封建桎梏，不忍受现成的凑合婚姻，追求理想的婚姻。这类离婚案占离婚总数的61%。主要表现在对以下三种婚姻形式的冲击。

① "媒约之言、父母之命"的盲目婚姻。这样的婚姻往往是双方见一、两次面，就定彩礼、选吉日。如城关乡女青年石××，二十一岁，经媒人介绍了一姓田的男青年，说小伙子二十三岁，高中毕业，聪明能干，见了一次面，第三天就结婚。结果，婚后第一天知是痴呆，第二天知有生理缺陷，第三天知他二十八岁，只上过三年学。

② "转亲"、"换亲"婚姻。这是贫困地区的"土特产"，一条绳拴两个蚂蚱，互相制约，无感情可言，一方离婚，两对都离。临淇乡张喜娶了季声的妹妹，季声娶了张喜的妹妹。张喜有精神病，其妻起诉离婚，张喜的妹妹也要求和季声离婚。

③ 包办买卖婚姻。这类婚姻虽逐渐减少，但未绝迹。任村乡女青年余平平，因家境贫困，十六岁由父母包办寻了婆家，余家要了男方一千元彩礼。余哭肿了眼，不同意这门婚事。别人劝她："小闺女不懂事，长大了就好了。"婚后八年，余平平断断续续在婆家只住了两个月，夫妻感情冷漠。去年，她终于提出了离婚诉讼。

二、贫富差距、地位变化，引起感情的变化。一些在外地跑生意、做工的人，喜新厌旧，追求"时髦婚姻"。这类离婚案占离婚总数的30%。有以下三种形式：

① 第三者插足。主要发生在双方地位不平等的婚姻关系中。林县农机站张某结识了招待所服务员杨某后，两人来往甚密。张一心想抛开农村的妻子，恳求妻子假离婚，孩子转成商品粮后再复婚。妻子和他一起到法院"自愿"离婚，没等法庭调解书下达，张便私开介绍信和"第三者"结婚，被发现后制止。但妻子终于忍受不了丈夫的折磨，终于调解离婚。

②　搞起"巨额离婚买卖"。这是当前农村出现的一种群众反映强烈、处理棘手的离婚案。城关乡西街铸造厂承包人宋××，发了财，出了名，当上了市劳动模范，他决心抛弃和自己生活了十四年的妻子。为达到离婚目的，宋除房屋、高档家具外，另给女方二万二千五百元钱，双方达成离婚协议。不过一个多月，宋便与厂会计结婚。

③　嫌贫爱富造成感情裂缝。随着一部分农民富起来，有些妇女嫌男的不会挣钱而提出离婚。有些"有本事人"抛弃原配偶，波及其它家庭稳定。如：合涧乡牛×家穷得当当响，别人去外地做工他不去，妻子赶他到新疆去找活做工，他没几天就跑了回来，没挣了钱，反贴了百元路费。家里房盖不起，孩子学上不了，妻子坚决要和他离婚。

有的妇女羡慕有钱人，跟人逃到外地不归。去年以来，跟人私奔已有二十多起，在离婚纠纷中，男女双方均是农民且未"富起来"的，女方提出离婚的占75%，而女方没工作，男方有工作，有"本事"的，女方提出离婚的仅占23%。由此可见，经济原因在离婚案中所起的作用。

从以上原因可以看出，农民物质生活水平的提高和思想观念的变革，使他们对原来没有爱情的婚姻的忍受力降低，追求理想自主的婚姻，这应该说是可喜的。但同时，一少部分人富起来后私欲膨胀，开始喜新厌旧，甚至搞起新的"买卖离婚"。而较贫困者对自己的现状产生不满，这就带来了贫富两方家庭关系的动荡，这是农村离婚案中值得注意的问题。因此，在当前农村尤其应该加强精神文明建设，引导致富农民有个更高的精神追求，引导贫困农民走正当脱贫之路。进一步反对包办买卖婚姻，树立正确的婚姻爱情观。

离婚是不是当前严重的社会问题

——访最高人民法院女法官文慧芳

1981 年婚姻法颁行以来，离婚率是否大幅度上升？离婚问题是否威胁了社会安定？各界人士众说纷纭。就此问题我采访了最高人民法院民庭审判员文慧芳同志。

文慧芳 1954 年毕业于北京政法学院，多年来主要经办各种民事案件，特别是离婚案件，并对离婚问题、第三者插足问题做过大量调查研究。

"离婚案虽然出现上升趋势，但我国的婚姻状况基本上还是稳定的。"文慧芳首先告诉记者，解放以来，我国各级法院离婚案件收案最多的一年是 1953 年。这是由于宣传贯彻婚姻法，大批封建婚姻关系需要解除所致。这一年收案数共计一百一十万件。1953 年以后，离婚案件的数量不断下降。1981 年婚姻法颁行以来的几年，离婚案件的收案数有升有降，例如 1982 年比 1981 年上升 8.5％，1983 年比 1982 年下降 1％，1984 年比 1983 年上升 9％。也就是说，离婚收案率并不是直线上升。而在受理的离婚案中，经法院判决和调解离婚的，约占一半。虽然这个统计没有包括通过民政部门办理的离婚案件，仍然可以肯定地说，离婚案的增长幅度并不算大，更没有像苏联及一些西方国家那样，成为一个严重的社会问题。

文慧芳说，在民事案件中，婚姻案件的数量一向居于首位，这并不奇怪。随着经济搞活，以及各种经济立法的完善，有关财产保护方面的案件增长的速度会更快一些，离婚案在全部民事案件中所占的比例已有所下降。

俗话说，宁拆千座庙，不破一门亲。中国人的传统观念总是希望夫妻白头偕老，家庭和睦美满，"离婚"似乎不是一件好事。

怎么看待离婚案件的增加呢？

文慧芳说，导致离婚的原因很复杂。首先要看到，封建残余势力的影响还相当严重，农村中包办买卖婚姻的现象仍然存在。有许多地区至今还认为女青年自己找对象不光彩。在父母的威逼打骂下，女青年不得不违心地同自己不喜欢的男人结婚，婚后往往两人感情不和，不久就闹离婚。其次，草率结婚而导致离婚的现象也占一定比例。有的青年出于个人目的而草率结婚，例如为了分房子、调工作等等。农村中有的女孩子认为家乡贫穷落后，为了逃避艰苦环境另寻出路，于是跑到外地与自己根本不了解的人结婚。这样的婚姻怎么能持久呢？吉林有个农村姑娘跑到某城镇与一个比她大十九岁的跛子结了婚，不久就要求离婚。吉林某基层法院去年受理的这类离婚案，占全部离婚案的五分之一。所以，要减少离婚现象，首先要反对封建思想，大力宣传婚姻自由，提倡婚姻建立在爱情的基础之上。

"'第三者插足'而导致离婚的现象严重吗？"记者问。

"'第三者插足'的离婚案在离婚案件中占的比例确实比较大，大约占 15％至 20％。各地情况不一样，有的地区甚至高达 40％至50％。"文慧芳说，什么叫第三者插足？对这个问题法学界、社会学界曾反复讨论过，至今还没有一个比较完整的定义。我个人认为，从办理离婚案的角度说，可以把插入一个家庭，同有夫之妇或有妇之夫建立了感情，甚至企图与之达到另婚目的的特定的对象称为第三者，而把由于第三者的出现导致离婚的案件称为第三者插足的离婚案。当然，所谓第三者插足的离婚案，并不就是说造成这个家庭破裂的主要责任在于第三者，许多案件中主要责任在于搞第三者的有妇之夫或有夫之妇。

最近第三者插足的离婚案出现了由隐蔽转为公开化的现象。过去，有第三者的一方多少不那么理直气壮，往往隐瞒自己同第三者的关系，起诉离婚也常以感情不和或其他方面的矛盾为借口，而现在不少人公开承认自己另有所爱，美其名曰"争取婚姻自由"。如果别人指责他不道德，他们还振振有词地搬出恩格斯的话，说没有爱情的婚姻是不道德的婚姻。我认为这是对恩格斯有关婚姻问题的论述的曲解。强迫结合的婚姻（例如包办买卖婚姻）是不道德的，由于种种原因夫妻间感情破裂，勉强组成"维持会"，在一定意义上也可以说是不道德的。但必须注意，我国的法律保护一夫一妻制。夫妻双方都有权通过法律手续解除婚姻关系，各自重新寻找合意的伴侣。但是在婚姻关系存续期间与第三者谈情说爱，甚至准备另婚，脚踩两只船，这对一夫一妻制就是一种亵渎，是对法律尊严的蔑视。从道德上说，使自己的配偶在精神和感情上遭受巨大的痛苦和折磨，这是一种精神虐待行为。把自己的幸福建立在危害他人的基础之上，这就是不道德。

文慧芳强调说："还要看到，第三者对于导致别人家庭破裂所起的作用是不容忽视的。一对夫妻感情上产生裂痕，如果出现了第三者，那么这对夫妻和好的一线希望往往就会归于破灭。"

文慧芳最后说，尽管我国目前离婚率并不高，但是离婚对于当事人毕竟是个痛苦的过程。为了更充分调动人们建设四化的积极性，让家家户户生活幸福愉快，希望舆论界加强对婚姻法的宣传，同时大力宣扬社会主义道德。

第 六 课

职业妇女的甘苦

中国城市妇女的就业率比较高，没有职业的家庭主妇不多。中国人常说"妇女是半边天"，意思是妇女在社会上担负了一半的工作。实际的情况虽然未必如此，但女职工的数字占了全部职工的百分之三十六点五（1983年底统计），这已经很可观了。中国有女部长、女校长、女记者、女厂长、女教授，……差不多男人能干的工作女人都能干。而纺织工人、护士、托儿所保姆等职业几乎完全被妇女"垄断"了。

妇女在社会上是"半边天"，在家里当然就可以和丈夫平起平坐，不受欺负。家务往往是和丈夫分担的，妻子做饭，丈夫洗碗；妻子洗衣，丈夫扫地；妻子管孩子吃穿，丈夫送孩子去托儿所，类似这样的分工很普遍。许多家庭的男人也能做一手好菜，这常使外国人特别是日本人感到奇怪，其实并不奇怪。如果妻子下班晚，丈夫先下班回家，不做饭就只好挨饿了。天长日久，丈夫就练出了好手艺。不过由于传统的习惯和妇女长于家务的特点，家务活还是妇女干得多一些。她们一边工作，一边还要管家，所以特别辛苦。可是这种"里里外外一把手"的地位，使她们充满自信，具有独立的人格，感到生活充实。

但是"里里外外一把手"的地位，也是她们苦恼的根源。在工作单位，她们要和男人一样拼搏，否则提工资、提职称，就轮不到她们。而天生的妻德和母爱，使她们难免为丈夫和儿女牵肠挂肚，很难把精力全部集中到工作上，所以总的看来妇女取得高级职称的比男人少得多。以北京大学为例，一九八八年共有教授约三百人，其中妇女才占六分之一左右。家庭和事业的矛盾摆在她们面前，常常使她们苦恼。顾全家庭难免牺牲事业，潜心于事业又有失去家庭的危险。真正理解和体谅她们的丈夫又有几个呢！如果她们的丈夫也是一个事业心很强的人，各忙各的事业，家庭生活就只好从简了。吃饭马马虎虎，营养不良，身体不好，又添了许多新的苦恼。她们是否应当回到家庭去呢？这是一个有争论的问题。

生　　词

(1) 就业率　　〔名〕　Beschäftigungsrate
jiùyè lǜ　　　　employment rate
就業率

(2) 未必　　　〔副〕　nicht unbedingt
wèibì　　　　　may not , not necessarily
必ずしも……でない、……とは
限らない

(3) 职工　　　〔名〕　Angestellte und Arbeiter
zhígōng　　　　staff and workers
労働者

(4) 可观　　　〔形〕　erheblich, beträchtlich, beach-
kěguān　　　　tlich
considerable
たいしたものである、見るに
値する

(5) 垄断　　　〔动〕　monopolisieren
lǒngduàn　　　to monopolize
独占する

(6) 平起平坐　〔成〕　als Ebenbürtiger am gleichen
píng qǐ píng zuò　Tisch sitzen, auf gleicher Stufe

83

mit jemandem stehen

to sit as equals at the same table

地位や権力などが同等の立場
でふるまう

(7) 欺负　　　　〔动〕　schikanieren，tyrannisieren

qīfù　　　　　　　　to bully

迫害する、侮辱する

(8) 家务　　　　〔名〕　hausliche Arbeiten，Pflichten

jiāwù　　　　　　　　housework

家事

(9) 天长日久　　〔成〕　nach einer beträchtlichen Zeit

tiān cháng rì jiǔ　　after a considerable period of

time

長い時間のうちに

(10) 手艺　　　　〔名〕　Kunst，Handfertigkeit

shǒuyì　　　　　　　craftsmanship，skill

手仕事

(11) 自信　　　　〔动〕　Selbstvertrauen haben

zìxìn　　　　　　　　believe in oneself，confidence

自信

(12) 人格　　　　〔名〕　Persönlichkeit，Character

réngé　　　　　　　　character，personality

人格

(13) 根源　　　　〔名〕　Wurzel，Ursprung，Quelle

gēnyuán　　　　　　　source

根源

(14) 拼搏　　　　〔动〕　mit vollem Einsatz，mit aller

pīnbó　　　　　　　　Kraft kämpfen

to struggle desperately

必死になってやり合う

(15) 职称　　　　〔名〕　als Titel gebrauchte Rangbezeich-
　　 zhíchēng　　　　　nung

　　　　　　　　　　　a technical or professional title

　　　　　　　　　　　職務の名称

(16) 妻德　　　　〔名〕　Tugenden einer Ehefrau
　　 qīdé　　　　　　　wife's morals

　　　　　　　　　　　妻としての徳

(17) 难免　　　　〔形〕　kaum vermeidlich
　　 nánmiǎn　　　　　hard to avoid

　　　　　　　　　　　（というしても……と）
　　　　　　　　　　　いうことになる

(18) 牵肠挂肚　　〔成〕　um etwas sehr besorgt sein
　　 qiāncháng-guàdù　to be concerned about

　　　　　　　　　　　気になってしかたがない

(19) 精力　　　　〔名〕　Tatkraft，Energie
　　 jīnglì　　　　　　（physical and mental）energy

　　　　　　　　　　　精神と体力

(20) 顾全　　　　〔动〕　mit Umsicht bewahren wollen；
　　 gùquán　　　　　auf etwas achten und es schüt-
　　　　　　　　　　　zen

　　　　　　　　　　　to show consideration for

　　　　　　　　　　　（……の事まで）気にかける

(21) 牺牲　　　　〔动〕　opfern，aufgeben
　　 xīshēng　　　　　to sacrifice，to drop

　　　　　　　　　　　犠牲

(22) 潜心　　　　〔形〕　mit grosser Konzentration

85

qiánxīn		with great concentration
		心を打ち込む
(23) 体谅	〔动〕	mit jmd. Nachsicht haben；Verständnis und Sympathie für jmd. zeigen
tǐliàng		
		to make allowances for
		相手を思いやる、（心の中を）くむ
(24) 马马虎虎	〔形〕	flüchtig, oberflächlich, nachlässig
mǎma huhu		carelessly
		いい加減に

词 语 例 释

（1）而纺织工人、护士、托儿所保姆等职业几乎完全被妇女垄断了。

"几乎"是副词，有两种意思：

表示非常接近；差不多。例如：

① 我们几乎两年没见面了！

② 她们姊妹俩长得几乎一模一样。

表示将要发生而结果并未发生，相当于"差一点儿"、"差点儿"。例如：

① 她听到这消息几乎晕倒。

② 下山的时候几乎翻车，幸亏司机及时踩了闸，才避免了一起交通事故。

课文里的"几乎"是前一种意思。

（2）类似这样的分工很普遍。

"类似"的意思是大致相似。例如：

① 应该找出事故的原因，避免再出类似的事故。

② 我国也有类似这样的酒吧。

（3）这常使外国人特别是日本人感到奇怪，其实并不奇怪。

"其实"是副词，表示所说的情况是真实的，有进一步说明、更正或补充上文的意思，并带有转折的语气。例如：

①听他说话像是山东人，其实他是河北人。

②这对姐妹看上去一模一样，其实性格、爱好完全不同。

③我说有家，其实我家就我一个人。

（4）而天生的妻德和母爱，使她们难免为丈夫和儿女牵肠挂肚，很难把精力全部集中到工作上。

"难免"是副词，意思是"难以避免"，表示由于前面所说的情况而产生不希望出现而又不可避免的结果。例如：

① 学习汉语的时候，遇到儿化音难免感到拗口。

② 初次到中国，生活难免不习惯。

③ 初学滑冰难免摔跤。

（5）所以总的看来妇女取得高级职称的比男人少得多。

"总的看来"，是从总体上加以观察分析的意思。例如：

① 他虽然有不少缺点，但总的看来是一个好人。

② 这次比赛他虽然打出一些好球，但总的看来他的成绩不佳。

（6）以北京大学为例，……

"以……为例"，是把"例如"后面的成分提前，加以强调，意思是"用……作例子"。试比较以下两句话：

① 长江流域夏季气候炎热，例如南京七月份最高气温可达摄氏四十度。

② 长江流域夏季气候炎热，以南京为例，七月份最高气温可达摄氏四十度。

课 外 读 物

(1) 邱月兰《一个职业妇女的二十四小时》

(2) 邢华《在改革中要注意女职工的劳动保护》(《中国妇女》1984 年第 1 期)

(3) 熊镇南《从几项统计数字看当前我国妇女的社会地位》(《中国妇女》1985 年第 7 期)

课堂讨论思考题

(1) 你对中国职业妇女的处境有何看法?

(2) 你们国家的妇女就业率高吗? 职业妇女的处境如何?

(3) 你认为妇女应当就业吗?

(4) 你认为怎样才能真正实现男女平等?

*   *   *

一个职业妇女的二十四小时

我是一个已经到了不惑之年的职业妇女,我有一个幸福的小家庭。我想讲一讲我的二十四小时是怎样度过的:

早上六时半,生物钟结束了我的梦,我匆匆地披衣下床,趿着鞋直奔厨房。乒乒乓乓,半个小时的锅碗瓢勺交响乐,三碗热气腾腾的面条端上了餐桌。丈夫笑了,儿子也笑了,望着他们的笑脸,我心中涌起一阵自豪感——我称得上一个贤妻。

儿子蹦蹦跳跳地去上学,丈夫哼着歌曲去上班,我还得继续拼搏。我用手指拢拢头发,在乱糟糟的床上找到袜子,草草地洗把脸,象征性地刷刷牙,端起还不太凉的面条,刚吞两口,"当",

88

不好，七时半了，上班的时间已到，我丢下碗筷，慌忙地拿起提包，咀嚼着还没来得及咽下的面条，冲刺般地下楼，竟走般地上路。

幸亏我家住在厂区宿舍，几分钟后我已到了办公室。可是，办公室门口已有人在等候，他们有的要领工资、奖金，有的要领粮票、劳保用品，还有的要加盖公章、写便条……我尽心尽力地干着，不停地询问，耐心地解释。我要做一个称职的办事员。

上午十一时半，厂里的广播响了。我吃了一惊，家里还乱七八糟的一片，要赶在丈夫回家前收拾好，不然喜欢带客人回家的丈夫会感到难堪的。

顾不上人声的吵嚷，我三步并作两步抢先回家，用最快的速度收拾房间，再经过半个小时的奋斗，午饭端上了餐桌。迟归的丈夫正好推门进来，孩子也下学回家吃饭。

正吃着午饭，送来了传呼电话，母亲的病又加重了，要去医院治疗。养老抚小是我们应尽的义务，我推出自行车飞身而去。

中午一时半，我满头大汗地赶到办公室，照例细心地给人们办各种手续。

下午下班后，我还得在青菜摊前磨上半天嘴皮，然后回家做一顿丰盛的晚饭，顿顿饭都凑合，丈夫和儿子要提"抗议"的。

吃过饭，丈夫丢下饭碗出去了。我洗涮完毕，端起一盆要洗的衣服，坐在儿子身旁，手中揉搓着衣服，眼睛看着儿子的作业本，嘴里讲解着算术题。我要做良母。

敲门声，进来的是丈夫的同事。丈夫不在家，我就得热情待客，尽一个主妇的责任。送走了客人，生物钟又催得我连连哈欠，丢下未做完的事，给儿了披好被子，自己也钻进了被窝。我常想：一天二十四小时一千四百四十分钟，除去维持个人生存的必要时间，没有一分钟真正地属于我，没有一分钟可以让我自由地支配，或是学习或是娱乐。

我希望我的家庭美满幸福,我希望自己做一个出色的办事员,我希望自己成为一个合乎中国道德规范的职业妇女。可是,年复一年,月复一月,日复一日的这种生活,使我感到很累,很累……

在改革中要注意女职工的劳动保护

编者按:近期来,不少群众来信反映,一些企业在实行经济责任制过程中,女职工的合法权益受到侵害。我们认为,这个问题应该引起重视。本期发表了邢华同志的文章,以后将向读者介绍有关女工保护的法律条文和规定。

在实行经济责任制过程中,由于能较好地体现国家、企业和职工三者之间责、权、利的关系,使劳动者的劳动成果与劳动报酬挂上钩,因而较充分地调动了职工群众的劳动积极性。但是,我们也发现,在北京个别企业也出现了损害女职工合法权益的现象。其表现是:

一、国家规定的八小时工作制被打破了

有的单位片面追求产值产量,忽视了劳动者的身体健康,经常要求职工加班加点。这在女工较多的服装行业最为严重。有的服装厂女工反映,国家规定八小时工作制,她们每天却要干 12 个小时,星期天也很少休息。她们累得吃不消,说"宁可少拿点奖金,也不愿再这样干了。"有的企业定额规定过高,女工为完成任务不得不加班加点,即使如此,个别人仍完不成规定的指标,只好把活带回家,全家帮着干。某建筑部门的女工,因为在班上完不成规定的挖土方数,只好动员丈夫、孩子到工地一起加班。由于长期延长工作时间,劳动强度增大,有些女工积劳成疾,体质

下降。

但另一方面，在一些生产任务不够饱满的企业，有些女工又被剥夺了八小时工作的权利，回家待命，活多时再上班。停工期间只发一部分工资。

二、国家规定的有关工资、福利制度被打破了

有的单位在实行浮动工资制后规定，职工每请半天病、事假就要相应地扣工资、福利和副食补贴。有的女工或因体弱多病，或因带孩子等实际困难，请假较多，因而每月都要被扣除相当一部分收入。有的青年女工虽然已拿到单位批给的生育指标，但为了响应晚育号召而做了人流手术，竟然也要被扣除休假期间的工资和其他收入。北京饮食业某小吃店，在去年3月份，有5名女职工（其中2名是全民所有制、3名是集体所有制）分别因病、保胎或休产假而分文未取，还要倒贴2角钱交工会会费。

三、国家规定的有关劳保待遇被取消了

有的企业不顾女工的生理特点、身体状况和某些特殊需要，擅自取消国家对女工劳动保护所做的一系列规定。有些从事重体力劳动的女工反映：国家的劳保规定在我们单位落实不了，我们怀孕六、七个月以后也得不到应有的照顾，照常上夜班，还要和男同志干同样的活，完成同样的定额，甚至规定干不完活不能下班。否则就要被扣浮动工资和奖金。有的企业虽然允许女工占用1小时给未满周岁的婴儿喂奶，但定额不减。有的厂规定喂奶时间算事假，月底累计后如数扣发工资和奖金。国家规定，有8年以上工龄的，病休在6个月以内的工资照发，而有的厂却擅自改为有25年以上工龄的才能享受这种待遇。计划生育按规定可以休半年产假，有的单位却只准休56天，有的单位甚至连56天产假都要被扣除工资和其他收入。如昌平县某副食店一名女工，1982年3月因休产假，竟被扣36元。

女职工对以上问题反映十分强烈。我们认为有关上级主管部

门应该重视和过问这些问题，根据实际需要与可能，在实行经济责任制中切实搞好女工劳动保护，尽快使上述这些侵犯女工合法权益的现象得到改变。

从几项统计数字看当前
我国妇女的社会地位

就业程度、文化程度、健康水平和婚姻生育状况，是反映妇女的社会地位变化的一组指标。通过它们，既可以从整体上展示我国妇女运动的伟大成就，也可以揭示我国妇女工作面临的主要课题。

一、妇女就业率显著上升，但在较高层次职业中，妇女所占比例仍然较低。根据 1982 年人口普查资料计算，我国劳动年龄人口就业率为百分之八十六点七，其中男子占百分之九十一，妇女占百分之八十一点七；比之美国的男子占百分之七十七点九、妇女占百分之五十，英国的男子占百分之七十五、妇女占百分之四十八，日本的男子占百分之八十点一、妇女占百分之四十六点四，法国的男子占百分之七十一点四、妇女占百分之四十四点一，联邦德国的男子占百分之七十点八、妇女占百分之三十七点六，我国的就业率高得多，男女差别小得多。分年龄段看如下表（%）：

年　龄	男子就业率	妇女就业率	男女差
15～19 岁	70.5	77.8	−7.3
20～24 岁	96.2	90.4	5.8
25～29 岁	98.6	88.8	9.8
30～34 岁	98.8	88.8	10.0
35～54 岁	96.9	74.7	22.2

年龄越大，妇女就业率越低，男女差别越大，充分说明建国

三十多年来我国妇女的就业水平在不断提高,男女差别在不断缩小。其中女职工人数,1983年底达四千二百万人,比1949年增加了六十八倍,在职工总数中的比例也由百分之七点五提高到百分之三十六点五。但是,百分之八十三的就业妇女是体力劳动者,每百个就业妇女中有七十七个农业劳动者、十三个工人、四个商业服务人员,而在专业技术员、办事人员和各级负责人这类较高层次职业中,妇女总共只有五个半人,仅及男子的一半。我国妇女在不同职业劳动者中所占比例与美国、日本比较如下(%):

国别	工人	农业劳动者	商业人员	服务人员	办事人员	专业技术人员	各级负责人
中国	35	47	46	48	24	38	10
美国	19	19	46	62	80	45	26
日本	26	48	40	54	52	42	7

如果再注意到苏联妇女在商业和饮食业人员中占到百分之九十二、在市政管理和生活服务业人员中占到百分之九十一,这样的一个现象,更能说明调整我国妇女的职业结构,提高在适合妇女自身特点的职业中妇女的比例,是应当引起高度重视的一项工作。

二、妇女文化水平迅速提高,但接受教育,尤其是高等教育的主体依然是男性。 我国不同年龄段妇女的文化构成如下(‰):

年龄	大学	中学	小学	文盲
20~29岁	5	400	291	304
30~39岁	6	191	386	417
40~49岁	10	94	238	658
50~59岁	6	26	98	870
60岁以上	1	8	37	954

二十岁青年妇女与六十岁老年妇女比较,中学文化程度者的比例增长近五十倍,文盲率下降百分之六十八点一。其中四十岁

以下的妇女较之四十至四十九岁的妇女大学文化程度者减少，是"文化大革命"摧残教育事业留下的印记。妇女文化程度的提高和男女差别的缩小还可以从各级学校女生比例的变化中看出：与解放前相比，1984年普通教育大学、中学和小学的女学生比例分别提高了百分之十点八、百分之十九点五和百分之十八点三。目前全国约有8000万女学生在各级各类学校中学习。然而，如果我们把妇女的文化水平与男子对比分析，可以在这里见到与就业中一样惊人的现象：受教育程度越高，妇女对男子的比值越小，男女差别越大。大学文化程度人口中妇女占百分之二十五点七，中学为百分之三十七点四，小学为百分之四十二点四，文盲则高达百分之六十九点二。在世界上，我国成人识字率大大高于印度、印尼、埃及等国，与巴西相近，但男女识字率之差，还滞留在印尼等国水平。前述就业率对比中，15～19岁妇女就业率反比男子高百分之七点三，就是由于更多的学龄女孩子中断了学业，过早挣钱养家所致。同时，二十多岁的青年妇女中竟然有近三分之一的文盲和半文盲，这种现象值得严重注意。

三、妇女在婚姻中逐步解放，但早婚现象依然严重，城市中的大女择偶难与农村中的男子独身多恰成明显对照。一般地说，社会上离婚现象增加并非好事。但分析离婚、丧偶后的妇女再婚状况，对我国这样一个经历了长期封建统治的社会却具有重要意义。有趣的是统计资料表明，我国妇女在离婚或丧偶后的再婚率显著高于男子。请看下面处于离婚和丧偶状态的男女人数之比（以男子为1）：

婚姻状况	总计	25—29岁	30—39岁	40—49岁
离　婚	0.26	0.48	0.27	0.16
丧　偶	2.14	0.49	0.81	1.26

这一对比结果虽然不是对妇女再婚情况的直接统计，但至少表明：①妇女摆脱离婚状态的人数多于男子；②妇女在离婚与丧

94

偶两种情况下的再婚率显然不同，离婚者的再婚率高些，丧偶者的再婚率低些，而且年龄越大，两者差别越大。近年来，我国离婚率有所上升，1980 至 1983 年分别上升为百分之三点八、百分之五点二和百分之五点五。与苏联 1981 年的百分之三十三点三比较，仍属极低的。据统计，1980 年至 1982 年 7 月的两年半内，全国离婚共约九十五万对，而当时处于离婚状态的妇女约八十二万人，这说明绝大多数离婚妇女在两年左右时间内即已再婚或复婚。"好女不嫁二夫"的时代一去不返。

女子平均结婚年龄也有很大提高。1949 年为十八点六岁，半数结婚妇女不满十八岁，1982 年为二十二点七岁，半数结婚妇女在二十三岁以上。但是，青年女子在婚龄前、甚至在十五岁左右结婚的现象仍然不是个别的，每千个十五至十九岁女子中已婚者不少于四十四人，是同龄已婚男子数的四点八倍。在未婚者中，尽管当前大城市由于某些社会历史原因产生了大女择偶难的问题，但从全国来看，尤其是农村，依然是许多男子找不到配偶。三十岁以上的未婚男子约有九百九十万，高于二十五岁以上未婚女子三点三倍左右。纵然男子择偶年龄面宽，也难以避免为数不少的男子"打光棍"。经济落后、文化生活贫乏及由此引起的社交贫乏、对一些男性职业的偏见、一些女子及其家长为通过婚姻获得社会经济地位升迁而不惜牺牲感情等等，是造成目前女子早婚多、城市大女择偶难和农村男子独身多并存状况的几个重要原因。

四、妇女平均寿命大大提高，作为母亲的妇女，真正得到了社会的尊重。 旧中国人口平均寿命只有三十六岁，尽管战争的牺牲者主要是男性，但疾病、动乱使妇女丧生者更多。我们知道，女性寿命总的来说高于男性，而解放初期，北京女性平均寿命比男性要低三点七岁。现在，我国女性平均寿命已达六十九点四岁，高于男性三岁，已经接近世界先进国家水平。（岁）

	日本	美国	苏联	中国	巴西	埃及	印度
女性平均寿命	79	77.4	74.8	69.4	65.4	58.4	51
女寿命高于男	5.2	8.1	9.3	3	3.8	2.5	−1

女性平均寿命提高的原因，主要是妇女社会地位提高，医疗保健条件改善，尤其是作为母亲的妇女，真正得到了社会的尊重，获得了母亲的幸福。解放前，我国每万名产妇就有一百五十个死亡，现在不到五个；解放前每百名婴儿就有二十个死亡，现在减少到三个。

看了以上这些记载着我国妇女社会地位变化的数字，我们不能不为我国妇女在社会主义社会获得的巨大解放而欣慰，不能不为我国妇女运动的伟大成就而自豪。但同时，我们也深深感到，妇女运动尚有许多重大课题需要研究。城乡经济体制改革为广大妇女的幸福、发展创造了良好的前提条件。然而，要把理想变为现实，还必须付出极大的努力。首先，要让广大妇女知道进一步提高妇女社会地位的主要动力正是妇女自己。要对广大妇女认真开展"四自"教育。关心四化、献身四化的妇女越多，妇女在社会中的地位才会越高。其次，提高妇女的自身素质是进一步提高妇女社会地位的基本保证。要通过教育体制的改革，确保每个学龄女孩享有与男孩同等的受教育权利，要努力扫除中青年妇女中的文盲。再次，开辟妇女活动的新领域是进一步提高妇女地位的重要途径。当前正在大力发展的第三产业，其中绝大多数职业适合妇女的自身特点，要特别注意抓住这个有利时机。

我们相信，只要各级领导重视，全社会努力，未来的统计数字将一定会更加振奋人心的。

第 七 课

"气管炎" 与大男子主义

气管炎本是一种疾病，这里所谓的"气管炎"是一句俏皮话。气管炎和"妻管严"声音相似，于是用来指那些受制于妻子的丈夫的处境，也就是过去所说的"怕老婆"。男人们开玩笑说："某人有'气管炎'!"意思是这个人的妻子很厉害，处处管着他，他是个怕老婆的人。气管炎的这种用法，是近七八年才兴起来的。

"气管炎"的现象当前是不是很普遍呢? 没有人作过调查，很难回答。但有一点可以肯定，由于现在妇女就业率比较高，即使农村妇女也普遍参加生产劳动，她们不必依赖丈夫生活，所以妇女的地位自然就提高了。有的妇女工资甚至超过丈夫，她在家里的发言权当然就更大些。例如丈夫是中学教师，月工资大约一百二十元。妻子的文化水平比丈夫低，只能在饭店当服务员，可是饭店奖金多，每月可以挣三百多元，妻子的工资成为这个家庭的主要收入。如果妻子的性格泼辣、倔强，丈夫又比较斯文，天长日久，很容易形成"气管炎"的局面。形成"气管炎"的局面有许多因素在起作用，这和夫妻双方的性格、感情、教养都有关系，不能只看收入。但不管怎么说，妇女在经济上独立了，她们的地位也就相应地提高了。过去妻子依从于丈夫、听命于丈夫，甚至受丈夫欺负的情况已经有了相当大的变化。

不过几千年封建制度的影响不会在短期内清除的。封建社会要求妇女遵守"三从四德"，丈夫是一家之主，妻子只能服从。丈夫有一种天生的优越感，可以支配妻子。这种大男子主义在不少家庭仍然存在，文化教育比较落后的农村和偏僻的地区更严重。在这样的家庭里，妻子不但没有独立的经济地位，连独立的人格也没有。丈夫甚至可以打骂、虐待妻子，妻子只好忍气吞声。在残存着买卖婚姻或变相的买卖婚姻的地方，妻子被看成是丈夫的私产，更可以任意处置。

"气管炎"和大男子主义都是不正常的现象，现在越来越多的人已经认识到这一点，并努力建立一种新型的夫妻关系。那种建立在爱情基础上的互相尊重、互相帮助的完美家庭日益多了起来。

生　　词

(1) 气管炎　　〔名〕　Luftröhrenentzündung
　　 qìguǎnyán　　　　　tracheitis
　　　　　　　　　　　　気管支炎

(2) 俏皮话　　〔名〕　witzige，scherzhafte Worte
　　 qiàopihuà　　　　　witty remark
　　　　　　　　　　　　しゃれことば

(3) 受制　　　〔动〕　unter Kontrolle stehen
　　 shòuzhì　　　　　　to be controlled by
　　　　　　　　　　　　しりに敷かれる、制約される

(4) 奖金　　　〔名〕　Prämie
　　 jiǎngjīn　　　　　　finacial reward
　　　　　　　　　　　　ボーナス

(5) 双方　　　〔名〕　beide Seiten，beide Parteien
　　 shuāngfāng　　　　both sides；the two parties
　　　　　　　　　　　　双方

(6) 性格　　　〔名〕　Charakter，Natur
　　 xìnggé　　　　　　disposition，character

性格

(7) 教养　　　　〔名〕　Bildung，Kultiviertheit
　　 jiàoyǎng　　　　　　good breeding
　　　　　　　　　　　　教養

(8) 相应　　　　〔副〕　entsprechend
　　 xiāngyìng　　　　　consequently
　　　　　　　　　　　　(……に) 応じて

(9) 依从　　　　〔动〕　abhangen von
　　 yīcóng　　　　　　to depend on
　　　　　　　　　　　　服従する

(10) 听命　　　　〔动〕　jmds，Befehlen gehorchen
　　 tīngmìng　　　　　to take orders form
　　　　　　　　　　　　言うことをきく、命令に従う

(11) 封建制度　　〔名〕　Feudalismus
　　 fēngjiàn zhìdù　　　feudalism
　　　　　　　　　　　　封建制度

(12) 三从四德　　〔成〕　die drei（weiblichen）Gehorsam-
　　 sāncóng-sìdé　　　　spflichten（vor der Heirat gegen
　　　　　　　　　　　　den Vater，nach der Heirat gegen
　　　　　　　　　　　　den Mann，nach dem Tod des
　　　　　　　　　　　　Mannes gegen den Sohn）und die
　　　　　　　　　　　　vier （ weiblichen ） Tugenden
　　　　　　　　　　　　（Sittsamkeit，geziemende Spra-
　　　　　　　　　　　　che，bescheidenes Betragen und
　　　　　　　　　　　　Fleiss）— geistige Fesseln der
　　　　　　　　　　　　Frau in der alten Gesellschaft
　　　　　　　　　　　　the three obediences（to father
　　　　　　　　　　　　before marriage，to husband after

marriage, and to son after the death of husband), and the four virtues (morality, proper speech, modest manner and diligent work)

婦女子の封建的な三つの服従と四つの美徳。三従：未だ嫁せざれば父に従い，既に嫁せば夫に従い，夫死せば子に従う（《儀礼》）。四徳：品徳（婦徳），辞令（婦言），儀態（婦容），仕事（婦功）（《儀礼》）。

(13) 一家之主　　〔成〕　　Herr des Hauses
　　　yì jiā zhī zhǔ　　　　master of the house
　　　　　　　　　　　　　一家の主

(14) 优越感　　　〔名〕　　Uberheblichkeitsgefühl, Dünkel
　　　yōuyuègǎn　　　　　superiority complex
　　　　　　　　　　　　　優越感

(15) 支配　　　　〔动〕　　kontrollieren, dirigieren, verfügen
　　　zhīpèi　　　　　　　über
　　　　　　　　　　　　　to control
　　　　　　　　　　　　　支配する

(16) 虐待　　　　〔动〕　　jmd, grausam oder brutal behandeln, misshandeln, tyrannisieren
　　　nüèdài　　　　　　　to maltreat
　　　　　　　　　　　　　虐待する

(17) 忍气吞声　　〔成〕　　die Unzufriedenheit, Demütigung

101

rěn qì tūn shēng		hinunterschlucken
		to swallow an insult
		おし黙って怒りをこらえる
(18) 残存	〔动〕	übrigbleiben
cáncún		to remain
		残っている
(19) 买卖婚姻	〔名〕	Geldheirat
mǎimài hūnyīn		marriage business
		買壳結婚
(20) 私产	〔名〕	privates Kapital
sīchǎn		private property
		私有財産
(21) 处置	〔动〕	behandeln
chǔzhì		to handle
		処置する

词 语 例 释

（1）形成"气管炎"的局面有许多因素在起作用，……

"局面"是名词，指一个时期内事情的状态。例如：

① 家里这种死气沉沉的局面不是一天形成的。

② 指挥官的错误使这支军队陷入被动的局面。

注意："局面"和"局势"意义相近，容易混淆。"局势"是指一个时期内的发展情况，限于政治、军事方面。而"局面"使用的范围比较宽。上面所举的第一个例句里的"局面"不能换成"局势"，第二个例句里的"局面"可以换成"局势"。

（2）但不管怎么说，妇女在经济上独立了，她们的地位也就相应地提高了。

"不管"是连词，表示在任何条件下结果或结论都不会改变。"不管怎么说"，是常用的一句话，意思是没有什么可讨论的，无可怀疑。例如：

①不管怎么说，吸烟对身体总是有害的。

②不管怎么说，也不应该伤害别人的自尊心。

（3）在这样的家庭里，妻子不但没有独立的经济地位，连独立的人格也没有。

"连"在这里是介词，表示强调，后面常用"都"、"也"等与它呼应。例如：

①连走都还不会，就想跑？

②他上了五年学了，连封信也不会写！

③你怎么连这样简单的道理也不懂？

（4）那种建立在爱情基础上的互相尊重、互相帮助的完美家庭日益多了起来。

"日益"是副词，意思是"一天比一天……"后面跟形容词或动词，多用于书面。例如：

①近几年市场供应的商品日益丰富。

②她的汉语水平日益提高，真让人佩服。

课 外 读 物

（1）陶春芳《我对"男女平等"的偏见》（《中国妇女》1985年第8期）

（2）夏文信《中国城市妇女家庭地位的变化》节录（见刘英、薛素珍主编《中国婚姻家庭研究》，社会科学文献出版社1987年10月出版）

课堂讨论思考题

(1) 什么是"三从四德"?
(2) 你认为大男子主义合理吗? 为什么?
(3) 你认为"气管炎"合理吗? 为什么?

＊　　　　＊　　　　＊

我对"男女平等"的偏见

既知是偏见,为什么还要说? 我想偏见可以引出正见;我又十分想纠正我的偏见,所以提出来供大家纠正。

"男女平等"并不是新概念,人们追求男女平等,至少也有二百多年的历史了。男女应当平等,可以说是世人公认的思想。既然如此,还有什么可说的? 但是我总觉得在实现男女平等的进程中,人们的认识各偏一隅,各行其事,乃至存在着一个不弱的阻挠力量。何故? 因为对很多人来说,尽管接受了男女平等的概念,但对"平等"的内涵,"平等"的标尺并不明确。

有的同志不以此为然,说是"男女平等"的内涵和标尺还是很明确的。不错,在我国的宪法中就有规定,第四十八条明白地写着:"中华人民共和国妇女在政治的、经济的、文化的、社会的和家庭的生活等方面享有同男子平等的权利。国家保护妇女的权利和利益,实行男女同工同酬,培养选拔妇女干部。"法律条文上是明确的,但是法律必须被人们从思想上接受,并且能确实地贯彻在行动中,才表现出法的实际意义。而法的实施,是要在纠正一些人的偏颇的观念和行动中完成的。

男女平等的第一步,是把妇女从家庭四壁的圈圈中解放出来。

104

而妇女走出家门的第一个阻力就是人们的固有观念：男尊女卑。男女平等，男女都一样吗？男人能做的事女人也能干吗？

是的。在人类生产力低下的时期，妇女退居家务，是出于男女自然生态的差异。古时的物质生产劳动，是要付出相当大的体力的，即便是这样，在无条件分工的远古时代，男女也一起出袭捕获野兽，共同采集野果来维系生存。当生产力发展到有可能分工时，人们最初是生态分工。女人有经期、孕期、产期、哺乳期，及由此而产生的抚育幼子的义务。这些既是人类延续的本能，也是人类发展的社会需要。妇女逐渐从社会物质生产的活动领域，转向家务性劳动，于是出现男耕女织，男外女内的分工。本来男子因身体强壮，去从事生产性劳动，妇女因其体能特点从事衣、食、住和扶老育儿生活领域的劳动，也并没有带来男女不平等。而历史是无情的，随着私有制的出现，男女由自然生态性分工，变成社会阶级性的分离。社会生产一直保留着它的社会性质，而妇女所从事的家务劳动却失去了社会性质，转变成私人性活动，妇女并顺此而从社会生活管理和劳动者的身份变成了男子的家属，成为依附于、服务于丈夫的家庭奴仆。这种转变是在自然而无声之中，攫取剥夺了妇女在社会公众生活中的权利，这是历史的狡计。狡计也是历史。妇女要逆反这种历史，就要接受一种考验，首先要与男子比体力。世界妇女走着这条道路，中国妇女也走着这条道路。从辛亥革命到解放战争，中国大地上行进着一队队的女军。解放以后，我国第一个女火车司机田桂英，她是像男子一样，抢起大铁铲，从火车司炉做起，成了我国第一代优秀的女火车司机。妇女们以"男女都一样，男同志能做到的女同志也一定能做到"的决心，冲出家门，走上社会工作的行行业业。在天上、地下、海上；在深山老林、沙漠荒滩；登雪山、潜海底、征服南极……都有妇女们的足迹。她们与男子并肩开创着人类共同行进的一切业绩，涉足于推进人类文明的广阔天地之中。

今天，人们对法律上所规定的，妇女有与男子平等的就业权利，以及对妇女有与男子同等的就业能力这一点，无可异议。但是，男女平等的道路仍是艰难的。无异议并不就是旧有的观念清除了。在现实生活中，人们仍存在着排斥妇女的习惯性心理。如对妇女是否就业，在一些人中仍有一种莫名的抵制"本能"。他们视妇女"四期"需要照顾为烦事，忘记了，妇女若无"四期"，就没有人类的延续。他们在自己掌握的领域不接收妇女，甚至不接受女大学生。我们说，不重视知识是文化落后的表现，而排斥妇女也是文化落后的表现。因为这种排斥行为所延续的是一种社会生产力低下时期的落后意识。今天，面临科学技术的发展，人类体能生产力时代即将被智能生产力时代所替代，面对这种变化了的新时代，稍持公道的人都会承认，妇女的智能并不比男子弱。而人类历史的发展要是排斥占人口一半的妇女能力的参与，一味强化男子一边的天下，历史会是残疾的，发展自然也是缓慢的。

男女平等的第二步，是解除男子对妇女的依赖。人们会认为这是谬论，因为从古至今人们公认的是女人依赖男人，何以男人还会依赖女人！是的，男人依赖女人。而且这种依赖在今天已构成男女平等的一大阻力。

近来，人们热烈地议论事业和生活的问题。而这问题的实质是向妇女提出的。妇女想实现自己社会价值的一大关口，就是事业和生活的矛盾。人人尽知，这里所谈的生活并不是指妇女自身的生活，而是指她能否胜任家庭主妇的全部职能。就是说，既和男子一样胜任社会公职，又同时完成全部家务，给全家人创造舒适的生活环境，保障丈夫生活事业的安宁。这就是社会发展的新时期，在妇女面前展开的又一条需要选择的路：你是作事业型女人？还是生活型女人？你有能力将事业和生活两副担子都承担起来吗？社会常常也怪刁难人的。人们有时把妇女看成是弱者，可是并不对妇女提供什么便利，反而提出苛刻条件。如向妇女提出的事业和生活的选择，实际是向妇女提出要承担"双重"的压力。我有时想，男子也是有生活的，为什么没有人对男子做"事业型"或"生活型"的选择呢？因为人们认为男子当然应当是事业型的，而且人们又惯常地认为作为别人妻子的女人，其贤者，是应当成为丈夫的贤内助；在夫妻都有事业前途选择时，贤妻应当勇于自我牺牲事业去保丈夫成就事业；在有家务孩子拖累时，妻子承担其大部以至全部才合于传统心理，否则就有女人使男性"雌化了"或"妻管严"的嫌疑。如此等等，无非是把生活的担子全部推给妇女，致使妇女在事业和生活的重压下艰难地行进。

　　男女平等，本来应当对男女双方都有所要求。可是我总觉得在实现男女平等的征途中，要求妇女的多，而对男子只要求尊重妇女，不歧视，不压迫就行了。男子是不是也应改变自己一些什么呢？历史在造就男女不平等的现实中，没给男子留下什么遗憾吗？事实是，历史是公正的，它把妇女围困在家务中，使女人依附于男人的同时，也使男子失去了料理生活、照顾子女的能力，男子对妇女也形成了极强的依附性。因此，历史上的男女，在事业和生活上都患着偏瘫症。对这种偏瘫症，男女都应正视，并能平等地去纠正治愈自己缺陷的方面，使男女在共同的社会生活中完善自己，共建生活，共创事业，和睦携手地形成一股新的推进历史的力量。这就要求男女各自克服自己偏能偏视的弱点。妇女既要保留自己历史造就的料理家事家务的能力，又勇于走出家门，学文化、学技术，赶上男子；男子也要既保持自己固有的社会活动能力强、文化生产技能高的长处，又要有勇气转向家事家务劳动，成为家务的行家里手，赶上妇女。男子也要有"女同志能做到的男同志也一定能做到"的勇气和观念。在这一点上，我的偏见是：在"男女都一样"的奋斗中，在向男女不平等的挑战中，女人闯开了路，她们奋力走向社会开拓事业；而男子却往往怯于承担家务，极怕"雌化"，因此而仍表现着对妇女在生活上的依赖性。可叹的是，人们并不正视这种弱点，却往往罩着一副优越者的面孔。男子以选择理想配偶的方式，强化"生活型"妇女的形象。这就形成了一股抵制妇女从事事业的力量。面对这种阻力，妇女又以强音回答："既要生活，又要事业。"当然，这"既要生活，又要事业"意味着妇女将要付出双倍乃至多倍的努力。她们要在投入祖国建设的事业中负重爬坡。男同志能不能在我国需要大批人才从事高度的物质文明和高度的精神文明建设时期，也发出"既要事业，也要生活"的呼应，而这"生活"又不是附加在妇女身上；以此与妇女一起把男女平等的精神文明推进到一个新阶段呢？

中国城市妇女家庭地位的变化（节录）

（四）

我们的调查证实，30多年来，我国城市妇女的家庭地位，确实发生了巨大的变化。变化的总趋势是：妇女的家庭地位不断提高，男女平等的逐步实现。透过这些变化，我们可以看到，社会主义制度给我国带来的伟大社会变革已经深入到经济、政治、法律、文化、教育、婚姻制度、价值观念以及人们的日常生活之中，已经深入到广泛的社会生活领域。

这场伟大的社会变革，虽然已改变了中国的面貌，但是，它尚在发展之中，它也需要继续向前推进。从调查中，我们可以清楚地看到，当前城市妇女在许多方面与男子仍存在一定的差异。

在经济方面，城市妇女与男子相比，仍存在着某些事实上的不平等。她们在就业时，会受到一定的限制。人们常常批评某些单位负责人把女工当成包袱，故意抬高招收女工的标准，不关心女工福利等等，就是这种不平等的反映。在生产劳动报酬上，妇女也低于男子。四福巷调查资料表明，城市妇女与男子从事相同的职业，平均月收入普遍低于男子。如同是生产运输业工人：

平均月收入	妻子(%)	丈夫(%)
40元以下	22.66	4.93
40—60元	57.03	60.59
60—80元	19.53	28.08
80元以上	0.78	6.40

据五城市家庭调查，在3663对夫妻中，丈夫月收入高于妻子的有2532对，占69.12%，夫妻月收入相近的833对，占22.74%，妻子月收入高于丈夫的只有298对，占8.14%。

在教育方面，目前城市家庭中，夫妻文化水平相对接近了，但仍然存在着差距。1977—1982年四福巷结婚的夫妻128对，初中文化程度：妻子占55.47%，丈夫占51.56%；高中文化程度：妻子占23.13%，丈夫占30.47%；大学及以上文化程度：妻子占8.59%，丈夫则占13.28%。就128对夫妻相比较，文化相当的占47.66%，妻高于夫的占21.09%，夫高于妻的占31.25%。可见，夫妻文化水平相当的未及半数，丈夫文化水平高于妻子所占比重仍较大。

在婚姻方面，城市女青年虽然取得了婚姻自主权，但是，离实现真正的婚姻自由还有一定的距离。到1982年为止，城市女青年通过自己认识而选择配偶的只有将近三分之一，她们还要依靠朋友、亲戚"介绍对象"。在择偶标准方面，男女青年间存在着明显的差异。据北京市婚姻家庭的调查，女方要求男方"家庭经济状况好"、"对我尊重"的是男方要求女方比重的1.62倍，要求男方"有上进心"的是男方要求女方比重的3.06倍，要求男方"文化水平高的"是男方要求女方比重的5.79倍。而男方要求女方"门当户对"的是女方要求男方比重的3倍，要求女方"善于料理家务"的是女方要求男方比重的 3.64 倍。双方择偶标准的差异，反映了女青年更多地考虑经济因素，考虑丈夫的地位和文化程度。也说明了妇女在家庭中还未能取得与男子真正平等的地位，还存在着一些依赖男子的因素和观念。

在家务管理方面，调查表明，夫妻虽然共同承担家务劳动的多了，但是，妻子的家务负担要超过丈夫。她们从事家务劳动的时间，一般都比丈夫多。据北京市统计局调查，女职工每天平均用于家务劳动时间为 3.72 小时，男职工则为 2.23 小时。上海张家弄 232 户双职工核心家庭，家务由夫妻分担的有 165 户。其中，夫妻分担以妻为主的 66 户，占 40.00％；夫妻分担以夫为主的 12 户，占 7.27％；夫妻共同分担的 87 户，占 52.73％。在四福巷的调查中，我们发现，由于妇女处理家务、安排生活方面的特长，不少妻子不同程度地掌握了家庭经济的支配权。然而，这并不意味着他们掌握了家庭经济的决定权。日常买米买菜以及购买一般生活日用品，妻子作主的多。如购买电视机、冰箱、洗衣机等高中档家庭用品，夫妻就要共同商量，丈夫的发言权往往带有决定性。

造成这些事实上不平等的原因是多方面的，有数千年封建社会遗留下来的旧传统、旧习俗影响等历史原因；有社会经济体制不够完善而产生种种弊端等现实原因。要想在较短的时间内，消除这些原因，实现男女在家庭中地位的全面平等是不可能的。当前，在中国的大地上，这场伟大的社会变革方兴未艾，随着城市经济体制改革的深入，我国城市妇女已经取得的社会和家庭地位必然会得到进一步的提高。男女之间事实上的全面平等一定会实现的。当然，这需要有一个历史的过程。在这一历史过程中，城市妇女将是一支生机勃勃的、积极的、能动的力量。她们将与男子一道为实现上述目标而贡献力量。

第 八 课

"小 皇 帝" 们

"小皇帝"这个词指那些被娇惯坏了的孩子,其中多半是独生子女。

十年前政府开始大力推行计划生育,提倡一对夫妇只生一个孩子,并采取了种种鼓励的政策,为独生子女提供各种福利,同时对计划外生育采取处罚措施。这项工作取得了很大成效,人口增长的速度得到控制。但是独生子女的教育却成为一个严重的问题,摆在千千万万个家庭和整个社会面前。

一个独生子女能得到多少人疼爱呢?仅在直系亲属里,除了父母以外,还有祖父、祖母、外祖父、外祖母,这就六个人了,形成六个大人围着一个孩子转的局面。他们都把这唯一的苗儿当成宝贝，百般宠爱，那孩子俨然成了家里的"小皇帝"了。他喜欢的食物大人尽量买给他吃，他喜欢的玩具大人尽量买给他玩儿，大人可以省吃俭用，孩子却不能亏待一点。有些孩子营养过多，得了肥胖症；有些孩子任性、孤僻、脾气暴躁；有些孩子衣来伸手饭来张口，什么活儿也不会干，什么活儿也不愿学。有人把这种种毛病叫做"四二一综合症"，意思是四位祖父母、外祖父母，两位父母共同宠爱一个孩子所造成的毛病。

因为报刊上经常宣传对孩子进行早期智力教育的重要性，所以家长们拼命向孩子灌输各种知识，培养他们的各种技能。有的学绘画，有的学电子琴，有的学书法，有的学舞蹈。为了适应这些需要，各种训练班如雨后春笋纷纷成立起来。星期天常常可以看到家长背着电子琴送孩子去学习的情形。如果孩子有了一点成绩，家长更是对他百般夸奖，使他忘乎所以。对孩子进行智力教育当然是必要的，但家长们往往忽略了对孩子进行品德教育和劳动教育。将来这些"小皇帝"们离开父母进入社会，真不知道他们将怎样生活！

112

生　词

(1) 娇惯　　　　〔动〕　　verhätscheln, verwöhnen
　　jiāoguàn　　　　　　　to pamper, to spoil
　　　　　　　　　　　　　甘やかしつける

(2) 独生子女　　〔名〕　　einziger Sohn oder einzige Toch-
　　dúshēng zǐnǚ　　　　　ter
　　　　　　　　　　　　　only daughter or son
　　　　　　　　　　　　　ひとりっ子

(3) 推行　　　　〔动〕　　betreiben, verfolgen
　　tuīxíng　　　　　　　　to pursue, to encourage
　　　　　　　　　　　　　推進する

(4) 计划生育　　〔名〕　　Geburtenkontrolle
　　jìhuà shēngyù　　　　　birth control, family planning
　　　　　　　　　　　　　家族計画

(5) 福利　　　　〔名〕　　Wohlfahrt, soziale fürsorge
　　fúlì　　　　　　　　　welfare
　　　　　　　　　　　　　福利

(6) 处罚　　　　〔动〕　　bestrafen
　　chǔfá　　　　　　　　to punish
　　　　　　　　　　　　　処罰する

(7) 措施　　　　〔名〕　　Massnahme, Schritt
　　cuòshī　　　　　　　　Measure
　　　　　　　　　　　　　措置

(8) 疼爱　　　　〔动〕　　jmd, abgö-ttisch lieben und ver-
　　téng'ài　　　　　　　　wöhnen

113

to love dearly

かわいがる

(9) 直系亲属　　　　〔名〕　Verwandte ersten Grades

zhíxì qīnshǔ　　　　　directly-related members of one's

family

直系親属

(10) 百般　　　　　〔副〕　auf jede erdenkliche Weise

bǎibān　　　　　　　in every possible way

いろいろな、全ての

(11) 宠爱　　　　　〔动〕　liebbehalten，Gunst bezeigen

chǒng'ài　　　　　　to dote on

ひどくかわいがる

(12) 俨然　　　　　〔副〕　gerade wie

yǎnrán　　　　　　　just like

さながら、よく似ているさま

(13) 省吃俭用　　　　〔成〕　sehr sparsam leben，sich ein-

shěng chī jiǎn yòng　　schränken

to live frugally

きりつめて節約する

(14) 亏待　　　　　〔动〕　jmd，ungerecht，verächtlich be-

kuīdài　　　　　　　handeln

to treat shabbily

質素にさせる、不当な待遇

をする

(15) 任性　　　　　〔形〕　eigensinnig，eigenwillig

rènxìng　　　　　　　self‐willed，selfish

わがままな

(16) 孤僻　　　　　〔形〕　unsozial und exzentrisch

	gūpì		unsociable
			（性格が）暗い、偏屈である
(17)	暴躁	〔形〕	jähzornig, cholerisch
	bàozào		irascible
			短気である、おこりっぽい
(18)	综合症	〔名〕	Syndrom
	zōnghézhèng		syndrone
			症候群
(19)	报刊	〔名〕	Zeitungen und Periodika
	bàokān		newspapers and periodicals
			新聞、雑誌などの定期刊行物
(20)	宣传	〔动〕	propagieren
	xuānchuán		to propagate
			宣伝する
(21)	智力	〔名〕	Intelligenz
	zhìlì		intelligence
			知力
(22)	拼命	〔动〕	mit allen Kräften Kämpfen, alle
	pīnmìng		Anstrengungen machen
			to exert the utmost strength, with
			all one's might
			必死になる
(23)	灌输	〔动〕	einflössen, eintrichtern, vermit-
	guànshū		teln
			to imbue
			（知識，思想を）注入する
(24)	书法	〔名〕	Kalligraphie
	shūfǎ		calligraphy

書道

（25）雨后春笋　　〔成〕　wie Bambussprossen nach einem
　　　 yǔ hòu chūn sǔn　　　Frühlingsregen emporspriessen

wie Pilze aus dem Boden schi-
essen

（spring up like）bamboo shoots
after a spring rain

雨後のタケノコ、新しいもの
がたくさん出現することの
たとえ

（26）忘乎所以　　　〔成〕　alles um sich herum vergessen,
　　　 wàng hū suǒ yǐ　　 übergeschnappt sein

to forget oneself

（得意のあまり）有頂天になる

词 语 例 释

（1）"小皇帝"这个词指那些被娇惯坏了的孩子，其中多半
是独生子女。

"其中"是方位词，意思是"那里面"，指处所、范围。一般
的方位词都可以用在名词后面，如"书上"、"抽屉里"、"水中"，
但"其中"不能用在名词后面，不能说"书其中"、"水其中"，而
只能单用。例如：

① 我们学院有八千学生，其中一半是本地人。

② 这部小说很有意思，其中许多人物个性鲜明。

③ 在这家商店可以买到各种各样的瓜果，其中以荔枝为最稀
罕。

（2）但是独生子女的教育却成为一个严重的问题，摆在千千

万万个家庭和整个社会面前。

"但是……却……"这个格式，表示转折，语气比只用一个"但是"重。例如：

① 她经济并不宽裕，但是当朋友有困难的时候，她却总是慷慨相助。

② 约好在这里见面，但是他却没来！

③ 虽然他一再向我推荐这本书，但是我却毫无兴趣。

（3）他们都把这唯一的苗儿当成宝贝，**百般**宠爱，那孩子也就**俨然**成了家里的"小皇帝"。

"百般"是副词，意思是用各种各样的方法。例如：

① 他结婚后对妻子百般体贴，无微不至。

② 她对我百般挑剔，我忍无可忍，一赌气离开了她。

"俨然"是副词，意思是"很像"，常用于书面。例如：

① 这孩子说起话来俨然是个大人。

② 她在我家里太随便了，俨然是主人。

（4）如果孩子有了一点成绩，家长更是对他百般夸奖，使他**忘乎所以**。

"忘乎所以"是成语，意思是由于过度兴奋或骄傲自满而忘记了一切，也说"忘其所以"。例如：

① 他看到没有人离开会场，便忘乎所以，又滔滔不绝地讲了一小时。

② 他升了经理就忘乎所以，胡乱花钱，欠了许多债。

课 外 读 物

（1）涵逸《中国的"小皇帝"》节录

（2）《我们今天应该怎样做父母》（《中国妇女》1987 年第 6 期）

课堂讨论思考题

(1) 为什么把独生子女叫做"小皇帝"？
(2) 你认为父母应该怎样教育子女？
(3) 什么叫"四二一综合症"？

*　　　　*　　　　*

中国的"小皇帝"（节录）

第一幅：八岁大寿

这是一个三代同堂的家庭，铭铭是独根，他不但任意驱使着祖父、祖母、爸爸、妈妈，在两个堂妹面前也是趾高气扬的。他的父亲告诉他：这就叫鹤立鸡群……

"咱买个大蛋糕给孩子添点喜气。"霍老爷子痛痛快快地掏出了十五元钱来。

"要纯奶油的，铭铭不吃奶白的。"儿媳大声嘱咐去买蛋糕的丈夫。

今天怎么说都是乐意的，就跟外国人过愚人节似的。无尽止地开玩笑，甚至伤人、烧房子都没事。这不，小叔子生了女儿，霍家从此就这么一条根了，还不可着劲儿地热闹。平日能为一度电、一块煤吵上几个钟头的一家三代人，今天是人人畅怀，有钱出钱，有力出力，往日多少隔阂与淤积心中的不快，都随这冲天的喜气释然消除了。

铭铭跑里跑外好不高兴，他今天不但不去幼儿园，而且两个妹妹都来，他有伴了。伯伯的孩子力力比铭铭大两岁，叔叔的女儿刚半岁像个胖洋娃娃，铭铭喜欢跟她们玩，在她们面前他当然是大人。

"哟！这孩子脸上长的是什么？"大人们围着小妹妹问长问短。

婶婶心疼地说："嗨！这孩子吃牛奶，火气太重，脸上就长水泡了，前几天去医院，配了点中药，天天给洗，这已经好多了，都结疤了。"

奶奶一把抱了过来："洗的时候痛吗？"

叔叔在一旁搭话了："还好，可能结疤时有点痒，她老抓，有时哭几声，该是有点痛吧？"

力力和铭铭听不懂他们的话，两个回头相视笑了笑，铭铭憋不住大声嚷了："妹妹的脸，就跟芝麻酱糖饼似的。"

大人们也笑起来了，婶婶的脸色却特别的难看：

"铭铭就这么说我们啊？"

"是！我说是就是，就是芝麻酱糖饼！"

爷爷赶紧附和："对！对！铭铭的脑瓜儿好使，尽是新名词，芝麻酱糖饼也不错。"

家里的大圆桌面抬出来了。

铺上块桌布，奶白色的，赛过那些大饭店，冷菜现成的，热菜正在炒，每个人跟前也就只能放个小酒杯了。

"来、来、来，为铭铭八岁大寿干杯！"爷爷主持全席，他约摸有三、四十年没有为生日举过杯了，心里头感到格外痛快。

人们把酒杯伸向铭铭——

"祝你长大成个美男子！"

"长寿长寿！"

"将来娶个好媳妇，再来个大胖小子！"

……

觥筹交错，好一顿热闹。

力力不高兴了，"我都十岁了，爷爷为什么不给我大寿呀？"小姑娘的眼睛泪汪汪的，眼看就要哭出声了。

霍老爷子一时无言可答，力力的母亲也不让力力住口，只是用手绢帮力力擦眼泪，沉默。力力的眼泪还在流，妈妈抱起她就进了厨房，厨房里传来母女俩的哭声。霍老爷子正要说什么，铭铭开口了："爱吃不吃，我自个儿吃，自个儿大寿！谁让你生女的呀？谁让你是女的呀？哼！我是鹤，你是鸡！"

满座瞠目……

敲门声。

霍老爷子去开门，涌进七八个铭铭的小同学，每人手里提着点心盒，还有提着香槟酒的，"爷爷，我们给铭铭祝寿来了！"

爷爷不知所措了："这，你们这是跟谁学的？"

"跟大人学的！"孩子们异口同声地说。

铭铭可高兴了："爷爷，再摆个桌子！"

铭铭招呼小同学："咱哥儿们自己吃，不跟他们在一起！"

八岁大寿。

鹤立鸡群。

人，是父母生下的，却是社会造就的。什么样的社会造就什么样的人，主宰着这个社会的大人们，就是这样有意无意地影响着幼小的心灵，而他们是将要治理未来的国家、未来的社会的人呀！霍老爷子并不是一个普通的小小老百姓，是一个进出都坐小汽车的官儿。生活中不乏这样的例子：经常在教导着别人的人，却并不去教导自己身边的儿子。

八岁而大寿，意味着什么？但愿不是心灵上的夭折！

千万不要忘记八旗子弟！

第二幅：追着吃饭和拍着睡觉

这是一个知识分子的家庭。祖父在学术界颇有威望，一生坎坷，受尽了折磨。他的第三代是个女孩，叫圆圆。祖父母不仅承担了她的一切生活费用，而且总是……

圆圆长着一个小圆脸，那么可爱，就是爱生病，可是祖父说了，"我们的小圆圆病一次就变得更聪敏了！"祖父是学术界的人物，他的话还有错吗？看来圆圆还得病下去。

圆圆五岁，却把家里的各色人等全琢磨透了：

"爷爷最听话！"

"奶奶身边总是有好吃的！"

"妈妈身上有妈妈味儿，妈妈离不开我。"

"爸爸尽吓唬人，可是他怕爷爷，我才不怕他呢！"

圆圆一吃饭就跑，从客厅跑到卧室，从卧室跑到厨房，爷爷在后边追，一边追一边学狗叫，学完狗叫才吃一口。再跑，再追；这一回可不许学狗叫了，得学猫叫，学得不像还不行，再来一遍；得，再吃一口。圆圆高兴，爷爷也说不累，"锻炼！这正好是锻炼呢！"

圆圆要是发狠心不吃了，就往厕所里跑，"我尿尿！""我拉屎！"爷爷就在外边等着，屏息静气。什么动静没有，拉出来再吃一口。不行，饭凉了，赶紧热；热完再跑、再追；吃一顿饭花一个多小时，吃完后还要表扬："瞧我们圆圆，吃得真好！"

圆圆有时也奇怪："大人拿了筷子怎么能吃饭？"

圆圆还不会拿匙子，她说："太沉了，我拿不动！"

爷爷和圆圆在所有的问题上总是意见一致的："是的，现在的匙子是越做越重了！"

追着吃饭不算，还要拍着睡觉。有时，爷爷一个人拍，时间长了，圆圆偏不睡，一家人便轮流拍。拍，是轻轻地拍，拍重了可不行，伤了皮肉。而且要有节奏感，最好一边哼着小调一边拍，让圆圆能感到一种音乐的气氛，便睡得香，还能做好梦——这是学者的祖父总结的经验。

无论你怎么追，怎么拍，圆圆就是爱生病。

圆圆的奶奶可有些想不明白了："现在的孩子事儿真多，十个有八个不肯吃饭！"

隔壁的李奶奶说："就是吃巧克力吃的，天天上火！"

"巧克力也不该生虫子呀？怎么老是肚子里长虫，老是不合适，还不能打青链霉素！"

"可不！十个有八个还是近视眼呢！"

"可不！十个有八个都得了软骨病！"

"可不！十个有八个弄破点皮，一出血就止不住，非得云南白药不行，这可怎么办？"

据说，偏食很有关系，那就得吃粗粮，吃麸子。圆圆的爷爷可听不得这话："那不是忆苦饭吗？我们这两代人还没有吃够？还得让第三代吃？"

也可能是"血管壁组织松弛"，还可能是缺钙、缺锌。奇怪了，每天吃一大把各种维生素，怎么哪一种维生素都缺呀？

到底缺什么？

圆圆的爷爷至今还不以为然，"不就是生病吗？圆圆的一切，我全包了！"

显然，这是一位慈祥的祖父，同时却也糊涂得可以！至于圆圆将来是感激他，还是责怪他，那是要由圆圆自己来回答的。

对于年轻的父母来说，尽可能地让孩子那怕稍稍离开一点太溺爱他们的祖父、祖母、姥姥、姥爷，看来已经是十分必要的了！

第三幅：有趣的对抗

有一个部队高级干部的子弟，把子弹带到学校，以五角钱一发的价格卖给别的同学。

有一个孩子爱吃鸡蛋，他的奶奶就数出八种做法问孩子爱吃哪一样。老师批评了孩子，奶奶说的更干脆："去问问你老师，她有没有孩子？甭听她的！"

……

景山学校是闻名全国的一所重点学校，以培养品学兼优的学生而著称。景山学校与景山相邻，学生们大多知道崇祯皇帝在景山自缢而死的故事，富有讽刺意味的是听着崇祯皇帝这段历史的孩子们，有一些正在被当作"小皇帝"来供奉。

十岁的小学三年级的一个学生，每天晚上都由他母亲半夜起床为他"接尿"；到了十一岁还不会穿衣服，前些日子刚学着自己穿。

有一个四年级的学生每天中午除了别的饭菜以外，还要带一个鸡蛋，都是由父母负责剥净蛋壳、装进饭盒。偶尔有一次，装到饭盒的是没有剥了蛋壳的鸡蛋，吃饭时这个孩子可犯难了，左看右看，鸡蛋没有缝，无从下手，只好不吃，带回家了。母亲问他，他的回答是："没有缝，我怎么吃？"

试想一下，这个不会吃无缝的鸡蛋的孩子，长大以后能经历什么人生的风雨、事业的艰难？而我们的家长含辛茹苦，连孩子们的劳动和作业都包下来了，然而你又怎么能包他们一辈子呢？最终，生活的道路得由孩子们自己去开拓，而开拓却是意味着艰苦的劳动与创造，在别人不敢走路的地方走出一条自己的路来。想想孩子们的将来吧！

越是溺爱孩子的家长，对孩子长大以后做什么，越是有着不切实际的、高层次的理想，比如当学者、教授，出国留学，当考古学家、艺术家等等。景山学校对一个班学生的家长调查中，如上所述的占 90％以上，希望孩子做普通劳动者的一个也没有。对于一个班的学生的调查也同样说明了孩子受父母以及社会风气的影响之大——佩服领袖人物的占 16％，佩服刘胡兰、雷锋这些英雄模范人物的占 5％，佩服专家、学者、世界冠军、宇航员的占 78％。

这一些统计的信息还告诉我们，八十年代的孩子们思想之活跃，以及他们所受到的外部世界——比如电视、电影、文学作品的影响及诱惑，是远远地不能和七十年代、六十年代相提并论的。男孩子们喜欢霍元甲的武功，几乎人人会唱"万水千山总是情"，对孩子们身心有益的神话、童话，动画片、木偶片实在太少，这一切都是不能不引起社会重视的。

景山学校一个五年级的女生佩服两个人，一个是周恩来，一个是慈禧太后——她已经很有自己的思想了。但，确实需要启发、引导，而且是循循善诱的启发，诲人不倦的引导。这一点，光靠学校是远远不够的，必须要由家庭、社会一起做，进行大综合治理。这个治理的第一步应是去掉溺爱，学会劳动。

看来，我们不得不要重提四体不勤、五谷不分的危险了！而关于"小皇帝"的称呼也实在不是危言耸听，或者只是开一句玩笑而已；至于这些"小皇帝"的将来——同时也关联着中国命运的将来的剖析，则还是远远不够的。许多中国人似乎还没有完全离开动不动就是形势大好的自我欺骗与自我安慰。

孩子们稍大一点，读了几年书，就公然宣称："我是一主二仆！"父母赞不绝口，因为被誉为仆了！其实，岂只是二仆？

我们今天怎样做父母

大地之受人崇敬，就因为它哺育了万物生灵。

父母责任之神圣，在于他塑造着万灵之灵的人。

从历史那遥远的天际，走来了神色肃穆的父辈和稚嫩活泼的子辈。在中国大地上，封建传统的绳索，曾经捆缚和磨蚀了一代又一代子辈那活泼的灵性。于是，我们听见了鲁迅先生那旷世醒人的声音："我们现在怎样做父亲"。

68年过去了，半个多世纪的风雨，冲刷出一个崭新的天空和大地。今天，在我们面前的是一代80年代的少年儿童：独生子女的特殊性中，渗透着知识爆炸的冲击波和人才竞争的超强压力；在我们面前的是一代80年代的年轻父母：自己的脚步还在匆匆追赶那被耽误的青春，孩子已飘然而至。工作、学习、后代在永远分割不够的时间冲突背后，掺杂着对新的儿童环境，新的儿童心理，新的儿童教育尚不理解的困惑和苦恼。

于是，我们又面对着一个时代性的命题：我们今天怎样做父母？

——我们需要对自身的审视：青春的梦想到哪里去寻找？

△十年动乱使我青春的梦想破灭了。看看人家那些成了博士、硕士，当了工程师，研究员的，真是既羡慕又不甘心。可自己已经是30好几快奔40的人了，没什么指望了。好在有个儿子，我把希望全寄托在儿子身上，发誓要让他上大学，考研究生，出国留学，不成个大专家也要成个小专家。自己身上失去的，要从孩子身上找回来。于是，从他读小学一年级起，我就天天要他多背书，多写作业。反复给他讲："你将来的目标是清华、北大。"要他学书法，学外语……为了有效督促，我还给他制作了一张表格，

上款写着："向100分进军！进军！"表格里面贴着一面一面小红旗，每一面红旗都代表一个100分。费尽九牛二虎之力。可这孩子就是不理解我的心思，要他学他偏不学，反而在一个小本子上悄悄写上："我最恨爸爸，老叫我学，学，学。"我气得半死，没少揍他。但揍也不管用。其实他的功课也不算坏，在班里算中上。我的愿望是要他拔尖，好给我争口气。我最担心的就是他拔不了尖。80年代是智力竞争的年代，哪家父母不是全力以赴地抓孩子早期教育，抓智力投资。我还是强制他学，我还想拼死命给他奔个重点学校，再花钱给他请家庭教师。一句话，就是要他学出个名堂来。

△我是小学教师，实指望我的孩子比我有出息。为此，我天天追他学习，连假期也从不放过。可是孩子的学习成绩总不理想。有一次，一个偶然的机会，他迷上了摔跤，偏偏西城区摔跤队又选中了他。孩子求我，邻居也说："你就让孩子去吧，难得有这个机会。"可我和他爸爸想，摔跤能成个什么才，正经的还得奔大学。我们回绝了摔跤队的教练，把孩子关在家里，逼他学习。没想到，孩子从此一蹶不振，学习成绩每况愈下。

这里，父母的一片苦心，能简单地说没有一点合理的成份吗？可是，一代人在历史的事变中失落的青春的职业梦想，应不应该强加给下一代呢？在当今孩子们那过分膨胀的书包里，再搁上一份父辈自身的成才理想，孩子们承受得了吗？

——我们需要对童心的理解：童年的幸福该由谁来认定？

△父母的责任就是要让孩子吃好、穿好，生活得幸福。我小时候碰上困难时期，现在日子好了，就一个宝贝女儿，可不能再让她受委屈。别人的孩子吃什么，穿什么，玩什么，我们的孩子一样也不落。玩具，只要孩子喜欢，小娃娃，大娃娃，汽车，飞机，大熊，小狗……应有尽有。菜市场来了新鲜东西，鱼、虾、螃蟹，价钱再贵也要买来做给孩子吃。我总想，孩子赶上好年代了，

就是该享点福。哪家父母不是尽着孩子的。至于什么思想、品格啦，劳动本领啦，等孩子长大了再说。

△一个十岁的小女孩，很想为家里干点事，可平时妈妈总是把家务活一齐包揽了，不让她动手，连吃松花蛋也不让她自己剥皮。一次，趁妈妈不在家，她把厨房里的菜洗干净了，还整整齐齐地放在篮子里。干完了这些简直像打了一个大胜仗一样高兴，满心以为妈妈回来会表扬自己。没想到妈妈一进门看到她把菜洗了，一下拉下脸不高兴地说："谁让你洗啦，你洗得干净吗？要是被虫子什么的咬了怎么办？我对你说过多少次了，你就好好念书，别的什么也不用你管！"孩子委屈地哭了。

△邻居家有个男孩，总穿着新衣服，长得很可爱。一次，我逗他玩，教他学爬树，他玩得很开心。没想到他妈看见了，大呼小叫地喊："快下来！"怕他摔坏了，硬把他拖回家。孩子泪汪汪地看着我，真可怜。

新衣服有了，新玩具有了……我们当年没有的，他们都有了。然而，想过没有：我们给予他们的这个轻松的、物质的圈子，是否狭窄了一些？在这里，能有他们童心驰骋的天地吗？

——我们需要换一个视角观察：这一代孩子缺少了什么？

△要我说，现在的孩子除了不缺吃，不缺穿，不缺钱花，什么都缺。玩的自由没有，一些基本的技能和劳动训练没有。做值日，有的孩子花钱雇同学做；学校组织劳动，不少是爷爷、奶奶、爸爸、妈妈来帮。

△有一次，我病了，女儿回家就说了句："怎么了，又病啦？"然后就再也没问我一句。我很伤心，现在的孩子在家里衣来伸手，饭来张口，只有权利感，没有义务感，父母为他们做多少事，他们都认为是应该的，一点体谅父母的爱心都没有。

△要说当今的孩子，优点也不少：健康、聪明、见识多。但细想起来，总觉得一些孩子的素质不理想，缺了很多东西。他们

没有实践的机会，没有劳动的体验，没有勇敢的尝试，没有冒险的可能。一切有利于培养他们的意志、情感，独立性、责任心等个性、品质的机会都那么少。因此，一些孩子缺乏劳动的意识和习惯，缺乏生活自理能力，聪明在嘴头上，学习怕苦，没有韧性，不懂得关心他人和尊重别人。这种素质上的缺陷，随着年龄的增长而愈觉明显。某大学有个学生，不慎把手表掉进粪池里，束手无策，一位工友下去帮他捞了上来，他连句感谢话都没有。别人提醒他，他还不以为然地说："清洁工嘛，就是干这个的。"

生儿育女，含辛茹苦，没有一代父母为此抱怨，也从未有人怀疑你爱子之心的真切。然而，孩子并非只"属于你"，当他们独立地走向社会，走向未来的时候，以他们现有的素质，能否肩负起时代的重任？能否成为一个有益于社会的、健全的人？

——我们需要对困惑的反思：怎样确立当代父职母职的新意识？

△现在的孩子真是难管难教，我们两口子可算是以身作则了，他爸爸是司机，可从没用公家的车干过一点儿私活，我们教育孩子也是让他大公无私。可是现在父母的话不管用，孩子有他自己的小伙伴，什么都听同学的。他想些什么，父母不知道，他在外面交什么朋友，父母也不了解。我跟他一起上街，他离我远远的，看电影也不愿和父母坐在一起。花钱不知节俭，光是新年时送的贺年片就花了三十多元钱。社会的坏影响难以抵制，不健康的书刊、电影、录像、歌曲，其影响力远远超过父母。加上不正之风，各种生财之道，频繁的社交活动，同学往来，无不在分散着孩子的精力，干扰着孩子的学习。有一次他考试不及格，我只批评了他几句，他就大发脾气不吃饭，吓得他爸爸直哄他。真是管也不是，不管也不是。

父母的天然权威正在一天天减弱，一种无形的力量正在把孩子从父母理想的模式中拉走。社会，难以理解；孩子，难以驾驭。

问题出在哪里？是社会的责任？是孩子的过错？抑或是自己教育目标和教育方法的偏差？

　　这里，我们汇集了四个方面的一些观点和看法，作为"我们今天怎样做父母？"这场讨论的引子。

　　值此庆祝"六一"之际，我们推出这场讨论，把它献给80年代的少年儿童和他们的父母。我们期待着大家的热情，期待着各种声音的回答，期待着不同观点的争鸣。

第 九 课

为了孩子上大学

这是近五年来高中毕业生升入大学的升学率：

1984 年高中毕业生 1898000 人，升入大学 426854 人，升学率为4.45％。1985 年高中毕业生 1966000 人，升入大学 499292 人，升学率为3.94％。1986 年高中毕业生 2240400 人，升入大学 538844 人，升学率为4.16％。1987 年高中毕业生 2467800 人，升入大学 596661 人，升学率为4.14％。1988 年高中毕业生 2505600 人，升入大学 694842 人，升学率为3.61％。

从以上的统计可以看出，考大学的形势是相当严峻的。为了孩子上大学，家长不知要花费多少心血！

事实上，家长的努力从孩子升高中就开始了。由于各中学的师资力量和教学设备存在着相当大的差异，所以能否考上一所好高中就成为能否考取大学的关键。以北京一九八九年高中统一考试来说吧，一共考六门功课，比较好的几所中学录取分数都在五百八十五分以上，也就是说平均分数要达到九十七以上。如果考取了这样的学校，在高中阶段再继续努力，升大学是有保证的。进入高中以后，家长为了提高孩子的学习成绩还要作许多努力。课外辅导是重要的一环，如果家长有能力就家长自己进行辅导，如果家长没有能力就请家庭教师。家庭教师多半是一些大学的研究生，他们的报酬一小时四、五块钱。有些学校利用寒暑假举办补习班，家长缴纳学费就可以送孩子去补习。有的家长还减少孩子的家务劳动，使他们有更多的时间用来学习，并想方设法给孩子增加营养，或为孩子买各种学习参考书。为了让自己的孩子考上一所理想的大学，许多家长就这样长期地努力着。

在争取进入大学的这场"战斗"中，也有一些违法的事情发生。有的政府机关干部走后门，为自己的孩子改考卷、加分数，千方百计把他送进大学。这种违法行为一经发现必定受到严惩。

　　孩子考上大学是家里的一件大喜事，因为上了大学将来就能有一份较好的工作和较好的前程。中国的教育比较落后，据一九八二年的统计，大学毕业生在二十至二十四岁的人中所占比例是万分之四百九十七，所以大学毕业生很受社会的重视。多数大学生学习很努力，但也有一些人觉得为了升大学已经拼了命，太累了！进入大学以后应该好好玩儿玩儿了。他们并不珍惜这个学习机会，也忘了家长对他们的期望。那些为了子女上大学花费了许多心血的家长们会作何感想呢？

生　词

(1) 统计　　　　〔动〕　Statistik
　　tǒngjì　　　　　　　statistics
　　　　　　　　　　　　統計

(2) 形势　　　　〔名〕　Situation，Lage
　　xíngshì　　　　　　 situation
　　　　　　　　　　　　情勢

(3) 严峻　　　　〔形〕　hart, streng
　　yánjùn　　　　　　　strong
　　　　　　　　　　　　厳しい

(4) 心血	〔名〕	grosse Mühe, Anstrengung
	xīnxuè	painstaking effort
		心血、苦心すること
(5) 师资	〔名〕	Lehrkörper, Lehrkräfte
	shīzī	teachers
		教師、教師としての資格
(6) 设备	〔名〕	Anlage, Einrichtung, Ausstattung
	shèbèi	equipment
		設備
(7) 关键	〔名〕	Schlüssel, Angelpunkt, das A und O
	guānjiàn	crux, key
		かぎ、キーポイント
(8) 统一考试	〔动〕	vereinheitlichte Prüfung
	tǒngyī kǎoshì	unified examination
		統一試験
(9) 报酬	〔名〕	Belohnung, Lohn
	bàochou	remuneration
		報酬
(10) 补习班	〔名〕	Nachhilfeklasse (nach der Schule oder Arbeit)
	bǔxíbān	after school class
		補習授業
(11) 违法	〔动〕	ein Gesetz übertreten
	wéifǎ	break the law
		法に反する
(12) 干部	〔名〕	Kader, Funktionär

	gànbù		cadre
			幹部
(13)	走后门	〔动〕	durch die Hintertür gehen
	zǒu hòumén		(Beziehungen ausnutzen)
			get in by the back door
			裏口入学や裏取引きをする
(14)	一经	〔副〕	sobald, wenn einmal
	yìjīng		as soon as
			ひとたび…（すれば）
(15)	严惩	〔动〕	streng bestrafen
	yánchéng		severe punishment
			厳罰に処する
(16)	前程	〔名〕	Zukunft, Zukunftserwartung
	qiánchéng		future
			将来、前途
(17)	珍惜	〔动〕	hochschätzen, achten
	zhēnxī		to value
			大切にする，貴重なものと
			して扱う
(18)	期望	〔动、名〕	hoffen, erwarten
	qīwàng		hope, expectations
			期待

词 语 例 释

（1）为了孩子上大学，家长不知要花费多少心血！

　　这里的"多少"是疑问代词的一种活用，不是问数量的多少，而是表示一个不确定的数目，偏重于"多"。例如：

134

① 钱有的是，要多少给多少。

② 多少年来，他一直对她十分忠诚，可还是不能赢得她的爱。

（2）能否考上一所好高中就成为能否考取大学的关键。

"能否"就是"能不能"的意思，表示怀疑或者不确定，多用于书面。例如：

① 这座楼房能否准时竣工还不一定。

② 不知道我的入学申请能否获准。

③ 能否前来参加会议，请及时告知。

（3）以北京一九八九年高中统一考试来说吧，一共考六门功课，比较好的几所中学录取分数都在五百八十五分以上，也就是说平均分数要达到九十七以上。

"也就是说"，是换个角度重复强调前面所说的话。例如：

① 这份杂志是季刊，也就是说一年才出四期，你说去年第五期，这肯定错了。

② 她已经结婚了，也就是说她是有夫之妇。

（4）这种违法行为一经发现必定受到严惩。

"一经"是副词，表示只要经过某个过程或某种手续，就可以得出下面所说的结果或结论，多用于书面。例如：

① 这个秘密一经拆穿，你就全明白了。

② 他们的矛盾不深，一经调解就消除了。

课 外 读 物

（1）焦季才《对收取高校学生学杂费问题的一些看法》（《光明日报》1989 年 8 月 15 日）

（2）许妙发、王友竹、印辉、薛素珍《城市家庭教育现状考察》节录（见刘英、薛素珍主编《中国婚姻家庭研究》，社会科学

文献出版社 1987 年 10 月出版）

课堂讨论思考题

（1）中国家庭把孩子升大学当成一件大事，你对此有何看法？

（2）你在考大学前作了哪些准备？你的父母为你作了哪些准备？

*　　　　*　　　　*

对收取高校学生学杂费
问题的一些看法

根据国务院批转的国家教委《关于改革高等学校毕业生分配制度的报告》，从今年开始，将对新入学的高等学校学生适当收取学杂费。这项改革措施涉及千家万户，它改变了长期以来我国高等学校招收学生实行免收学杂费的制度，引起了人们普遍关注。现就这一问题谈点看法。

现行的高校学生免费入学制度同高等教育事业的发展和改革很不适应，必须加以改变

长期以来，我国高等教育经费主要依靠国家财政拨款，高等学校招收学生均实行免收学杂费制度。这种以统包为特征的免费入学制度是在建国初期形成并延续下来的。当时这样做主要是为了鼓励和吸收工农子女上学，以增加工农学生的比例；人民群众生活水平较低，不具备全收费的客观条件；高等教育规模小，生均培养费用相对较低；为了尽快培养大批各类高级专门人才，以适应国家社会主义经济建设的需要。实践证明，在当时的情况下，

136

国家这么做是必要的，它对高等教育事业的发展起了积极的作用。

但是，随着我国社会主义经济建设的发展，社会经济面貌已经发生了很大的变化，人民群众的生活水平有了一定的提高，特别是高等教育事业有了很大发展。据统计，1988年全国普通高等学校达到1075所，在校本专科学生206万人，分别比解放初期的1950年增长了4.6倍和14倍。若加上成人高等教育，我国高等教育总规模已接近400万人。同时，高等教育生均培养费用也在成倍增加，五十年代年生均培养费用不到1000元，现在达到3000元（包括基建投资）。若继续实行统包的老办法，不仅国家财政难以负担，而且也影响高等教育事业的进一步发展和提高，已经到了非改不可的地步了。

对高校学生收取学杂费，是高等教育改革的一项重要措施，是社会经济发展的客观要求

一、有利于促使高等教育按照社会经济需要培养各类专门人才

由于长期受高度集中的以产品经济为基本模式的经济体制影响，高等教育体制存在着许多弊端。反映在招生分配制度上，就是对高校学生实行统包统配。党的十一届三中全会以后，我国社会经济发生了巨大的变革，统包制度与社会经济发展和改革极不相适应。对高校学生收取学杂费，可以转变上大学由国家统包的观念，促使学生在报考学校和专业时，不仅仅从自己的兴趣和爱好出发，还应考虑到人才市场及社会的需要。这就必然促使高等学校在专业设置、教学内容、招生和分配制度等方面进行改革，按照社会经济需要培养各类专门人才，使高等教育与社会经济更加协调地发展。

二、有利于调动学生的学习积极性，激励他们奋发向上

建国以来，国家一直对高等学校的学生实行统包统配的办法，

使不少学生认为考进大学，就捧上了"铁饭碗"，学习缺少压力。如果向他们收取一定数额的学杂费，并配合毕业生分配制度的改革，就会使他们有一种压力和内在的动力，形成一种自我约束机制，调动他们的学习积极性。各地普遍反映，近几年来招收的数万名自费生，学习积极性比公费生高，政治表现也相对要好一些。

三、可以扩大高等教育经费的来源，在一定程度上减轻国家财政负担

大家知道，我国是一个发展中的国家，人口多，底子薄，经济文化比较落后。特别是近几年，百业待兴，各方面都需要资金，财政开支十分紧张。然而，国家为了发展高等教育事业，仍然较大幅度地增加教育经费。1988年，国家财政预算内的高等教育经费达73亿多元（包括基建投资），比1978年增加了4倍，年平均增长17.4％，比同期国家财政支出的年平均增长率还高8.2个百分点。但即便如此，高等教育经费仍然入不敷出，高等教育经费不足，已经严重地影响到我国高等教育事业的发展。对于目前高等学校所面临的窘境，完全依靠国家解决是不可能的。怎么办？根本的解决办法是采取多渠道筹措教育经费。向高等学校学生收取学杂费就是来源渠道之一，它可以在一定程度上增加教育经费总额，减轻国家财政负担。

对高校学生收取学杂费，是世界各国普遍采用的办法

目前，世界上绝大多数国家对享受高等教育的学生通常要收取一定数量的学杂费。其理论依据是"受益原则"，即谁受益谁负担教育费用的原则。首先，政府是高等教育的主办者，也是主要受益者，因此，政府应当在其受益范围内负担大部分教育经费；其次，企业与各社会团体也是受益者，也应该承担部分教育经费；最后，受教育者本人也是受益者，由于受到高等教育，个人收入也会相应增加，所以，受教育者本人也应当交付部分教育经费。有

资料表明，发展中国家高等学校学生缴纳的学杂费约相当于高等教育经费总额的 7%。印度自 70 年代以来，高等教育经费来源中学杂费所占比例一直在 15% 以上。发达国家的情况比较复杂。如美国，1984/1985 学年度，公立高等学校学杂费占学校经费来源的 14.5%；私立高等学校学杂费则占到 38.7%。

1986 年，我国公布了《中华人民共和国义务教育法》，规定在我国实行九年制义务教育制。由于国家财力有限，对义务教育所需的经费目前尚无法保证，不少地方在实施义务教育的同时，仍然向中小学生收取少量的杂费、学费。在这种情况下，向高等学校的学生收缴一定数额的学杂费，缓解我国教育经费的困难，是合情合理的。

对高校学生收取学杂费时，需要研究和注意的几个问题

一、应根据群众的经济收入水平和承受能力，制定合理的收费标准

要对高校学生收取学杂费，首先应研究制定合理的收费标准。国际上通行的制定学杂费原则是，每个家庭年平均收入，在扣除基本生活费和学杂费之后，应当略有节余。若以学杂费占人均国民生产总值的比例来表示，高等教育生均学杂费，公立学校一般应以不超过人均国民生产总值的 13% 为宜；私立学校以不超过人均国民生产总值 40% 为宜。

我国的高等教育是以国家为主，属于公立性质。借鉴国外的标准，我们认为，我国高校生均学杂费占人均国民生产总值的比例定在 15% 比较适宜。目前，我国各地人均国民生产总值除个别省市较高外，一般在 600—2000 元之间，也就是说生均学杂费每学年为 100—300 元左右比较合适。如按平均每个家庭供养一个子女上大学，根据上述标准高校收取的学杂费没有超出群众的承受能力之外，不致对群众的生活水平发生较大的影响。鉴于各地情况不一样，具体收费标准应由各地政府根据本地区的实际情况

139

研究确定。

二、要针对不同的情况和特殊需要，制定相应的政策规定

由于目前客观存在着的收入差距，有少部分学生让他们缴纳学杂费确有困难，但不能因此而把这部分优秀学生排除在大学校门外，要制定相应的政策，酌情减免这部分学生的学杂费；或者对这部分学生提供贷款帮助；也可以有计划地组织他们勤工俭学等等。

对于某些享受专业奖学金的学生，应根据国家的需要和实际情况，继续采取免收学杂费的政策，鼓励学生们选学这些专业，如师范、农林、体育、民族、航海等专业。

对于矿业、地质、水利、石油等部门及工作、生活条件比较艰苦的地区所需要的高校毕业生，可根据工作特点，免收学杂费。

对于少数地方、部门所属的高等院校，暂时不具备收费条件的，要积极创造条件，力争 1990 年执行。

此外，目前我国劳动工资制度不尽合理，脑体倒挂，尤其是大学毕业生的起点工资低，今后，对高校学生适当收取学杂费，学生及家庭必然要关心这部分投资的收益问题。部分靠贷款读书的学生，也要考虑将来如何偿还贷款的问题。这都牵涉到大学毕业生的工资待遇。如果我们不提高大学毕业生的工资标准，势必造成一部分青年不愿上学读书，因此，需要建立与之相适应的工资制度，适当提高大学毕业生的工资待遇。

最后，需要指出的是，对这项改革措施我们要做好宣传工作，讲清道理，转变那些长期以来在人们头脑中形成的子女上大学完全靠国家的观念。要引导群众调整消费支出，增加智力投资，增强教育意识，树立全民办教育的思想。我们相信，只要各级教育部门，各个高等院校和学生家庭互相配合，充分认识采取这一措施的必要性，就一定能把这项工作做好。

城市家庭教育现状考察（节录）

一、家长的意愿

家庭教育是整个社会教育的一个组成部分，但家庭教育还具有其特殊性。在家庭中，教育者（通常是父母）与被教育者（子女）之间有着血缘上的关系，这种血缘关系使家庭教育具有更浓厚的感情色彩，况且各个家庭的结构、生活方式、物质生活水平和精神文明程度，父母的年龄、职业、文化素养、社会经历等等各不相同，父母往往对子女都有各自要求，有着符合自己家庭利益的期望。

首先，我们从家长对子女文化程度的意愿看：

表1　家长对子女文化程度的要求

家长希望子女达到的文化水平	高中	中专	大专	大学	硕士	博士	其他	总计
人数	9	26	21	181	4	18	10	269
百分比	3.3	9.7	7.8	67.3	1.5	6.7	3.7	100%

注：其他，是指家长认为子女学习较差，只能靠他们自己，读到什么程度，就算什么程度。

表1显示出下列二种情况：第一，家长希望子女达到大学文化水平的占三分之二，而且希望攻读硕士、博士学位的也不乏其人。这明显地看出这几年国家重视文化知识，重视人才培养等一系列方针政策所产生的社会影响已深入到家庭教育之中。家长的意愿在很大程度上总是迎合社会的需要，他们力图使家庭教育跟上时代前进的步伐，从整个社会发展趋势着眼来要求子女、教育子女，但是从动机上来分析，则是各不相同的。有的家长有较高学历，现又从事科研文教方面的工作，希望孩子多学点文化知识，

141

为将来能够胜任技术性较强的工作创造条件，为建设四化作出一点贡献。有的家长认为现在知识分子吃香，孩子考上大学，既能跟上社会潮流，也为父母亲增光。还有的家长因十年动乱失去了上大学的机会，希望在孩子身上能够实现他们失去的理想，强烈地期望子女超过自己。其中值得注意的是，在个别家庭里重男轻女的思想还是存在，儿子非读大学不可，女儿则无可无不可，或者干脆不必读大学。如有一位家长有一儿一女，成绩全部优良，考虑到家庭经济不很宽裕，就千方百计动员女儿初中毕业后报考中专技校，父母则可以集中精力和财力用在儿子身上，培养他读大学。第二，希望子女考中专技校的高于升高中。从客观上看，这些家庭的子女现在大部分是初中学生，由于十年动乱的干扰，一般学习成绩都较差，家长面对现实，期望也不太高。从主观上说，家长希望他们早点工作，一来可以增加家庭经济收入，二来中专技校毕业后一般都分配在本市工作，对家庭有利。对年龄尚幼的孩子，家长的期望则较高，普遍希望子女达到大学文化水平。特别是独生子女的家长，望子成才的愿望非常强烈。他们对子女的期望高，家庭教育抓得早抓得紧，这使我们感到家庭生育职能上的变化也明显地影响到家庭教育职能。

其次，从家长对子女的职业期望看：

表2　家长对子女的职业期望

家长希望子女从事的职业或工作	商业服务工作	军人	干部	音乐家	社会科学研究	教师	运动员	画家	工人	自然科学研究	技术员	工程师	医务工作	其他	合计
人数	3	4	4	6	6	7	7	7	14	25	36	48	48	54	269

注：其他，系指家长没有认真考虑过，由孩子自己来决定。

从表2可以看出，家长对子女的职业意愿分布面较广，但不

142

难看出希望孩子将来从事脑力劳动或者说是知识型、技术型职业的人数比较集中。这可以说是对子女文化程度期望的注释。由于目前我国高等教育不普及,大学毕业生大多数是从事脑力劳动,在人们的价值观念中,社会地位较高。我们在调查中还发现,家长希望子女从事上一代或父辈正在从事的职业,即继承家风的有一定数量,这一般都集中在科研、医疗和文艺界。如果从社会现存的职业看,是属比较高的层次。希望子女从事医务工作的比例较高,这和一些家长考虑自己的切身利益有关。他们或因患病在身,或为晚年生活考虑,希望子女从事医务工作。从社会因素来讲,现在求医难,看病抓药找熟人开后门的风气流行,医生服务态度生硬,他们感到如果有一个当医生的子女,看病就方便多了。家长对子女的职业意愿,往往还考虑到男女的性别。大多数父母认为女孩子从事医务工作较理想,男孩子的职业以工程技术人员为最多。

从希望子女当工人的情况看,家长们都表示这并非是他们的理想意愿。但鉴于孩子的学习成绩较差,不敢有所奢望,只能退而求次。也有的家长认为在工厂里靠工资吃饭,不是靠知识吃饭。有这种想法的家长,在整个调查过程中还是极个别的。

再从家长对子女的品德和特点意愿看:

表3　家长对子女的品德特点意愿

有事业心	聪明	善于思考	孝顺	能吃苦	坚持真理	坚强	肯帮助人	实在	不虚伪	不损害他人	不管闲事	大胆	善于交际	其他	合计
156	95	91	91	67	55	54	41	40	26	25	19	12	4	31	807

注:在家庭教育过程中,父母对子女的品德期待往往是综合性的,我们在问卷中,列出了15项内容,限定家长选择其中的三项,希望能看出其重点所在。

家长希望子女有事业心的比例最高,也就是说,在269个孩

143

子中,家长希望子女具有事业心的占一半多。其次是希望孩子具有聪明、孝顺、善于思考的品质或特点。部分家长对独生子女或者是家庭中最小的子女要求能吃苦。他们认为,这些孩子生活条件比较优裕,事事依赖家庭和父母,自理能力很差,一旦踏进社会,就会无所适从,因此特别强调进行这方面的培养教育。

二、家庭教育内容

父母对子女的意愿,必然会反映在家庭教育的内容上。父母是家庭教育中的老师。由于家庭教育和家庭的日常生活是紧密结合在一起的,既有有形的教育,又有无形的教育,所以大多数家长不可能制订一套详细的教育内容,而只能根据孩子的年龄阶段,有针对性的安排教育重点。而这不仅受到社会因素的影响,同时也和家长本身的文化素养、道德水平、个人经历和社会生活经验有关。

表4 家庭教育重点

学业（或智力培养）	品 德	健 康	特 长	其 他
185	178	111	47	19

注:我们在调查时,考虑到家长在教育子女的过程中可能突出某一方面,也可能几方面并重,所以未加限定,按家长实际做的情况填写。

从上面的统计数字可以看出:家庭教育中占首位的内容是学业或智力培养。这固然和父母望子成才的愿望有关,也与社会环境的作用有关。现在中、小学普遍强调升学率,大考小测验接连不断。这两种因素加在一起,使家长在家庭教育中把主要的精力放在孩子的功课上,家庭成了学校以外的第二课堂。从学龄前儿童的教育内容看,家长普遍采取的是教识字,做加减法,有的甚至教授一些英语单词和小学课文,进行知识教育。从在校的学生看,家长平均每天要有一个小时花在督促和辅导孩子的功课上。有一定文化水平的家长还往往给子女布置课外作业,也有一些家长聘请家庭教师辅导孩子功课，所有的家长在孩子要买参考书、学习资料时都慷慨解囊。这也是城市家庭教育中的一个普遍现象。

从统计表中也可以看出，家长对孩子的品德教育很重视。这不能不说是粉碎四人帮以来，家庭伦理、社会公德普遍引起人们重视的结果。家长们也从一些青少年走上犯罪道路的事例中认识到，子女的品德教育不仅关系到孩子将来的前途，为社会培养什么样的接班人的问题，而且也直接影响到家庭的安定与和睦。在品德教育的内容里，敬老尊老占有突出的地位，这和中国家庭的传统影响是分不开的，也同家长考虑晚年的生活有关。

重视孩子的身体素质，关心子女的健康在城市家庭教育中日益成为普遍现象。一般来说，由于生活水平的提高，现在的家庭有能力考虑孩子这一方面的需要。其次，由于孩子生得少，父母都想方设法要保证孩子健康成长。但遗憾的是，有的父母只片面强调给孩子增加营养，打球蛋白针，吃营养补品，而很少引导孩子进行体育锻炼和文体活动。这与城市住房、活动场所紧张，父母都是双职工有很大的关系。

从家庭教育的重点看，德、智、体三方面还是较为突出的，但是也存在一些问题。劳动观念的培养普遍被忽视。很多家长都不希望在校读书的子女做一些力所能及的家务劳动。在 71 个中学生里，只有 36 个人帮助父母做打扫房间这样的轻微劳动。不少孩子虽有劳动的热情和愿望，但是家长一般都不要他们做，认为做家务会影响孩子的学习。如有一对夫妇都是工人，父母规定女儿回来的任务就是做作业温课，女儿什么家务都不许干，连手帕、袜子都由父母包下来洗，类似的家庭在调查中还有不少。有的孩子在学校积极参加各项劳动，回到家里却成了衣来伸手饭来张口的少爷、小姐。现在社会上反映一部分大学生生活自理能力很差，这与现在的家庭教育中普遍忽视劳动观念的培养有着极大的关系。

其次，家庭教育中缺少社会公德和社会责任感这方面的教育

145

内容，是一个值得注意的倾向。目前，大多数家长对子女的教育，都是围绕自身子女和家庭利益进行的，很少考虑培养子女对社会的责任感，很少涉及爱国主义和集体主义内容。社会对接班人的要求和家庭对后代的要求，存在一些差距。

三、家庭教育方法

家长的意愿通过家庭教育的内容得到体现，最终必然要贯彻在教育方法上。

表5　家长常用的教育方法

讲道理	以身作则	鼓　励	打　骂	其　他
148	55	51	48	2

注：此表同表3一样，按家长实际采用的教育方法统计，没有限定。

表5显示出一半以上的家长对孩子采取的是讲道理的家庭教育方法。家长普遍认为，现在教育孩子，讲道理比打骂要有效果。这和目前家长本身文化素养的提高有关。14岁以下孩子的家长绝大多数都具有初、高中以上文化水平，他们多数人读书看报，不同程度上受到现代家庭教育方法的影响，对孩子也比较民主，他们感到传统的打骂教育已经不适用了。但也还有一部分家长认为讲道理与打骂相结合的办法最有效。

采用打骂教育的有这样几种情况。一是孩子年龄小，靠讲道理或其他方法行不通，打骂见效快，能使孩子听话；二是对学习成绩不好的孩子常用此种办法。家长恨铁不成钢，一旦老师来告状或者考试成绩不及格，父母一气之下就会对孩子采用"触及皮肉"的打骂教育。还有些孩子达不到家长规定的分数也要挨打。如有一位家长要求孩子考试成绩不得低于90分，一次孩子考了个85分，回家后不敢把成绩报告单拿出来，但是成绩册上必须有家长盖章才能交给老师。于是就偷盖了父亲的印章，使孩子犯了错误，结果被狠狠地打了一顿。

　　未成年的孩子，由于经济没有独立，必须依赖父母。这种经济上的依附关系使家长在子女面前有一定的权威，但并不等于每个父母在子女的心目中都有威信。在调查中，我们根据家长自述其在子女心目中有无威信，及怎样建立威信，得出如下数据。

表 6　家长有无威信

有威信	没有威信	其　他
207	27	35

　　注：其他是因为孩子太小，家长说不出。

　　从绝对量来看，绝大多数家长在子女心目中有着不同程度的威信，这主要取决于父母教育子女的方法是否得当。有近10%的家长在子女心目中没有威信，主要原因是爱严不当，有的家长太宠孩子，天长日久，孩子就变得非常娇横任性，非得父母讲好话才肯听。有的发展到百依百顺。这个问题比较集中地反映在独生子女家庭里。还有一些家长片面强调对孩子的教育要严，而严的办法只有靠打，导致父母和子女之间感情疏远，互相产生不信任感。例如有一位家长告诉我们，他的儿子不听话，只怕棒。从一定程度上来说，家长在子女心目中没有威信，这个家庭的教育基本上是失败的，这就等于说，孩子在心里不承认家长作为教育者的地位。

　　家庭作为社会生活的一定组织形式，每时每刻都在接受着社会的影响。现在的城市家庭教育方法中，既有传统的中国家庭的痕迹，又有当前社会的特点。后者表现为很多家长教育子女时采用物质奖励和惩罚的方法。

儿童人数	采用奖惩方法	不采用奖惩方法	其　他
165	85	55	25

　　注：其他是指间或采用，不作为主要方法。

在 165 名中、小学生中，父母把物质刺激作为主要教育手段的占一半以上，这是城市家庭教育中比较明显的一个特点。奖惩方法主要是针对孩子的成绩，奖励的东西常见的是钱、食品、书籍、文化体育用品。惩罚的内容从取消奖品，扣除零用钱，写检查，挨打直至跪地板。家长之所以采用物质刺激的方法，用他们的话来说，现在各行各业都有奖金制度罚款条例，教育孩子也应该给他们点刺激，可以调动他们的学习积极性，但从效果上看，并不好。

我们在调查中感到，现在家长对子女管得很严，很紧。总的看来，子女在家庭中的地位是以受到家长比较严格的督促为特征的。从性别上看，父母对女孩子管得更紧，从成绩上看，成绩差的孩子被管得更严。很多家长规定子女从幼儿园、学校回来就不准外出，只许在家里玩或者做作业。甚至不准子女到邻居家去玩。家长认为这样可使孩子免受社会不良风气的影响，专心学习。目前，家长普遍担心的问题之一是怕孩子走邪路，学坏样，所以宁可把孩子关在家里，这样的做法在无老人同住的双职工家庭较为普遍，造成了部分孩子性格孤独、内向，不合群。儿童活动范围的狭小，使他们的个性发展受到了一定的限制。

第 十 课

计 划 生 育

据专家们计算，中国土地的出产最多能养活十五亿到十六亿人，而到一九八九年四月，中国人口已达到十一亿。一九八三年人口自然增长率为千分之十三点三。从一九八六年以来，每年净增人口一千五百万左右。中国人口之多在当今世界上首屈一指，但人均国民生产总值一九八六年仅三百美元，在一百三十八个国家（地区）的统计中居第一百一十三位；人均矿产资源的拥有量居世界第八十位；人均占水量居世界第八十八位；人均耕地不到一点五亩，居世界第六十七位；人均森林零点一一公顷，居世界第一百二十位；目前世界上有十亿文盲，中国占了二点二亿，约五人中就有一人是文盲。中国人口问题的严重性，从上面的数字中就可以一目了然了。中国的种种社会问题，都和人口膨胀有关。人们越来越痛切地感到"人满为患"，中国太挤了！

从中国的国情出发，计划生育是必须采取的一项国策。这几年计划生育工作取得了很大成绩，七十年代初，全国妇女总和生育率（指妇女一生生育子女数）为五点八一，八十年代各年平均为二点四七，这就是说，一般家庭从过去的五六个孩子下降到现在的两三个。十几年少生了二亿多人。

但是推行计划生育也遇到不少阻力，特别是在农村。中国有百分之八十的人口在农村，农村的文化教育水平低，不容易理解计划生育的重要性，对于提倡一对夫妇只生一个孩子、限制二胎、不准多胎的政策不太想得通。另外，也有一些实际问题妨碍着计划生育：例如家庭需要劳动力；社会保障制度没有确立或尚不健全，养儿防老的观念也就难以破除；农村承包土地的数量是按人口计算的，多生孩子多分地；贫困地区的救济款也按人口计算，多生孩子多分钱。由于这些问题没有很好解决，偷生、抢生、早生、超生的情况相当严重，计划外生育、多胎生育的情况也很普遍。因此不报户口的所谓"黑孩子"很多，据一九八八年六月一份报纸披露的材料，竟达到一百多万。

计划生育从大的方面说影响着中国的经济发展，从小的方面说影响着每一个家庭的生活。如何安排生育，是每一个新建的家庭必须考虑的问题。

生　词

(1) 增长率　　　　〔名〕　Zuwachsrate
zēngzhǎnglǜ　　　　the growth rate
增加率

(2) 净增　　　　　〔动〕　Nettozuwachs
jìngzēng　　　　　nct growth
死亡差し引きの増加

(3) 首屈一指　　　〔成〕　der Allerbeste, den ersten Platz
shǒu qū yī zhǐ　　　einnehmen
the first, the best
指折り数えて、第一番目である

(4) 国民生产总值　〔名〕　Bruttosozial-produkt
guómínshēngchǎnzǒngzhí　gross national product（GNP）
国民総生産

(5) 一目了然　　　〔成〕　auf den ersten Blick klar sein
yí mù liǎorán　　　be clear at a glance

一目瞭然

(6) 国策　　　　　〔名〕　nationale Politik
　　guócè　　　　　　　　national policy
　　　　　　　　　　　　　国の政策

(7) 限制　　　　　〔动〕　beschränken, einschränken
　　xiànzhì　　　　　　　 to limit
　　　　　　　　　　　　　制限

(8) 社会保障　　　　　　　soziale Sicherheit
　　shèhuì bǎozhàng　　　 social guarantee
　　　　　　　　　　　　　社会保障

(9) 健全　　　　　〔形〕　gesund, perfekt
　　jiànquán　　　　　　　sound, perfect
　　　　　　　　　　　　　健全な

(10) 观念　　　　　〔名〕　Idee, Sinn, Vorstellung
　　guānniàn　　　　　　　idea; sense
　　　　　　　　　　　　　観念、考え方

(11) 破除　　　　　〔动〕　beseitigen, ausmerzen,
　　pòchú　　　　　　　　überwinden
　　　　　　　　　　　　　to do away with
　　　　　　　　　　　　　（好ましくないものを）捨て去る

(12) 救济款　　　　〔名〕　Sozialfonds, Hilfsfonds
　　jiùjìkuǎn　　　　　　　relief fund
　　　　　　　　　　　　　救済金

(13) 披露　　　　　〔动〕　veröffentlichen, bekanntgeben
　　pīlù　　　　　　　　　to publish
　　　　　　　　　　　　　披露する、発表する

词 语 例 释

（1）**据**专家们计算，中国土地的出产最多能养活十五亿到十六亿人，……

"据"是介词，就是"根据"的意思。例如：

① 据气象局预报，傍晚有雷阵雨。

② 据当地的居民说，这里原来是一片森林。

（2）中国人口问题的严重性，从上面的数字中就可以**一目了然**了。

"一目了然"是成语，意思是一眼就能看得清清楚楚、明明白白。"了然"是清楚明白的样子。例如：

① 关于他的病情的严重性，这张化验单可以使你一目了然。

② 这张地图清楚地标出了上海的位置，一目了然。

（3）因此不报户口的所谓"黑孩子"很多，据一九八八年六月一份报纸披露的材料，**竟**达到一百多万。

"竟"是副词，表示情况出乎意料之外，多用于书面。例如：

① 这个中学生竟写出如此精采的一部长篇小说，真不简单！

② 他竟敢独自一人进入那片深林，真让人佩服。

课 外 读 物

（1）《人口专家话人口——本刊人口座谈会纪实》节录（《半月谈》1989 年第 8 期）

（2）叶世涛、马雪松《上海把住了人口关》（同上）

课堂讨论思考题

(1) 中国为什么必须实行计划生育？

(2) 中国实行计划生育取得哪些成效？还存在哪些问题？

(3) 你们国家实行计划生育吗？为什么？

*　　　　*　　　　*

人口专家话人口（节录）

——本刊人口座谈会纪实

中国控制人口的成就，国人公认，举世瞩目。然而，当前人口形势依然十分严峻，困扰着经济和社会发展。面对计划生育工作中出现的险情，人们担心，忧虑，议论纷纷。人口形势究竟怎样？人口增长能否有效控制？抑制人口膨胀有何良策？在"11亿人口日"到来之际，本刊编辑部特邀有关专家进行座谈，就这些问题发表意见，展开讨论。

马瀛通（中国人口情报研究中心人口研究室主任）

1986年起，我国步入了第三次人口生育高峰。随之而来的"人口爆炸"、"人口失控"等舆论，给人们造成不少错觉，有必要重新认识一下计划生育的严峻形势。

实施计划生育对人口本身就是控。五六十年代的人口失控状况因70年代初全国普遍推行计划生育得以扭转。我国妇女平均预期终身生育子女数从1970年的5.8降到现在的2.3。当然实际与现行政策仍有相当大的差距，执行起来难度不小，但计划生育政策从未放宽。按1970年自然增长率推算，到1988年全国约少净增2.34亿人。计划生育成就卓著，举世瞩目。生育水平的急剧

154

下降，使人口再生产类型的进步远远超前于经济发展阶段，有力地促进了社会经济的发展，而不是相反。

受人口强惯性作用的影响，我国妇女生育水平即使降至更替水平以下的2.0，人口仍要持续增长到下个世纪30年代的14亿左右方能停止下来。据测算，今年4月人口突破11亿，未来人口还要增加几个亿，这种置于控制之下的人口增长，既不是失控也不是爆炸。受1962—1975年第二次生育高峰中出生的3.6亿人正陆续进入婚育期的影响，现在年出生人数控制到不足2300万。若按70年代初生育水平推算，现在年出生人数要高达半个亿。人口增长趋势在短期内虽无法改变，但其增长速度通过计划生育控制却可以调节。必须指出，面临的人口问题是历史上长期遗留下来于今天的反映，其解决也要经过相当长时间的艰苦努力。

王维志（中国社会科学院人口研究所研究员）

1986年以来，人口增长率呈现回升态势，已持续三年了。这几年每年人口增加数都在1500万左右，引起了全国上下普遍关注和恐惧。

前几年人口增长率已经下降，现在又回升，而且持续时间长，出乎一些人意料，于是，抱怨、恐惧和悲观的言词接连出现。到底中国人口问题症结是什么，出路在哪里，的确值得人们认真考虑。

第一，要实事求是地估计中国人口形势。当前我国人口形势是比较严峻，而且人口回升不是一两年的事，将持续到1995年，即使到了1995年以后，人口增长率也不会一下子降低很多。1996—2000年每年出生人数，我看不会低于2000万，所以到本世纪末，中国人口可能达到12.6—12.8亿。对此，我们要有充分的思想准备，要在客观允许的范围内，尽最大努力控制人口。

第二，1986年以来人口回升的原因，除了大家公认的育龄妇女人数增加外，比较多的说法是"开小口"开错了。我觉得问题

155

不这么简单，所谓"开小口"，实际上并不像有些人说的放松了控制生育，而是这以前生育的口子开得太大了，改而把口子开得小一点，目的还是为了控制人口。至于在执行中出现的误解，并不是政策本身的问题。

第三，现在的人口形势比起五六十年代要好得多。出生率比过去低，年轻人口比重在下降，总和生育率已接近更替水平，老年人口比重增加，人口老化速度加快，等等。这些都预示着中国人口向良性循环发展，向现代型人口迈进。我国现行人口政策是比较切合实际的，要稳定政策，坚持下去，避免反复无常，失却民心。只要坚持现行人口政策5至10年，我们就能基本上渡过人口难关。

鉴于农村控制人口的主要障碍是养老问题，我认为应设立独生子女和无子女老人基金，使农村无子女、独生子女老人也能像城市职工那样老有所养。

荣志刚（国家计委人力资源开发与利用研究所副所长）

我们说近几年我国人口形势严峻，是有根据的，一是超过人口计划的控制数。1986年、1987年和1988年净增加人口分别为1476万、1544万、1541万，突破"七五"计划期间平均每年净增加1354万的控制数。按目前的生育水平，预计"七五"末全国大陆人口将达到112,600万，超过控制数1300万人，到2000年很有可能达到12.7亿，大大超过本世纪末控制的人口总量。二是人口增长快于粮食增长。1980—1987年人口总量年均增长率为1.01％，粮食产量年均增长率为1.03％，其中1984—1987年人口总量年均增长率为1.01％，粮食产量年均增长率为－0.3％；1988年人口总量比上年增长1.43％，粮食却减产2.2％。三是计划外出生人口太多。1987年出生2258万人中，属于计划外超生的约650万，多孩（三胎以上）的300万左右，主要是农村人口和流动人口。

人口迅速膨胀，给经济和社会发展带来的沉重压力，我们做计划工作的深有体会。我认为，中国要想兴旺发达，必须从根本上控制人口总量，使其与经济、社会的发展，资源利用和生态环境相适应。

　　目前，我国人口生产的内在自我约束机制还相当软化。特别是农村，生产方式落后，劳动力是农村经济发展的基本生产力；人均收入水平不高，妇女就业率低，只解决了温饱，个性发展不充分；人口文化素质低，初等教育未普及，文盲半文盲众多，传统生育观未根本转变；社会保障不健全，要依靠子女养老，有后顾之忧。不顾这些因素的约束，想很快形成自愿少生、优生的人口生产内在自我约束机制，显然做不到。为此，在人口生产上，目前必须强化外在机制，运用经济、行政、法律、纪律和思想教育的手段，强化计划生育工作，特别是强化农村的计划生育工作。要在稳定计划生育政策的基础上，努力杜绝计划外生育。

李立贤 （中国科学院综合考察委员会副研究员）

　　我国在人口控制方面有成绩，这是众所周知的。然而，我国人口4月14日已达11亿，这个数字不能不使人感到压力沉重。

　　目前，我国的人口数量已大大超过社会经济负荷的能力与合理的资源承载量。从充分就业角度推算，目前我国经济适度人口约为8亿左右，过剩人口为2—3亿；从土地资源生产力推算，目前我国合理的资源承载人口为9.5亿，过剩人口在1亿以上。另一方面，我国11亿人中，80%以上是农村人口，实行计划生育的难度大，这是非常值得注意的。

　　今后10年内，我国人口仍将保持较高的增长速度，要求粮食生产在同一时期内持续增长，以满足不断增加的人口的需求，这个任务是相当艰巨的。据预测，到2000年时，我国人口将达到12.6亿，需求粮食至少5000亿公斤，而我国的粮食经过努力实际可能达到4600亿公斤上下，这里将出现400亿公斤的缺口，即使现在狠下气力抓农业，也不易搞上去。过去靠开荒，现在没多少荒开了，主要还是要靠提高粮食单产，但粮食生产难于摆脱老天爷的制约，丰歉波动较大，很难做到持续稳定增产。也就是说，在相当长的一段时期内，我们是处在土地资源承载力的临界状态，并有可能超过承载的极限。在人口增加而耕地逐年减少的趋势下，即使经过努力，我估计到 2000 年，我国粮食和肉、奶、蛋的人均占有量也只能维持目前的水平，恐怕不可能有明显改善。

我们还测算了我国土地资源潜在的自然生产能力，得出的最大数值是年生物生产量约为 7.26 亿吨干物质，这个数字稍低于世界水平。按温饱标准计算，我国土地资源理论的最大承载人口约为 15—16 亿。在严格控制人口的条件下，中国人口到 2030 年左右可能达到或接近这个资源承载的极限。若按国家的人口发展趋势看，2015 年中国人口将提前突破这一极限。形势严峻！

自然资源是人类生存与发展的基础，众多的人口超过资源承载的临界点，将对社会形成全面性的压力和危机，构成对中国现代化进程的最大障碍，我们不能再掉以轻心了。

上海把住了人口关

第三次人口出生的洪峰，无情地冲击着中国城乡。许多省市敲警钟、亮"黄牌"，而上海，却传出了令人欣慰的消息：

1988 年，全市人口出生率为 13.16‰，自然增长率为 6.41‰。人口出生率、自然增长率、二孩率、多孩率都是全国最低的。到去年底，按 1963 年的人口出生率计算，上海 25 年中少生了 508 万个婴儿。全市有 157 万对育龄夫妇领取了独生子女证，一孩率达到 96％以上。

作为全国第一大城市，上海的计划生育工作能取得这么突出

158

的成绩，与科学文化知识的普及，改变了人们的生育观念有关。

在上海市的知识分子和普通市民中，重男轻女、多子多福等传统观念日益淡薄，按计划生育和一生只生一个孩子的思想已为多数人所接受。居住在市中心、人称"二十八间"小弄堂的53户人家，除8户年纪较大和8户没子女的人家以外，其余的都领了独生子女证。居住在这里的史祝庆，兄弟姐妹7人，衣食住行曾使父母劳累不堪。他夫妻目睹多子女的危害，自觉地只生了一个女儿。史祝庆说，三口之家家务已经不少，生一个孩子利家利国，何乐而不为？要是年轻时就叫子女缠住，哪还有时间读书看报、精神充沛地工作？

在上海，计划生育工作是被作为系统工程列入市政府和各部门的议事日程的，从上到下实行综合管理，层层有人管，有人负责。在冶金系统，计划生育工作还被列入厂长、书记和各级干部的岗位责任制。工厂、车间在承包生产任务的同时，还承包人口生产，计划生育率、节育率等都成了考核指标，搞得好才能评为文明班组、优秀党员或优秀党政干部。全系统已婚育龄职工都落实了计划生育措施，22个工厂、企业分别获得市、区、局计划生育先进集体称号。

有人说，计划生育这顶乌纱，扔在马路上也没有人捡，而在上海却不是这样。现在，全市除专职计划生育干部外，还有约20万名活跃在大街小巷的计划生育宣传员。这些人大多是退休的老妈妈，她们"吃自己的饭，管人家的事"。谁要娶媳妇，谁家丈夫从外地回来探亲，谁家夫妇断了避孕药具，她们都心中有数，主动上门叮嘱，服务到家。这批热心人的无私工作，为控制上海人口做出了重要贡献。

上海人实行计划生育，不把眼睛只盯在育龄妇女身上。他们发现，"重男轻女"的偏见，往往丈夫多于妻子，而"养儿防老"、"传宗接代"的旧意识在一部分年迈的父母、公婆头脑里根深蒂固。

于是，男人和老人也同妇女一样成了他们工作的对象。如在一些男工多的工厂，工厂聘请男工担任计划生育工作人员。每个已婚育龄男工也有计划生育卡，随时记录其家庭避孕、怀孕和生育的动态，定期评比考核，还针对男工特点制订奖惩条例，辅以谈心和思想工作，许多男工成了自觉实行计划生育的好丈夫。

儿媳生了女孩，公婆有看法，分娩前笑脸相迎，出生后冷眼相待，这种情况的存在，使上海市不少单位把老人当作计划生育的外围工作对象，进行说服。上钢三厂的邵海深，兄弟三人都生了女孩，老祖父急了："女儿到头来是人家的人，邵家的香火不就从此断了！"于是，他把海深叫到跟前，执意要让媳妇再生一个，甘愿受罚。小邵和计划生育工作人员向老人讲清生儿生女都一样的道理，老人终于明白了，同意他们不再生育。

此外，上海市政府还对独生子女的家长实行奖励政策，同时抓好优生优育，使少生孩子的育龄夫妇得到实惠，使独生子女健康成长。如今群众越来越看清了，计划生育不是不让生孩子，而是要有计划地生，生一个壮一个。这是利国、利民也利家的大好事。

下　编

第 十 一 课

北京的小胡同和四合院

登上位于北京市中心的景山，可以鸟瞰整个北京城。在宽阔的大道和道旁的高楼之间，纵横交错地布满了小胡同，胡同两旁是灰色屋顶的平房。现代的北京和古老的北京就这样一起呈现在眼前了。

"胡同"是北京话里的一个词儿，指那些狭窄的小街道。"胡同"这两个字以前还有过一种写法："胡同"两个字外面都包着一个拆开的"行"字，表示和道路有关。据语言学家考证，"胡同"是一个外来词，来自蒙古语。公元十三世纪蒙古族进入中原时，把蒙古语里表示街道的这个词带到汉语中来。现代蒙古语还把街道叫ГУДАМЖ，发音和汉语的"胡同"有点相近。

北京的胡同究竟有多少？据《实用北京街巷指南》（燕山出版社）说有五六千条之多。胡同的名称五花八门，很形象也很有趣。有些是按地形取的，什么月牙胡同啦，扁担胡同啦，象鼻子胡同啦，一听名儿就能想象那胡同的样子。有些胡同里建造了寺庙，就以寺庙命名，例如白塔寺胡同、观音寺胡同。有些胡同原来是衙门的所在地，就以衙门命名，火药局胡同和东厂胡同就是这样得名的。火药局是管理制造火药的衙门，东厂是明朝的特务机关。还有些胡同是因为有某一位大官住过，这大官的尊称便成了这胡同的名称。王大人胡同、林驸马胡同，就属于这一类。有些胡同的名称非常奇怪，例如：胭脂胡同、羊肉胡同、小哑巴胡同，真不知道是怎样叫起来的。还有些胡同的名称十分优美，例如：孔雀胡同、甘雨胡同、松竹胡同、垂露胡同。虽然明知在那里见不到孔雀也并不总是下着甘雨，不一定种着松竹也未必有露水悬垂着，但一看到这名称便想把家搬去住了。

这些年来北京的大街两侧盖了许许多多的高楼，大街上飞奔着各种进口汽车，再加上大幅的广告，一个外国人在这里恐怕难以找到老北京的风味了。但走进小胡同，感觉就不同了。胡同里多的是四合院，一个挨一个，油漆大门上贴一幅红纸对联，用毛笔写着吉祥的联语。推门进去，迎面一道影壁，绕过影壁是一个小院子，种着各种花卉树木。四合院的布局一般是这样的：坐北朝南一排比较高大的房屋，三间或五间，这是正厅。两侧的房屋比较矮小，叫东西厢房。南侧是一排更小的房屋，叫倒座房。这样，四面的房屋便围起一个小院，四合院的名称就是这样来的。一般情况下，正厅的中间做客厅用，客厅两边是主人的书房或卧室。东西厢房住着成年的孩子，或其他本家、亲戚。倒座房可以堆放杂物或临时派其他用场。这种四合院都是平房，离主要街道比较远，相当幽静。屋门外就是露天的院子，随时可以出门呼吸新鲜空气。夏天的夜晚，搬一把藤椅坐在院子里，凉风习习，一天工作的劳累都消除了。还可以端一杯茶慢慢品尝，和孩子们谈天说地，或一遍又一遍地数着天上的星星，更有一种悠闲的乐趣。

但是，近几十年来由于人口膨胀，很多原先独门独户的四合院，已经变成许多人家共住的大杂院儿了。他们在院中空地上盖起一些小房子，十分拥挤。大杂院里多半没有各家单独使用的厕所，只是在胡同里有公用的厕所，很不方便，也不卫生。所以大杂院的居民愿意搬到新建的公寓楼房居住。原来的房屋纷纷拆除，盖起楼房，古老的北京发生了很大变化。一般说来，北京的居民对这变化是欢迎的。

可是，负责城市规划的专家们，已开始注意到问题的另一方面，那就是如何保留北京这个历史文化名城的传统风貌。他们建议在建筑高楼大厦的同时，划定若干地区保存古老的四合院，并在四合院里安装必要的卫生设施。但究竟怎么办才好，仍有不同的意见，只能逐渐寻找解决的方法。

生　　词

(1) 鸟瞰　　　　　〔动〕　　　aus der Vogelperspektive
　　niǎokàn　　　　　　　　　　überblicken
　　　　　　　　　　　　　　　get a bird's－eye view
　　　　　　　　　　　　　　　鳥瞰観する

(2) 纵横交错　　　〔成〕　　kreuz und quer
　　zònghéng-jiāocuò　　　　criss-cross
　　　　　　　　　　　　　　縦横に交錯する

(3) 胡同　　　　　〔名〕　　Gasse (nur in Beijing)
　　hútong(r)　　　　　　　lane (only in Beijing)
　　　　　　　　　　　　　　（北京特有の）横町

(4) 蒙古语　　　　〔名〕　　Mongolisch (Sprache)
　　měnggǔyǔ　　　　　　　Mongolian (language)
　　　　　　　　　　　　　　モンゴル語

(5) 五花八门　　　〔成〕　　mannigfaltig
　　wǔ huā bā mén　　　　　variegated
　　　　　　　　　　　　　　さまざまな、あれやこれや

(6) 形象　　　　　〔名〕　　Gestalt (hier als Adjektiv)
　　xíngxiàng　　　　　　　imagistic
　　　　　　　　　　　　　　イメージ

(7) 扁担　　　　　〔名〕　　Tragestange
　　biǎndan　　　　　　　　carrying pole
　　　　　　　　　　　　　　天びん棒

(8) 寺庙　　　　　〔名〕　　Kloster (buddh.)
　　sìmiào　　　　　　　　temple (Buddhist)
　　　　　　　　　　　　　　寺院

(9) 衙门　　　　　〔名〕　　Gerichts-und Amtssitz im alten
　　yámen　　　　　　　　China
　　　　　　　　　　　　　　government office in old China
　　　　　　　　　　　　　　役所

(10) 火药　　　　　〔名〕　　Schiesspulver
　　huǒyào　　　　　　　　gunpowder
　　　　　　　　　　　　　　火薬

167

(11) 特务　　　　〔名〕　　Spion
　　　tèwu　　　　　　　spy，espionage
　　　　　　　　　　　　スパイ

(12) 尊称　　　　〔名〕　　Ehrentitel
　　　zūnchēng　　　　　respectful form of address
　　　　　　　　　　　　尊称

(13) 驸马　　　　〔名〕　　Schwiegersohn des Kaisers bzw.
　　　fùmǎ　　　　　　　Königs
　　　　　　　　　　　　emperor's son－in－law
　　　　　　　　　　　　帝王の女婿

(14) 胭脂　　　　〔名〕　　Rouge
　　　yānzhi　　　　　　rouge
　　　　　　　　　　　　ほお紅、口紅

(15) 哑巴　　　　〔名〕　　Stummer
　　　yǎba　　　　　　　a dumb person
　　　　　　　　　　　　聾唖者

(16) 孔雀　　　　〔名〕　　Pfau
　　　kǒngquè　　　　　peacock
　　　　　　　　　　　　孔雀

(17) 甘雨　　　　〔名〕　　segensreicher Regen (nach langer
　　　gānyǔ　　　　　　Dürre)
　　　　　　　　　　　　timely rainfall
　　　　　　　　　　　　慈雨

(18) 垂露　　　　〔名〕　　tropfender Tau
　　　chuílù　　　　　　weeping dew
　　　　　　　　　　　　垂露

(19) 风味　　　　〔名〕　　Lokalkolorit
　　　fēngwèi　　　　　local color

風味

(20) 对联 〔名〕 Spruchpaar, Spruchrollen（anti-
duìlián thetisch）
couplet（written on scrolls, etc.）
紙、布、木などに書いた対句

(21) 吉祥 〔形〕 glückverheissend
jíxiáng lucky
吉祥

(22) 影壁 〔名〕 Abschirmungswand
yǐngbì screen wall
目隠しの塀

(23) 厢房 〔名〕 Seitenflügel eines Hauses
xiāngfáng wing－room
正面の棟の両わきに位置する
棟

(24) 本家 〔名〕 Angehöriger derselben Sippe
běnjiā a member of the same clan
一族

(25) 用场 〔名〕 Gebrauch, Verwendungszweck
yòngchǎng use
用途

(26) 幽静 〔形〕 still und abgeschieden
yōujìng quiet and secluded
奥深く静かな

(27) 露天 〔形〕 im Freien
lùtiān in the open（air）
屋外の、露天の

(28) 品尝 〔动〕 kosten, probieren

pǐncháng   to taste
味わう

(29) 悠闲 〔形〕 sorglos und unbekümmert
yōuxián   leisurely and carefree
のんびり（している）

(30) 膨胀 〔动〕 sich ausdehnen
péngzhàng   to expand, to grow
膨脹する

(31) 大杂院儿 〔名〕 von mehreren Familien bewohn-
dàzáyuǎnr   ter Gemeinschaftshof

a compound occupied by many
households

四合房に複数の家族が住
んでいること

(32) 拥挤 〔形〕 dicht, gedrängt
yōngjǐ   crowded
混んでいる

(33) 拆除 〔动〕 abreissen
chāichú   to remove, to demolish
撤去する

(34) 风貌 〔名〕 Stil und Gepräge
fēngmào   features
風貌、姿

(35) 设施 〔名〕 Einrichtung
shèshī   facilities
施設

170

词 语 例 释

（1）登上位于北京市中心的景山，可以鸟瞰整个北京城。

"位于"是位置在某处的意思，常用于书面。例如：

① 德国位于欧洲的中部。

② 苏州位于南京和上海之间。

③ 在中国的大学里，教师的职称分为四级，副教授位于教授和讲师之间。

（2）在宽阔的大道和道旁的高楼之间，纵横交错地布满了小胡同，胡同两旁是灰色屋顶的平房。

介词短语"在……之间"表示位置或范围。例如：

① 在我们之间没有什么分歧。

② 在他们师生之间一切都很融洽。

③ 你要去的医院就在那两座高楼之间。

介词"在"还可以和"之前"、"之后"、"之中"、"之内"、"之外"、"之上"、"之下"等组成短语，表示各种位置和范围。但习惯上不说"在……之里"、"在……之左"、"在……之右"。

（3）虽然明知在那里见不到孔雀也并不总是下着甘雨，不一定种着松竹也未必有露水悬垂着，但一看到这名称便想把家搬去住了。

"并"是副词，放在"不"、"没"、"未"、"无"、"非"前面，加强否定语气。例如：

① 他虽然脾气不好但为人并不坏。

② 经过治疗他的哮喘并未好转。

"总"、"总是"也是副词，有"一直"、"一向"的意思。例如：

① 上课的时候他不认真听讲，总（总是）说话，真讨厌！

② 这几天总是下雨，没法儿打网球。

171

（4）这种四合院都是平房，离主要街道比较远，相当幽静。

这里的"相当"是副词，表示达到一定的程度，比"很"所表示的程度轻一些。例如：

① 这个问题可不简单，得费相当大的力气才能解决。

② 这篇论文的内容相当充实，修改一下就可以发表了。

"相当"后面可以跟肯定性的词语，也可以跟否定性的词语。例如："相当好"、"相当坏"，"相当勤奋"、"相当懒惰"，"相当快"、"相当慢"，"相当漂亮"、"相当丑陋"。

"相当"还可以当动词或形容词用，表示"相等"、"差不多一样"或"适宜"、"合适"的意思。例如：

① 这两个球队实力相当，不分高下。

② 他一时想不出相当的字眼来。

课 外 读 物

（1）刘绍棠《实用北京街巷指南序》节录（北京燕山出版社1987年出版）

（2）王屹《〈四合院断想〉的联想》节录（《燕都》1989年第1期）

（3）陈焕新《四合院里》（见《一分钟小说一百篇》，中国文联出版公司1986年出版）

课堂讨论思考题

（1）你喜欢四合院吗？如果给你一座四合院或一套居住面积相等的公寓楼房，你选择哪一个？为什么？

（2）如果你有一座四合院，你将怎样布置、使用？

（3）你知道"死胡同"这个词吗？什么是死胡同？"死胡

172

同"这个词还有什么意思？

（4）你到过北京吗？北京的小胡同给你留下什么印象？

（5）请根据课文画一张四合院的示意图。

*   *   *

实用北京街巷指南序（节录）

我是城圈外的北京人，北京的乡下人。

虽然我那生身之地的村庄距离北京城内只有三十六公里，可算近在眼前，但是在旧社会却又像远在天边。我是十二岁那年考入市里的中学，才进了城的。

童年，我听到城里开了眼的本村人说起北京市内的街巷，是"大胡同三千六，小胡同赛牛毛"，被吓得瓷住眼珠儿，伸出的舌头缩不回去。我们那个小村，只有一条街，几条巷子，对于北京之大是难以想象的。

所以，我进城上学有一两个月不敢远离校门，怕的是在三千六百大胡同和多如牛毛的小胡同中走丢了，晕头转向，迷途难返。以后日子住长了，摸着了门路，才知道北京内城四四方方，大街小巷四通八达，只要记住方位，便不会迷路。这年冬季，我为衣食所迫，一边上学一边当报童，每天凌晨三时趸报，六时半以前卖完。数九寒天，顶风冒雪，穿街过巷，见胡同就钻，有路就能走，跑遍四城畅通无阻。也正因如此，我虽然曾在不知多少条大小胡同奔走，却都是浮光掠影，一闪而过，记下的胡同名字很少。

四十来年过去，我已经是个货真价实的老北京人，但是老北京的街巷变化极大，光靠记住方位走路，常常钻进牛角尖而陷入绝境，或是撞墙碰壁原路退回。我这个老北京又像当年初来乍到一样，举步犹疑了。

古老的北京城，是一座伟大的文化宝库和历史博物馆，北京的街巷，是城市的脉络，交通的衢道，也是大博物馆中的一座座历史、文化、民俗展览室。每一条街巷都有自己的来由，都有自己的历史，都有自己的故事，大有学问，各有特色。

《四合院断想》的联想（节录）

看了《燕都》第四期《四合院的断想》一文，引起了我的一些"联想"。"断想"中对四合院作了引人入胜的描写，可以说是恰到好处。

一定也有人会说："你把四合院说得那么好，你去问问住在四合院里的人是什么看法吧？保管不像你说的那样好。"通过调查资料说明，住在四合院里的人有美好感受的还真不多，很多人希望拆了四合院盖大楼。建国以来，北京人口急剧增加，早就把空旷敞亮的四合院变成了虾仁罐头盒，在里边挤得满满当当的伸不开腰了。再加上没有上水下水，往里要搬煤，向外端垃圾，要上厕所得上街，不方便的地方可就太多了。人们不喜欢四合院是有道理的。可有时候您要走进房子不缺，经济条件又好的四合院，可就大不相同了。不但院子整齐像个小花园，上下水已经接到家家的厨房里去了，有的还按上了暖气，在那儿的住户，说出话来可就又是一个样儿了："你们是不是要盖楼呀！这个四合院该多好，拆了可惜呀！可别改成鸽子窝。"他们把一个个阳台的大楼叫成了"鸽子窝"。这和那些希望拆四合院改楼房的观点，又是多么的天渊之别呀！

在保护四合院方面，近年来有关部门作了不少的工作。一九八三年《北京城市建设总体规划》的附件中，就提出了保护元大

174

都居民街坊的规划设想，划定了近五十来公顷的保留区。打那儿以后，一九八五年规划建设委员会又批准执行了"北京市区建筑高度控制方案"，又增加了一片四合院平房保留区，这是北京市建筑高度控制方面第一个具有法律性的文件。另外还组织人力对旧城四合院作了大量调查工作，结果表明，现存比较好的四合院已不过八百处，像断了线的珠子乱撒在各个角落里。要再不认真地保护起来，用不了多久，就会被拆得一干二净了。到那时候再想保可就来不及了。俗话说"亡羊补牢，未为晚也"。对保护四合院来说，可够晚的了。亡羊还可以再养，可古建筑就是照原样再建起来，也不是古建筑了，最多叫它个"复制品"，不值钱。

呼吁保护四合院已经快十年了，现在真保起来的有多少呢？问题的症结在哪儿呢？在城市规划中有了两大片平房保留区的规定，可就是没见到有谁在经心管理进行维修过，当然就更谈不上精心保护了。对那些零散的就更甭提了，所以虽列入规划也立法保护了，不能说就万事大吉。保留区的四合院参差不齐，有的新修过，可是少得可怜，大多数老模呵碜、破儿拉撒。那些好点的四合院应该好保了吧？可它的所有者多半是有钱的，看中了在这儿拆房少，盖房多，划的来，就要拆了盖大楼。他们财大气粗来头大，还真难顶得住。那些不需要保的危、积、漏、挤的，住进去日夜愁的破烂房，因为拆迁量大、建房少、没便宜可占，谁也不愿光顾。要是站在盖房的一边来谈，这倒也不怪，因为经济效益嘛，谁能不想呢？但这一点却偏偏成了反对保四合院的同仁们的"口实"了。好像保四合院就是保那些姥姥不亲舅舅不爱的玩艺。这倒又是一怪了。

那么怎么办呢？放弃保留区吗？对希望保护北京历史文化名城面貌的人实在是有点不甘心。那就保吧，可现在就有人指责保些个破烂，影响观瞻和旧城改建，阻碍人们生活条件的改善，置人民饥苦于不顾，又真有点罪该万死了。可真叫人左右为难。

四 合 院 里

才分到房子的时候，他很有些不高兴。一间平房，十二平方米，外加两平方米厨房，四合院中，一共住十四家，吃水得到院子里去打，上厕所要出大院，过马路。他在一个很说得出的单位里上班，同事们都住楼房，妻子长得又很漂亮，难道就让她在这样的地方栖身吗？

一个同学来向他祝贺，并且讲了一大通理论："没住过北京四合院的人，就不算地道的北京市民。只有住在北京的四合院里，你才能观察、领略到北京的风俗人情。你不是喜欢写小说吗，小小的四合院就是社会的缩影，世态、人情、市肆嘈杂、妇姑勃溪，全有了。等着看你的大作了。北京风俗小说，这条件，没治了。"

他有些高兴起来。他的确喜欢舞文弄墨，尽管作品经常被退回来。住进称之为社会缩影的四合院中也不错，密匝匝的葡萄架下，石凳上放一盏茶，一边品茗，一边听着邻家少妇和她婆婆的吵嘴，于是灵感油然而生，北京的风俗人情，如山水画般展开，栩栩如生的人物形象，跃然笔端。绝了。

搬进以后，他才清楚，这院子非但没有葡萄架，连空地也很少，最窄的地方两辆自行车都不能错开。更令他失望的是住进快一个多月了，竟没有见到一次吵架。同院里婆媳一起过的有七家，但都不吵，而且邻里也不吵，这个院离马路又远，简直静得让人难受。没有生活源泉，怎么会写出好作品来？他懊恼极了。

况且，还有不快。一次，他正和妻子相对而坐，重温着新婚出游时的旅途见闻，由大海的浩淼谈到了肖邦的作品所表现出来的磅礴的气势，那 C 大调……，"咚咚咚"，这时，有人敲门了，原来是同院的东邻老太太告诉他们，房费已垫付了，一块七毛二。

兴致全没了，不管是大海，还是肖邦，都消失了，两个人好半天才醒过神来，于是忙着开抽屉，找零钱，一块七毛二。早先，他们对老太太还曾经怀着敬意，那是刚搬进来不到一个星期，老太太发话了："你们都上班，买菜的话，我给你们捎来，甭客气。"现在，原先的敬意也减了不少。

他开始惆怅、迷惘起来，他很喜欢散步，尤其是雨后的夜晚，他和妻子手携手走在马路旁浓密的槐树下，冰凉的雨滴不时地滴在裸露的胳臂上，他向妻子讲述着他的苦恼，这北京市的风俗人情究竟在哪里呢？

第 十 二 课

自 行 车 王 国

有人说中国是"自行车王国"，因为骑自行车的人太多。这说法很有意思，抓住了中国某一方面的特点。

每天清晨和傍晚，大街小巷潮汐一样地涌动着自行车的车流。"叮铃！叮铃！"的车铃声，夹在汽车奔驰的声音中，显得格外清脆。骑车上下班的男女老少，不停地蹬着车轮匆匆赶路。他们的姿势灵活、轻巧，仿佛和他们的车已经合为一体了。有些工人送孩子上托儿所，便在自行车的右边安装一个斗车。斗车有篷可避风雨，下面有个轮子。孩子舒舒服服地坐在斗车里，大模大样的。南方有的城市，妇女把婴儿背在后背上，用背带兜牢，骑在车上东奔西跑，使人佩服这些母亲的勇气。在乡下，常常可以看到四人共骑一车的情形，丈夫骑在车座上，妻子坐在后面的货架上怀里抱着一个婴儿，前面的车梁上还横坐着一个较大的孩子。这些道路上汽车少，没有警察，农民就用自行车把全家带到集市上或亲戚家去。

在北京大学、清华大学这样规模很大的学校里，自行车也是不可缺少的交通工具。从宿舍到教室或图书馆，从办公室到餐厅或实验室，都离不开自行车这位好朋友。图书馆门口专门划定停放自行车的区域，一眼望去，亮闪闪的一片，常常有几百辆之多。北大、清华都在郊外，离市中心大约十五公里，乘公共汽车要花一个多小时。汽车拥挤，远不如骑自行车痛快。如果在城里买了书籍或其他什么东西，放在自行车上带回来，也比手提着乘公共汽车省力。

买一辆自行车只要人民币二百多块钱就够了，这大概相当于一个技术工人一个月的收入，一般家庭都买得起。如果是双职工，大都有两辆车。上中学的孩子，学校离家远的也需要车，所以城市居民中一家有三辆自行车的很普遍。公寓楼房的大门口摆满了自行车，有时进出必须侧身而行。这情形再次提醒你，来到了一个自行车王国。

在欧洲和美国，一般人骑自行车主要是体育运动，或者是一种爱好。在中国，自行车是交通工具，甚至是运输工具。中国人骑车主要目的虽不在体育运动，但也达到了运动的效果。有不少人为了锻炼身体，宁可骑车而不乘公共汽车。还有人骑到环境优美的地方索性下车来，用一只手扶着车把在大街上跑步，到了闹市再骑上去。

骑自行车不污染环境，不消耗能源，也是很大的优点。中国能源紧张，人口太多，将来也很难普及小汽车。在地铁和高架铁路发展以前，自行车仍然是重要的交通工具。自行车王国的称号，还将继续一段时间。

生　词

(1) 潮汐　　　〔名〕　　Gezeiten，Flut
　　 cháoxī　　　　　　　 tide
　　　　　　　　　　　　　潮の満ち干

(2) 涌动　　　〔动〕　　fluten，aufsteigen
　　 yǒngdòng　　　　　　to surge
　　　　　　　　　　　　　湧きおこる

(3)	清脆	〔形〕	klar und wohlklingend
	qīngcuì		clear and melodious
			軽快な、歯切れがよい
(4)	蹬	〔动〕	treten，fahren（Fahrrad）
	dēng		to pedal
			（ペダルなどを）踏む
(5)	匆匆	〔形〕	hastig，eilig
	cōngcōng		hurried
			急いでいる
(6)	仿佛	〔动〕	scheinen；als ob
	fǎngfú		to seem
			～と似ている
(7)	托儿所	〔名〕	Kindergarten
	tuō'érsuǒ		nursery
			託児所
(8)	斗车	〔名〕	Transportkarren
	dǒuchē		sidecar
			トロッコ
(9)	大模大样	〔形〕	prahlerisch，grosstuerisch
	dà mó dà yàng		in an ostentatious manner
			悠然としているさま、
			わがもの顔で
(10)	兜	〔动〕	einwickeln（in ein Tuch o. ä.）
	dōu		wrap up in a piece of cloth,
			etc.
			布などでくるむ
(11)	婴儿	〔名〕	Säugling，Kleinkind
	yīng'er		baby

181

赤ん坊

(12) 集市　　　　〔名〕　　Dorfmarkt，Marktplatz
　　　jíshì　　　　　　　　rural market
　　　　　　　　　　　　定期市

(13) 双职工　　　〔名〕　　berufstätiges Ehrepaar
　　　shuāngzhígōng　　　man and wife both at work
　　　　　　　　　　　　とも働き

(14) 侧身　　　　　　　　seitwärts，seitlich geneigt
　　　cèshēn　　　　　　　sideways
　　　　　　　　　　　　身を横にする

(15) 宁可　　　　〔连〕　　lieber…als…
　　　nìngkě　　　　　　　would rather
　　　　　　　　　　　　むしろ

(16) 索性　　　　〔副〕　　geradewegs，einfach
　　　suǒxìng　　　　　　without hesitation
　　　　　　　　　　　　あっさりと、思いきって

(17) 车把　　　　〔名〕　　Lenkstange (am Fahrrad)
　　　chēbǎ　　　　　　　handlebar
　　　　　　　　　　　　ハンドル

(18) 闹市　　　　〔名〕　　lebhaftes Strassenviertel
　　　nàoshì　　　　　　　busy streets
　　　　　　　　　　　　繁華街

(19) 污染　　　　〔动〕　　verschmutzen
　　　wūrǎn　　　　　　　to pollute
　　　　　　　　　　　　汚染

(20) 消耗　　　　〔动〕　　verbrauchen
　　　xiāohào　　　　　　to consume
　　　　　　　　　　　　消耗する、消費する

(21) 能源　　　　　〔名〕　　Energiequelle, −reserve
　　néngyuán　　　　　　　　energy source
　　　　　　　　　　　　　　エネルギー源

词 语 例 释

（1）这说法很有意思，抓住了中国某一方面的特点。

动词"抓住"在这里并不是真的用手抓，意思相当于"掌握了"。

例如：

① 齐白石画的虾很好，抓住了虾的特点。

② 他抓住人家一点小毛病不断批评，使人家很难堪。

（2）孩子舒舒服服地坐在斗车里，大模大样的。

"大模大样"是成语，用来形容傲慢的满不在乎的样子。例如：

① 他在老丈人的家里总是大模大样的，老丈人很看不惯他。

② 他大模大样地走上讲台，很随便地向大家点了点头，便开始讲了起来。

（3）妇女把婴儿背在后背上，用背带兜牢，骑在车上东奔西跑，使人佩服这些母亲的勇气。

"东奔西跑"是成语，表示这里、那里到处奔跑。由"东"和"西"组成的成语很多，如"东张西望"、"东拼西凑"、"东倒西歪"、"东拉西扯"。

（4）汽车拥挤，远不如骑自行车痛快。

"远不如"的"远"字表示程度之大，对后面的词加以强调。例如：

① 他远不如你聪明。

② 在家里听收音机远不如在现场听音乐会。

（5）有不少人为了锻炼身体，宁可骑车而不乘公共汽车。

"宁可"是副词，意思是比较两方面的情况以后选择其中一方面，常和"也不"、"而不"、"也要"等虚词配合着用。例如：

① 宁可自己辛苦些，也不愿过多地麻烦别人。

② 宁可放弃这个工作，而不肯向经理屈服。

③ 宁可少睡几小时，也要把这件事做完。

（6）还有人骑到环境优美的地方索性下车来，用一只手扶着车把在大街上跑步，到了闹市再骑上去。

"索性"是副词，表示动作、行为直截了当，多用于书面，口语里用"干脆"。例如：

① 写信太慢了，索性派人去找他吧！

② 这篇文章写得差不多了，索性写完再睡。

课 外 读 物

（1）佘树森《爬坡》节录（见《精神的魅力》，北京大学出版社 1988 年出版）

（2）《我国平均每 3 人有 1 辆自行车》（《光明日报》1989 年 10 月 7 日）

课堂讨论思考题

（1）你喜欢骑自行车吗？为什么？

（2）为什么说中国是一个自行车王国？

（3）你认为骑自行车有哪些好处，有哪些不足之处？

（4）你认为中国能普及小汽车吗？为什么？

184

爬　坡 (节录)

未名湖畔，曲径起伏。这是历史遗留下来的坡。

每当上下班时，许多骑车者，便拥挤、角逐在这曲折起伏，而又狭窄的湖畔小路上。年青的、少壮的、年过半百的……不少人车上还带着上幼儿园或读小学的孩子。

有整整两年，我也曾经是这条拥挤、角逐的车流中的一员。

从蔚秀园至北大附小，为抄近道，往返便须翻越办公楼后面的一座土山。两面的山坡，均较长而且陡。去时，刚至办公楼头，便要开始冲刺，一股作气登上山顶；紧接着，便是顺陡坡而下；上坡艰难，下坡更危险：必须全神贯注，手不离闸，但闻风声呼呼，一头便跌入那湖畔小路的车流漩涡里……回来时，从湖畔小路的车流里往陡坡冲刺，更是不易。由于大家的方向并不完全一致，遇到有人超前而右转弯，你便得陡然撤闸煞车，这样，原来之冲刺，便前功尽弃，只有下来推着车爬坡。

每当有带着孩子的车，从我身边超过去，我那孩子总是惊呼"爸爸快骑，快骑"，她也要赶上或超过小朋友去。在她心目中，爸爸还是"年轻"的，因为那时她才刚满六岁……

孩子上学，若是一天两送两接，至少要爬坡八次。良辰美景，须待闲情去赏。似这般紧张的爬坡，未名湖纵有好景，又予我何？

春，我不曾辨湖柳之鹅黄嫩绿；

夏，我不曾在其浓荫驻足小憩；

秋，我亦未曾赏那湖光澄澈、塔影清浅；

唯有冬之爬坡，我方感其冰雪小路，行车维艰……

我国平均每 3 人有 1 辆自行车

解放初，5 亿人口的中国每年生产自行车才 1 万辆。40 年间，我国自行车工业像插上了翅膀飞速发展，年产量增长 4000 多倍，仅天津自行车厂一天就生产飞鸽自行车 1 万多辆。若按人口平均计算，现今我国每 3 人就有 1 辆自行车，无论就总量还是人均拥有量来说，都居世界第一，是当之无愧的自行车王国。

第 十 三 课

大学生活点滴

中国的大学像一个小社会，什么都包括在里面了，四周用墙和外界隔开。学校里除了教室、实验室、图书馆、办公室等教学设施以外，还有学生宿舍、教职工宿舍、托儿所、附属小学、附属中学、医院、食堂、餐馆、商店、邮局、银行、书店、理发馆等。住在大学里，几个月不出来生活也没问题。

学生宿舍由学校免费提供，一个大约十六平方米的房间住六人。上下两个铺位的双人床摆三张，两三张书桌大家共用，这些家具也由学校提供。学生到食堂吃饭，则要自己花钱，每人每月大约六十至九十元。治病可以享受公费医疗，除了挂号其他都不用自己出钱。

五、六十年代曾经实行助学金制度，所有大学生一律享受助学金，吃、住，甚至零用钱都由政府供给，也不用缴学费。毕业时政府为每人安排一项工作，学生通常都服从分配。那时，中学毕业生只要考上大学，生活和将来的工作都有了保障，用通俗的话说叫有了"铁饭碗"。大约十年前取消了助学金，开始试行奖学金制度。但奖学金的数目不多，学生自己打工挣钱的机会也很少，主要还是靠家长供给。一个大学生每月大约要花掉家长一百元，家里如果有两个大学生，负担就很重了。近十年来大学很难考，高中毕业生的升学率大概是百分之四左右，孩子考上大学成为一件喜事，但随之而来的经济负担又使家长必须勒紧裤腰带，过几年紧日子。现在年轻人在生活方面要求又高，穿着打扮讲究时髦，女孩子尤其是这样，家长不能不考虑他们的要求，多给他们一些钱。

　　虽然说大学生打工的机会很少，总还有一些挣钱的办法。有的做家庭教师，一小时可以挣三块钱。更多的是经商，在校园里贩卖一些小东西，如贺年片之类。还有的学生搞服务行业，如洗印照片。个别学生的买卖做得相当大，能赚不少钱，据说广东的某些大学就有这种现象。学生经商，肯定会影响学业，绝大多数的老师都不赞成。

大学毕业生的统一分配制度近两三年有了变化，一方面仍由学校负责为每一名毕业生安排工作，另一方面也允许毕业生自己找工作。但有些专业毕业生多，工作少；有些边远地区很需要大学生，而他们中有的人又不愿意去，因此毕业生要找到称心的工作仍然不很容易。学生自己找工作，有后门的虽然条件不太好也能找到比较好的单位；没有后门的虽然条件相当好也难找到满意的单位。这是一个急需解决的问题。

生　词

(1) 外界　　　　〔名〕　Aussenwelt
　　wàijiè　　　　　　outside，the world outside
　　　　　　　　　　　外界、外部

(2) 提供　　　　〔动〕　versorgen mit
　　tígòng　　　　　　to provide
　　　　　　　　　　　提供する

(3) 公费医疗　　〔名〕　freie medizinische Versorgung
　　gōngfèi yīliáo　　　free medical care（services）
　　　　　　　　　　　無料の医療

(4) 挂号　　　　〔动〕　　sich anmelden（im Krankenhaus）
　　 guàhào　　　　　　 to register（at a hospital）
　　　　　　　　　　　　 申し込む、（病院で）受け付けの
　　　　　　　　　　　　 手続きをする

(5) 助学金　　　 〔名〕　　Studienbeihilfe
　　 zhùxuéjīn　　　　　 （student）grant
　　　　　　　　　　　　 奨学金

(6) 缴　　　　　 〔动〕　　zahlen
　　 jiǎo　　　　　　　　 to pay
　　　　　　　　　　　　 納める

(7) 保障　　　　 〔动〕　　sichern, gewährleisten
　　 bǎozhàng　　　　　　 guarantee
　　　　　　　　　　　　 保証

(8) 铁饭碗　　　 〔名〕　　eiserne Reisschüssel——sicherer Job
　　 tiěfànwǎn　　　　　　 iron rice boal———a secure job
　　　　　　　　　　　　 鉄の飯わん、確かな働き口

(9) 打工　　　　　　　　　körperlich arbeiten
　　 dǎgōng　　　　　　　 to work, to get a job
　　　　　　　　　　　　 アルバイトをする

(10) 挣钱　　　　（动）　　Geld verdienen
　　 zhèngqián　　　　　　 to earn money
　　　　　　　　　　　　 働いて金をかせぐ

(11) 负担　　　　 〔名〕　　Bürde, Belastung
　　 fùdān　　　　　　　　 burden
　　　　　　　　　　　　 負担

(12) 升学率　　　 〔名〕　　Quote der Schüler, die in eine hö-
　　 shēngxuélǜ　　　　　　 here Schule aufgenommen werden
　　　　　　　　　　　　 proportion of students advancing to

			a higher grade
			進学率
(13)	勒紧		anziehen，enger schnallen
	lēijǐn		to tighten
			締めつける
(14)	裤腰带	〔名〕	Gürtel
	kùyāodài		belt
			ベルト
(15)	经商	〔动〕	geschaftlich tätig sein
	jīngshāng		to be in business
			商売をする
(16)	贺年片	〔名〕	Neujahrskarte
	hèniánpiàn		New Year card
			年賀状
(17)	服务行业	〔名〕	Dienstleistungsgewerbe
	fúwù hángyè		service trades
			サービス業
(18)	统一分配	〔名〕	zentrale Verteilung
	tǒngyī fēnpèi		centralized distribution
			政府が統一して学生に仕事の配
			属をする
(19)	专业	〔名〕	(Studien-）Fach，Fachrichtung
	zhuānyè		major，specialty
			専攻学科
(20)	边远	〔形〕	entlegen，abgelegen
	biānyuǎn		remote
			（国境に近く）遠く離れた

(21) 称心　　　　〔形〕　　nach Wunsch, befriedigend
　　 chènxīn　　　　　　　 satisfactory
　　　　　　　　　　　　　 心にかなう

词 语 例 释

（1）中国的大学像一个小社会，什么都包括在里面了。

"什么"是疑问代词，但在这里并不表示疑问，而是泛指任何的事物，不要求回答，常与副词"都"、"也"搭配。例如：

① 你什么也不用买，我这儿都有。

② 明天白天你什么时候来都可以，我在家等你。

③ 她在这里住了二十年，这里的什么人她都熟悉。

（2）治病可以享受公费医疗，除了挂号其他都不用自己花钱。

"除了"是介词，后面可以跟"外"、"以外"、"之外"、"而外"，排除这一部分，提出另一部分。例如：

① 除了这三个生词以外，其他生词都要记住。

② 除了星期六和星期天，每天都有课。

③ 除了她说的各种理由之外，我再补充一条理由。

（3）现在年轻人在生活方面要求又高，穿着打扮讲究时髦，女孩子尤其是这样，家长不能不考虑她们的要求，多给她们一些钱。

"尤其"是副词，表示在全体中或与其他事物比较时特别突出，一般用在句子的后一部分。这里的"尤其是"主要是用来引进同类事物中需要强调的一个。例如：

① 她各门功课都好，尤其是历史。

② 我喜欢吃中国菜，尤其是广东菜。

③ 中国古代文学尤其是古代诗歌成就最高。

（4）虽然说大学生打工的机会很少，总还有一些挣钱的办法。

"总"是副词，在这里是"毕竟"、"总归"的意思。例如：

① 不要着急，问题总会解决的。

② 等了一天，现在总算把你等来了！

③ 别着急！我们总会有办法的。

（5）在校园里贩卖一些小东西，如贺年片之类。

"如……之类"表示只举出一类或几类，其他就不一一列举了。例如：

① 我为母亲买了许多补品，如人参之类。

② 她学了一些考古之类的课程。

③ 我教给她几句中国话，如"谢谢"、"对不起"之类，她居然用上了。

课外读物

（1）王乃壮《闻送子上大学有感》（《北京晚报》1986年10月13日）

（2）李丽　夏玲英　张敏《在文化开放中的上海女大学生——对16所高校的调查》（《中国妇女》1987年第5期）

（3）唐旬　纪涛《大学生求职心态启示录——献给正在求职择业的大学毕业生》（《中国妇女》1990年第2期）

课堂讨论思考题

（1）请说说你自己的大学生活，并和中国大学生的情况作一比较。

（2）你认为大学生在经济上应该依赖父母吗？为什么？

闻送子上大学有感

某名牌大学今年迎新生有二多，一是用小汽车送子报到的多；二是全家从外省千里迢迢护送来报到的多。竟有从四川陪子来报到的。据说一位陪子来报到的中年母亲，因过于劳累而患了急性阑尾炎，还是该校医院开的刀。有一辆警车从山西开来送某人的孩子报到，沿途是否用警报器不得而知，校方有关人士却着实吓了一跳！

人贵独立，俾使自身优秀素质尽发。惜乎有的父母爱子、溺子过甚，往往适得其反。据了解，目前多数大学生在知识结构上可居上乘，然在自我生活料理上却往往相当无能，个别学生钉个扣子都非常吃力。不能不令人思虑再三。

诚然，父母都爱自己的孩子，可是像这些家长的爱法真有点不敢当。更有甚者，有位新生的父亲请负责接待的老师转告学校说，自己孩子从小在幼儿园、小学到中学，一直是把着手抱过来的，希望在大学能继续把他的孩子"抱"下去。

作为一名大学的教育工作者，闻此除惊诧而外，也想奉劝父母或家长们两句。应该多给自己的孩子创造独立开发自己智慧的机会，永远不离开巢穴的鸟儿，是难于奋飞的。让这些鸟儿展翅蓝天，迎着风浪奋飞吧！唯如此，才能使他们真正成为祖国未来四化建设有用的人才。

在文化开放中的上海女大学生

——对 16 所高校的调查

上海女大学生共有 35400 人，占大学生总数的32.8%；女研究生 1615 人，占高校研究生总数的19.8％。她们是中国女性中文化素养较高、思想比较开放的先进部分，她们的发展在一定程度上代表了中国女性解放运动的趋向，她们的文化心理必定会影响整个社会，并对妇女阶层具有一定的导向作用，对新的妇女观的形成和传统的伦理道德观念的变迁产生深刻的影响。为此，我们对上海市 16 所高校的 1146 位女大学生进行了问卷调查。

女性自强意识的增强与自卑心理的交战

随着改革和对外开放的发展，触发了当代女大学生自强意识的觉醒，她们大胆冲破了几千年来束缚女性成才的"男尊女卑"心理羁绊，摒弃了"女子无才便是德"的旧观念，大胆追求理想，立志成才。

表一　您对前途、事业的态度

态　　度	目标明确 不断追求	怀抱希望 有所追求	抱有希望 无从入手	茫然惆怅 无所追求
人数％（女）	15.2	55.9	21.8	6.7
人数％（男）	31.8	40.9	18.2	4.5

我们可以看到，选择前两项的女大学生共占71.1％，说明大多数女同学已经或正在克服传统的封建意识和无所作为的消极心理，具有明确或较明确的奋斗目标，几乎与男同学不相上下。1979年和 1980 年复旦大学学生会曾举行过两次民意测验，结果有54％的学生表示"对生活和未来感到茫然"。而数年后的今天，取"茫然惆怅，无所追求"的女大学生仅有6.7％，可见女大学生自尊、自信、自强，成才意识普遍增强。这种对女性自身价值的重新认识，也大大提高了女性在高校的地位和作用。复旦大学学生会主席和学生活动中心主任均由女生担任，华东师大的男同学也承认：在华东师大，女生比我们更有发言权！

表二　您对女性领导人、女科学家、女成功者的看法

态　度	由衷敬佩并向她们学习	可敬不可学	可敬但学不像（指天赋不够）	不以为然
人数%	32.7	20.7	35.4	9.3

调查中也清楚地看到了与之对立的一面，"男尊女卑"的封建意识在当代女大学生身上打下的印记。

表三　您认为束缚女性进一步解放、成才的障碍

态　度	女性的生理因素	女性的自卑感	男性的不理解、不支持	女子无才便是德等封建意识	都不是
人数%	15.3	33	11.4	14.3	25.6

认为主要障碍是"女性自卑感"的为数最多，加上与自卑感有关的"女性生理因素"和"女子无才便是德"，共占62.6%。

这种心理的产生，在很大程度上应归咎于社会对女性的角色期望依然带有较浓的传统色彩。渗透在民族意识中的"男尊女卑"在生活中比比皆是。我们几乎在所有的男大学生座谈会上都能听到：做家务、抚养孩子是女性的长处和优势。在您喜欢的理想女性中，有63.3%的男性选择"温柔、贤慧"。社会对女性的这种特殊的角色期望，助长了女性的自卑感，使她们在渴望成才的同时，产生了种种顾虑，有24.1%的人担心"事业上落后，遭人轻视"，32.1%的人担心"难以处理事业和生活的矛盾"。两种担心均有一定的比例，表明女大学生自强而又自卑的矛盾心理。"表面上很高傲，内心里却很自卑。"这是一部分男生对女生的评价。

女性独立的思维品格与随从、依赖心理的冲突

与受封建思想直接熏陶的旧女性不同，当代女大学生日益注

重独立自主的思维品格，以显示自己在政治、经济、文化诸方面的独立人格。她们心目中"优秀生"的标准已发生变化，认为应具有较强的社会活动能力和组织能力，学习上独立思维，不一味追求高分的占 68.6％。在对服饰、发型、美容的选择上，半数以上者认为"只要自己觉得美，可任选"。不少女同学还参加了勤工俭学的队伍，有的担任图书馆的业余管理员，有的成为学生沙龙的服务员……"我们都大了，不愿老当伸手派。"她们崇尚自立精神。

但是，在调查中，我们也发现了与独立的思维品格不相容的随从和依赖心理的存在。女生在学习方式上循规蹈矩的多，较看重分数，对考试感到特别紧张，因为对教师和教材的依赖性强，所以知识面很难拓开，独立思维能力和选择、创造能力较弱。生活上依赖父母和长者，有的女同学生活自理能力差，被子多由家长缝洗，甚至因此而不敢出国者也有。她们叹道：我们的路往往是父母、老师给安排好的，我们只管走就是了，"开路"不是我们的事。

这种随从、依赖心理与自卑心理交织，阻碍着女大学生成长为创造型人才。女性中出类拔萃者较少，与这种心理机制有关。这种心理是长期来"男主女从"、"三从四德"的封建道德规范留下的烙印，它不可能在短时间内消失殆尽，但文化开放后，女大学生对先进的思维方式的学习，对独立的思维品格的不懈追求与训练，必将导致这种保守的、落后的随从、依赖心理日益淡化，从而为女性建立起独立的人格意识开辟道路。

女性性格从封闭走向开放，从单一走向多样

温柔、贤慧几乎成了中国优秀女性的代名词，而今，有16％的女大学生认为这样的女性不能属优秀。她们要求自己有较强的进取心和自信心，培养坚韧的意志。但她们并不想"男性化"，只有4.4％的人希望自己成为具有男性特点的女性。

态　度	唯新是求引人瞩目	只要自己觉得美可任选	爱美但不要引人注目	爱打扮是轻浮表现
人数%	2.7	54.8	32.4	0.2

女大学生的兴趣爱好丰富多彩。59%的人准备学习编织、缝纫、烹饪等,30%的人准备学习琴棋书画球拳操等技艺,57.6%的人在业余时间爱去游乐场、影剧院、展览会、音乐茶座、舞会和参加社团活动。多种意向生动地反映出她们性格的多重性。

当代女大学生在恋爱问题上也颇有性格。

表五　您觉得在离开大学之前

态　度	有恋爱对象并公开	有恋爱对象但不宜公开	让友情自然发展为爱情	把爱情深深隐藏在心底	绝不考虑恋　爱
人数%	8.8	8.2	56.0	7.5	10.8

表六　您期望将来的配偶

态度	在事业上有所建树自己愿作些牺牲	能分担家务、使自己在事业上有建树	在事业、家务两方面都能互助
人数%	13.3	3.6	72.0

她们愿意落落大方地与异性交往,讨厌人们对此的敏感心理,只要爱情在身边,绝不放弃捕捉机遇。此外有54.5%的男大学生也希望与配偶在事业、家务方面能互助,他们共同感到生活除了爱情还有别的,她们渴望身心的自由发展。

伦理道德观网络的破裂与重新编织

女大学生试图在多种伦理道德的比较中,寻找最佳的组合。在

198

"您的处世态度"一栏里,选择"我为人人,人人为我"的占71. 2%,绝大多数人认为应该重视个人修养,讲究文明礼貌,发扬人道主义精神,尊重个人的隐私权等等。同时,她们对中国传统文化的优秀部分赞叹不已,主张孝敬父母,体贴老人。

表七　您与父母

态　度	非常说得拢	经常交谈有些争论	力求沟通思想感情	没有必要沟通不愿交谈
人数%	12. 4	30. 2	45	11. 6

表八　您对男女大学生同居的看法

态度	极其厌恶	别人私事不必大惊小怪	对人宽容对己严肃	只要是爱情未尝不可	不置可否
人数%	20. 8	28. 6	30. 8	19. 0	0. 2

　　她们中的大多数在中西伦理道德观的冲突中,既不回避,也不盲从。她们开始拆去自以为是束缚手脚的樊篱,按照自己的理想重新编织新的道德体系,然而她们的内心是很不平静的。对待未婚同居,绝大多数人表示"对人宽容,对己严肃",但如果她的恋人犯有前科的话,那将会怎样呢? 她们无力排除这些困惑和迷茫,她们接受感情至上、自由发展的伦理,但又不愿违背师长的循循教诲。摆在我们面前的问题是需要引导、帮助她们形成正确的伦理道德观。
　　当代大学生,将成为时代的"文化人",在这一引人瞩目的大学生阶层中,上海女大学生对待文化开放的态度,及其塑造自己的意向,是否能给予女性及社会一些深思和启迪呢?

大学生求职心态启示录

——献给正在求职择业的大学毕业生

时下，求职、择业成为即将毕业的大学生们关心的"热点"，连历来"皇帝女儿不愁嫁"的名牌高等学府的"骄子"们，也在为自己未来的就业前景忧虑。

这，并非是一件不好的事。在新的分配趋势面前，毕业生有了更多的自主择业的权利。这是一种崭新的权利，是教育体制和劳动人事制度深入改革的产物。

应该说，选择的权利，只有对善于选择的人才有意义。而选择能力的增强，也只有在选择过程中不断培养。本文撷取近几届大学毕业生求职择业的一些小片段，以激励那些即将毕业的大学生们，勇敢地去迎接竞争，接受对传统之我的挑战。

启示之一：现实，并非尽如人意

毕业分配中竞争机制的引入，理应是平等竞争，充分调动用人单位、学校及毕业生三方面的积极性。然而，实际情况并非尽如人意：传统教育体制的印记；不正之风的干扰；人身依附的桎梏；宏观上的供不应求与微观上的学非所用并存；长期性的智力投资与短期性的企业行为冲突；培养目标与实际需要形成强烈反差……社会种种矛盾都会在毕业分配问题上反映出来，让涉世不深的青年去品味、消化。

北京一些著名学府的应届毕业生曾心情沉重地向笔者倾述他们在求职中的遭遇与感受：

"学习好的同学，不见得竞争得过关系多的同学，现在还是那一套，学好数理化，不如有个好爸爸。"一些同学在屡屡碰壁之后，

200

发出这样的感叹。

"求职刚开始时，我还把自己当成孩子，与大人交往时希望得到指导和温暖，但我很失望，从一句句官腔中，我感受到的是冷漠。"

"在择业中，我和同学们碰到的一个非常实际的问题是：名牌大学的毕业生，竞争不过走读大学的毕业生，名牌大学的某些重点科系反而成了毕业分配的难点科系。当初高考时，我在高考成绩这方面胜利了，可现在我不能不服气，我不会打字、开车、照相……高等教育中存在的专业面过窄，对学生专业限制太死等弊端，终究还是在我身上打下了印记。"

"大学四年，我做了不少社会工作，以期更全面地提高自己的素质。但学校教育中，束缚学生个性发展的东西还很多，创造个性健康发展的环境还只是一个目标和理想。"

"现在不少企业搞承包，企业领导任期四年，在引入人才和智力投资方面，存在一种近视眼光。他们宁肯花高价向高校和科研单位挖科技力量，以求近利，而不愿放长线，接收和培训大学毕业生，以强后劲。"

毕业生们谈的这些感受，不能说没有一点儿道理。然而，我们却无法用一句两句话向这些青年朋友作答，只能告诉他们，这是由于新旧体制正处于交替之中，毕业生分配制度的改革同经济体制的改革、教育体制的改革，以及劳动人事制度的改革尚没有配套、同步。面对现实、正视现实，学会向社会推荐自己。让我们带着发自内心的微笑与闯荡，绝不允许冷漠、悲伤；让我们怀着强烈的愿望去争取，从现在就行动，不要等到明天。

启示之二：别扮演"皇帝的女儿"

人才供需见面会，是有关单位为应届大学毕业生、研究生创造的一个求职择业的好机会。笔者实录一幕幕成功与失败的镜头，希望青年朋友们从中能得到一些启发。

两位胸前佩带中国人民大学校徽的女大学生，神态矜持，来到中外合资的北京顺美服装有限公司咨询招聘台前，张口便问："你们需要什么人才？"

公司代总经理习维很客气地问："您适合做什么工作？"

"我认为干外贸最能发挥我的才能。"回答十分自信，两位女大学生望着代总经理，似乎等待着什么。

"好，登记一下吧。"代总经理说罢，递上纸和笔，她们写下自己的姓名、学校、专业后，翩然而去。

习代总经理苦笑了一下，说："我在国外培训、学习过，国外的求职者都是很殷勤的，可到我们这儿来登记的400多名大学生大都是一副'我有知识你就得用我'的神气样儿。不少人问的是：能发挥我的长处吗？很少有人主动说：我能为企业干点什么。即使在国外，也是以愿意为企业服务，注重实干精神为前提，而不仅仅注重文凭。"

用人单位几乎普遍感到，大学生们的公民意识薄弱，自我感觉良好，以至离大众太远。北京乡镇企业局某公司的一位经理告诉笔者，我们准备招两名大学生做经理助理，希望他们能协助经理处理生产、销售等方面的问题，并没打算让他们到基层去干某一项具体工作。但是，刚才来的几位大学生都要求留在机关，言谈中让人觉得他们很"狂"，似乎他们已经是一个懂得管理的高级人才了，不屑于干一般的事。我当即就决定不要了。

正说着，一个高个头的小伙子走过来，他衣襟敞开，袖子捋在胳膊肘上，带着怀疑的口吻问："你们局有大学生吗？""不仅有大学生，还有研究生呢。"经理告诉他。"那这次招聘大学生做什么工作呢？""做经理助理。""太好了，我就想先当当经理助理。我们是五年制大学，知识面很广。"小伙子侃侃而谈自己上过的课程等等。

202

经理只给他提了一个要求，"做助理要先下基层，干一些具体事情。"这位学管理的大学生诧异了："我是搞软科学的，怎么能在基层干具体事呢？"经理待他走后说："这个大学生不拘小节，已令人不快，言谈举止中又流露出优越感和肤浅，以为当助理就是高高在上发号施令，这样的助理，工人和技术人员能认可吗？"

一些大学生、研究生这种居高临下的求职心态是怎么造成的？也许，"天之骄子"、"人才摇篮"的说法使大学生们陶醉了。在求职中，这种情绪便不由自主地流露出来了。笔者的这个分析得到不少用人单位的赞同。一位人事干部谈了他的看法："大学生们最缺乏的是协调人际关系的能力，社会活动的能力。推荐自己的过程，就是和人们相互理解、协作的过程，不是你命令人家，而是帮助人家，同时使人家也帮助你。""大千世界这么复杂，大学生们不可能一下子适应，这是自然的。但有一条必须做到，那就是理解、谅解他人，学会与人家配合。"

启示之三：敢于推荐自己

过于自信，自然是许多大学生不为用人单位欢迎的原因之一。但是，不敢大胆地介绍自己的长处，过分看重自己所学的专业，也会受到冷遇。在咨询会上，笔者看到有些学生，特别是女学生说话声音小得像蚊子声，讲了半天也没能表达清楚自己的意思。有的大学生干脆把学校印的专业介绍信递给招聘者看，还有的一听说要干点专业以外的事就憷头。比如，学计划统计的学生，表示自己不熟悉会计工作；学法律的只能给人打官司，搞不了经济合同；学机械制造的就会设计，不会工艺；学中文的觉得当秘书是专业不对口……这虽然有学校教育方面的问题，但大学生自己不想开拓自己的专业范围，就业的前景自然不会广阔。

在去年春天的一次咨询会上，一位好心的家长和老师陪着大学生东转西看，出谋划策，可用人单位大都不买账。为什么呢？

"一个大学生要靠父母、老师去推荐自己，企业还能靠他去推销产品吗？"笔者听到这话时，实在为这些大学生惋惜。在首钢公司设计院招聘处，北京建工学院的一个学生家长在为女儿登记。他也是搞设计的，和首钢的同志聊起来很在行。当招聘的同志问他女儿为什么没来时，他说："我比她懂得多，再说，她还要准备毕业设计呢。"首钢公司设计院的同志说："可是，我们要考核的是您女儿呀！"

大学生们痛恨分配时走后门、靠关系，要求竞争平等。但是，在去年的双向选择中，笔者也看到，有些大学生竟不敢去争取平等竞争的机会。清华大学是最早试行双向选择、择优上岗的分配方式的，学校允许一部分专业的学生自己去联系工作单位。找到工作单位的学生常常把这个单位当作自己的"专利"，其他同学见状往往就不去争取这个岗位了。学校毕业生分配办公室的赵燕勤同志说："推荐自己是合理的，用人单位也希望有更多、更合适的人供它选择，这时你不走出来，就等于放弃了推荐自己的机会和权利。"

启示之四：自我推荐是一门艺术

美国的一位著名人际关系问题专家戴尔·卡内基，运用心理学知识，对人类共同的心理特点进行探索和分析，他说："生活就是一连串的推销。我们推销商品、推销一项计划，我们也推销自己。推销自己是一种才华、一种艺术。当你学会推销自己，你几乎就可以推销任何有价值的东西。"并不是每个人都懂得如何推销自己，但这是可以学习的。

笔者也看到一些大学生在这方面的确很有才能。他们谦逊热情，能够把自己的知识才能恰到好处地介绍给用人单位，他们是那样质朴、自然地让用人单位欣赏他们的才华、对他们感兴趣。

国际会议中心筹建处是大学生们向往的地方，招聘咨询台被围得密密匝匝。接待处的人事干部显然忙得够呛,他们打着手势,让上前发问的大学生排队登记。一位带着北京经济学院校徽的大学生排到咨询台前,他很有礼貌地点了点头,用英语问道:"您好。可以用英文和您交谈吗?"对方愣了一下,随后也用英语问:"你是学什么的?""我是学经济贸易专业的,但也可以搞翻译,还能干文秘。"那位人事干部问道:"你还有哪些特长?""我做过学生会外联干部,可以做公关工作,您看,这是我自己打的。"说着,小伙子递上了自己的简介,中英文各一份。人事干部的眼睛亮了起来,细细地浏览一番后,说:"后天,你打电话来,我们再详谈。"笔者在这儿呆了半天时间,还没见有谁得到这个"打电话"的优待呢。

笔者还发现,许多单位都愿意要党员和学生干部,他们道出其中的原委:这样的学生一般素质较好,有组织能力,为人处事比一般大学生得体。人大分校的一个女学生党员就被三露厂相中了。她诚恳地告诉三露厂的同志自己在哪里实习过,如果三露厂对她感兴趣,可以到那里了解她的表现。她看到厂里的人又登记,又回答问题,忙不过来,就主动帮着干了点杂事,一时间,来招聘的干部都对她有了好感。

启示之五:大专生受青睐的秘诀

在成功的求职者中,还有不少是大专生。客观上讲,社会比较缺乏大专这个层次的毕业生。一些本应要本科生的单位偏偏不要大学的学士,而选中了仅念过两年大专的学生,大专生在求职时是怎样推荐自己的呢?

首钢设计院是国家甲级设计院,任务多,待遇高,不少大学生争相涉足。北京联合大学自动化工程学院是首都高校中的"第三世界",这个学校的一名大专生自报家门时,笔者预想他可能希望不大。谁知,他非常认真地问:"你们对学机械制造专业的学生有什么要求？"设计院的一位老工程师说："要能绘图，大、中专学生都要能干这个。"这位年轻人马上说："这是我拿手的，我课余就帮人家描图，三天一份，您可以当场试试我。"老工程师露出笑容，因为绘图要很熟练并非易事，这活枯燥，年轻人如此肯干，看来不是个眼高手低者。于是，老工程师又问："你搞过设计吗？""搞过4个设计，都被实习工厂看中了，在学校评为优秀。"接着，他拿出了证书和设计简况。老工程师饶有兴趣地一边看一边和他聊了起来："搞设计要下现场，有时连轴转，你行吗？"小伙子拍拍厚实的胸脯："没问题。吃点苦、受点累，我这身体还行。"老工程师笑了。这一老一少，你一言我一语"侃"了好一阵子。过后，老工程师对笔者说："这个学生的设计难度并不大，但实用。他一不问待遇，二不要求坐办公室，是个扎实肯干、有事业心的青年。我倒不在乎他是大专生，其实，他们可能比一些本科生更实干一些。"

在北京市公安局某研究所的桌前，北京海淀走读大学的一个女大专生也使该所的人事干部当场拍板："先签个意向书，再叫你们学校来和我们联系。"这个研究所是搞刑检分析研究的，从来不要女大学生。招聘干部说："工作人员需要下案件现场，尽是血淋淋的场面，姑娘家哪敢去呢。""我就敢去！"这个姑娘双眉一挑，毫不含糊："让我抬死人我都不憷。""你可别说大话，干这行没黑没白，随叫随到。""嘿，我假期打工就是给人家开车，跑起路来没点胆儿行吗？"说着，她掏出驾驶证，说："看，我还有驾驶执照呢！"人事干部这下服了，问："你的学习成绩怎么样？"几句话后就跟这位女学生签约了。他对笔者说："这姑娘的学习成绩我也看了，还可以。说真的，成绩就是差点，我们也想要。这姑娘泼辣，比有的小伙子还能干呢！"

北京市高教局一位搞分配工作的同志在和笔者讨论这一现象时，说了这样一段发人深省的话："大专生对自我的估计一般没有本科生那样高，干事比较实际。找工作时一般不太挑单位的牌子而注意自己能干什么，故常常比本科生有优势。这种优势多半是心理优势。有些本科生的心理负担相对重一些，放不下架子，因而在推荐自己时对人家缺乏理解，也往往得不到人家的理解，容易坐失良机。"

在结束本文的时候，笔者谨以此告诫那些面临求职择业的青年朋友们："别人的成功与失败之路，固然可以引为借鉴，但是，无论遇到何种情况，作出最终选择的，还是来自你个人的思考和比较。

望好自为之！

第 十 四 课

大学教授中的三代人

在中国常常可以听到"老、中、青"这种说法，指老年、中年、青年这三代人。老中青的概念比较模糊，并没有严格的界限，大概六十岁以上算"老"，四十岁至五十九岁算"中"，三十九岁以下算"青"。政府机关里有老中青干部，科技界有老中青工程师，大学里也有老中青教授。但是在大学里习惯上六十五岁以上才算老教授，这已不完全是看年龄，同时也兼顾了资历，情况有点特殊。

大学教授里的三代人，以前的经历不同，现在的生活状况也不一样。下面就分别加以介绍：

老教授大部分在解放前就开始了教书生涯，相当多的人曾在国外求学。他们见多识广，在学术上造诣很深，往往是某个领域的权威或某个学科的创始人。一九五六年高等学校教师定职评薪，一级教授的月薪为三百五十五元，以当时的物价计算，可以供给三十个人一个月的饭费，真可以说是高薪阶层了。可是三十年来物价上涨了不少，他们中间一些人的薪水并没有增加，这是一个有待解决的问题。按目前的规定，教授可以到六十五岁再退休，退休后如果工作需要，本人愿意，健康状况良好，仍然可以聘请为教授，继续工作。

中年教授大多是解放后参加工作的，他们大学毕业后，先当助教，再升任讲师、副教授、教授。由于文化大革命十年中间（1966—1976）晋升职称停止了，他们中间很多人是文化大革命结束后才晋升教授的。有人晋升很快，几年间就从助教晋升为教授，还有越级晋升的。这一代教授中的多数人在文化革命中到"五七干校"劳动过，损失了很多从事学术研究的时间。近十年来他们刻苦钻研，以弥补过去的损失，取得了可喜的成绩，成为学校的骨干力量。有些人赢得了世界声誉，成为著名的国际学者。

近几年很重视培养新生力量，在青年教师里选拔了一些优秀人才聘任为教授。其中有些是在国内外取得博士学位的，有些虽然没有博士学位但在教学和科研方面取得了优异的成绩。这批人年富力强，视野开阔，是中国学术界的希望。但一般说来，中国教授的年龄与国外相比偏高，四十岁以下得到教授职称的人并不多。

中青年教授工作负担重，可是生活条件较差。按新的工资标准，副教授的工资是一百二十二元至一百九十元，教授的工资是一百六十元至二百五十五元。他们大都要抚养子女，有的还要赡养父母，经济并不宽裕。

生　词

(1) 界限　　　　〔名〕　Grenzlinie
　　 jièxiàn　　　　　　boundary line
　　　　　　　　　　　　境目、限度

(2) 模糊　　　　〔形〕　unklar，verschwommen
　　 móhu　　　　　　　indistinct
　　　　　　　　　　　　はっきりしない

(3) 科技界　　　〔名〕　die Kreise von Wissenschaft und
　　 kējìjiè　　　　　　Technik
　　　　　　　　　　　　science and technology circles
　　　　　　　　　　　　科学技術界

(4)	资历 zīlì	〔名〕	Qualifikation und Dienstalter curriculum vitae，qualifications 資格経歴、キャリア
(5)	生涯 shēngyá	〔名〕	Laufbahn，Karriere career 一生涯
(6)	见多识广 jiàn duō shí guǎng	〔成〕	welterfahren und kenntnisreich experienced and knowledgeable 識見が広い
(7)	领域 lǐngyù	〔名〕	Gebiet，Bereich，Domäne field（of study） 分野
(8)	权威 quánwēi	〔名〕	Autorität，angesehener Fachmann authority 権威
(9)	创始人 chuàngshǐrén	〔名〕	Gründer，Begründer founder 創始者、草分け
(10)	定职 dìngzhí	〔动〕	Rang und Arbeitsgebiet festsetzen (in Wissenschaft und Technik) evaluate the title of a technical or professional post 職業の評価をする
(11)	评薪 píngxīn	〔动〕	Gehalt festsetzen evaluate the salary 給料の格付けをする

(12) 高薪阶层   hochbezahlte Schicht
gāoxīn jiēcéng   high-paidstratum
高給を取る階層

(13) 退休 〔动〕 in Rente oder Pension gehen
tuìxiū   retire
停年退職する

(14) 聘请 〔动〕 anstellen，engagieren
pìnqǐng   to invite，to hire
招聘する

(15) 助教 〔名〕 (Hochschul-) Assistent
zhùjiào   assistant（in a university or college）
助手

(16) 讲师 〔名〕 Dozent
jiǎngshī   lecturer
講師

(17) 副教授 〔名〕 ausserordentlicher Professor（Rang
fùjiàoshòu   unter dem Professor）
associate professor
助教授

(18) 晋升 〔动〕 in höheres Amt befördern
jìnshēng   to promote
昇進する

(19) 越级 〔动〕 einen Rang überspringen
yuèjí   (of personnel promotion) skip to a
grade or rank
等級を飛び越す

(20) 从事　　　　〔动〕　sich mit etwas beschäftigen
　　　cóngshì　　　　　to be engaged in，to do
　　　　　　　　　　　　従事する

(21) 弥补　　　　〔动〕　ersetzen，wettmachen，ausgleichen
　　　míbǔ　　　　　　　to make up for
　　　　　　　　　　　　（欠点や不足を）補う

(22) 骨干　　　　〔名〕　Rückgrat
　　　gǔgàn　　　　　　　mainstay；backbone
　　　　　　　　　　　　骨幹、中堅

(23) 赢得　　　　〔动〕　erringen，erlangen
　　　yíngde　　　　　　to win
　　　　　　　　　　　　勝ち取る

(24) 声誉　　　　〔名〕　Ruhm，Reputation，Ansehen
　　　shēngyù　　　　　　prestige
　　　　　　　　　　　　名声と栄誉

(25) 新生力量　　〔名〕　Nachwuchskräfte
　　　xīnshēng lìliang　　newly emerging force
　　　　　　　　　　　　新たに生じた力

(26) 选拔　　　　〔动〕　dauswahlen
　　　xuǎnbá　　　　　　to select
　　　　　　　　　　　　選抜する

(27) 聘任　　　　〔动〕　anstellen，ernennen
　　　pìnrèn　　　　　　to engage，to hire
　　　　　　　　　　　　（職務を）担当してもらうように
　　　　　　　　　　　　任命する

词 语 例 释

（1）**老中青并没有严格的界限，大概六十岁以上算"老"，四十岁至五十九岁算"中"，三十九岁以下算"青"。**

"以上"是方位词，表示高于或者前于某一点，如"十米以上"，"十年以上"。它的反义词是"以下"，"以下"表示低于或者后于某一点，如"十米以下"，"十年以下"。但"十米以上"是否包括十米呢？"十米以下"是否包括十米呢？并不明确。课文里的这段话是用上下文加以限制，使"以上"、"以下"的意义明确起来。如果没有上下文的限制，而又必须明确时，可以在括号内加以说明。例如：

① 参观本展览会，三十人以上（包括三十人），可以买团体票。

② 凡购买本书五本以上（包括五本）者，可以打八折。

（2）**老教授大部分在解放以前就开始了教书生涯。**

"生涯"是名词，意思是过着某种生活，这种生活是以某种活动或职业为特点的。例如："舞台生涯"、"体育生涯"、"革命生涯"。"生涯"比"生活"使用的范围窄。人或动物为了生存和发展所进行的各种活动都属于"生活"的范围，而"生涯"只适用于其中一小部分。

（3）**他们见多识广，在学术上造诣很深，往往是某个领域的权威或某个学科的创始人。**

"往往"是副词，表示动作、行为发生的次数多。"常常"也是这个意思，但"常常"可以用于过去或将来，"往往"只用于过去。例如：

① 他常常（往往）到这里来看我。

② 希望他今后常常来看我。

第一句既可以用"常常"又可以用"往往"。第二句则只能用"常常"，不能用"往往"。

214

（4）可是三十年来物价上涨了不少，他们中间一些人的薪水并没有增加。

"来"在这里是助词，表示从说到的时间直到目前，意思相当于"以来"。例如："这三天来"、"两年来"、"一周来"、"五个星期来"。

（5）但一般说来中国教授的年龄与国外相比偏高，四十岁以下得到教授职称的并不多。

"一般说来"意思是按通常的情况说。例如：

① 这种机器一般说来相当耐用。

② 北京的秋天一般说来气候比较凉爽。

课 外 读 物

（1）夏蔚霞《忆了一》（节录）（《王力先生纪念论文集》，商务印书馆，1990 年 7 月第一版）

（2）马雁《碧水映晚霞——访著名政治家、法学家钱端升》（《中国老年》1986 年第 10 期）

课堂讨论思考题

（1）中国老、中、青三代教授是依据什么标准划分的？

（2）请说说你们国家教授的情况。

（3）你认为教授多大年纪退休比较合适？为什么？

        *   *   *

忆 了 一 （节录）

商务印书馆李思敬先生告诉我要出一本论文集纪念王力（了

一）90 周岁诞辰，我很感动，想必了一在九泉之下也会感到欣慰的。了一一生最爱做学问，他说"翰墨生涯存至乐"，所以，写学术论文纪念他是最好的。遗憾的是我对语言学一窍不通，在和他共同生活的五十三年里，没有向他学到一点一滴。在这里，只能写下我的一些回忆，寄托自己对了一深切的思念。

......

二、翰墨生涯

婚后我们住在清华大学新南院 43 号，了一专心工作，把家中的经济大权交了给我。每月我替了一领工资后立即去邮局一笔一笔汇出，除他父母子女的生活费（我的父母已去世）外，主要是偿还债务，所剩无几，有时甚至入不敷出，生活难以维持。我问了一："你在法国时有不少译著，应够你开支的，为什么还负这许多债？"没想到他回答说："我也不知道。人家来信讨债，我就还。"后来才知道原来是他父亲在南洋开小中药铺生意不好，以了一在外留学需钱为名借债度日，天长日久，债重如山。沉重的债务负担使我夜不能眠，了一就给我讲古今中外的故事，让我忘掉烦恼，进入梦乡。了一告诉我，他刚从法国归来时为了还债，不得不继续搞翻译。两年后，他未能按期升为教授，就问系主任朱自清先生为什么，朱先生只笑了笑。他明白，原因是自己"不务正业"。于是他写成《中国文法学初探》一文，一年后升为教授。此事给他教训很深，要开源，但不能再搞翻译了。1936 年他又被聘为燕京大学中文系兼任教授，《中国音韵学》也是那时写的。我的"国语"说得不好，他特地为我写了一本《江浙人学习国语法》。我学了这本书进步很快，了一很高兴。我想也许我是他推广普通话的第一个实践者吧。

七七事变后，我们与潘光旦先生、沈履先生等一起轻装南下，到长沙清华临时分校。在长沙，我们和李辑祥一家、陈福田夫妇、蔡方荫先生、赵友民夫妇、顾毓琇先生等合住一个小院，合请了一个厨子做饭。蔡方荫先生是土木专家，由他设计在天井里挖一个防空壕，警报一响大家就钻进去，省得远躲。那时，了一教课回来几乎无书可读，便在街上买些小说，如《红楼梦》，《儿女英雄传》等回来看。我以为他看小说是消遣消遣，很久以后我才知道，原来他是在研究《红楼梦》，他从中发现了许多从未注意过的语法现象，并且开始写一部语法著作，这就是1938年秋在西南联大写成的中国文法研究课的讲义。后经闻一多先生建议，分成深浅两部出版，即《中国现代语法》和《中国语法理论》这两部颇有创见、影响深远的著作。

1940年，我怀了第一个孩子。为避敌机空袭，我们搬到昆明远郊龙泉镇的龙头村，租农民养猪的房子，简单修补刷白以后居住。房子既小又陋，楼梯摇摇晃晃，土墙上有条大裂缝，我们日夜担心房子会塌下来。了一每周步行二十多里到西南联大去上课，回家时捎些生活必需品回来。没有煤油，了一每天在菜油灯下备课、写稿。《中国现代语法》等书就是这样写成的。了一走远路费鞋，我就在油灯下为他一针一线地纳底子做布鞋。记得我还曾做过一双送给朱自清先生。

了一在上海商务印书馆出版的几本书，每隔一段时间寄来一次稿费，由我到市里邮局去取。有一次领到的稿费竟连回家的路费都不够！一天，了一正在写作，我在一旁问："这篇稿子多少字？"他听了非常生气，说："你眼睛里只有钱！"我知道伤了他的自尊心，从此我再也不和他提起字数的事。孩子出世以后，生活更拮据了。他每星期写一篇小品文在报刊上发表，换取几文钱贴补家用。或许不单为了卖钱，而是想换换口味，跑到粥少僧多的文学界去争取一杯羹吧！他的小品文很有滋味，笔调细致，生动有趣，讽刺巧妙，切中时弊。茶余饭后读读他的小品，不仅是一种享受，

217

而且能增长知识。所以他的小品很受欢迎。了一说过，他年青时曾想当文学家，后来觉得自己没有写小说的灵感和天赋，还是老老实实地研究语言学为好。

解放后，了一学习了马克思列宁主义。他说，辩证唯物主义和历史唯物主义的思想方法论对他的研究工作很有帮助。五十年代，他在系统研究语音、语法、词汇三方面的发展史的基础上，写成了《汉语史稿》。

六十年代初，国家处于经济困难时期。许多人因营养缺乏得了浮肿病，我也传染上了猩红热。了一把国家照顾高级知识分子的一点点副食补助全部省了给我和孩子。自己在半饥饿状态下每天仍坚持工作十个小时以上，早上八时准时工作，晚上十一时停笔，孜孜不倦地撰写《中国语言学史》、《诗词格律》，并主编了《古代汉语》教材。

在"文化大革命"的日子里，了一被打成"反动学术权威"，书被查封，稿被抄走，工作权利被剥夺，他极端苦闷。挨斗、劳动回来，他常常问我："我怎样才能改造得好，才能为人民服务呢？"我同情他，安慰他："不要难过，问题总有一天能搞清楚的。"后来日子逐渐好过一些，书架也"解冻"了，了一就偷偷地写起稿来。后来出版的《诗经韵读》、《楚辞韵读》和《同源字典》就是这样开始写的。其实，他还关在"劳改所"时，就已构思、打腹稿了。1978 年（"文革"结束后第三年）《同源字典》写成，了一非常高兴，特赋七律诗一首："望八衰翁老蠹鱼，砚田辛苦事耕锄。畲箕王屋曾平险，风雨兰陵自著书。说解撰成思叔重，凡将写出念相如。漫嘲敝帚千金享，四载功成乐有余。"

了一，你知道吗？在你离开我们的第三天——1986 年北京大学校庆日，《同源字典》荣获校科学研究一等奖；1988 年，你主编的《古代汉语》荣获全国高等学校教材评比特等奖。你该笑慰了！

三、教学生涯

　　了一在清华国学研究院读书时，很爱听赵元任先生的中国音韵学课，从此走上了研究语言学的道路。《中国古文法》是了一的研究生论文，导师是梁启超、赵元任两位先生。梁先生在论文封面上写的总批是："精思妙悟，为斯学辟一新途径"，文中还有"卓越千古，推倒一时"的评语。与此相反，赵先生是专挑毛病，最严厉的批评是"言有易、言无难"。这六个字后来成了了一的座右铭。了一切身体会到了教师对学生的影响是深远的，甚至一生受用不尽。因此他教书特别认真，在语言学教学的园地里辛勤耕耘了一生，现在已硕果累累、桃李满天下了。

　　记得三十年代了一在清华教书时，每周课时并不很多，但他一天到晚伏案备课，每次讲课回家，嗓子总是哑的，我很心疼。一次，我特意走过他的教室，听见他在高声讲课，我想一定有满满一教室的学生。我踮起脚向窗内看，不觉大为吃惊！总共才只有三个人！他却绘声绘色地边讲边写黑板。回家后我劝他："才三个学生，何必那么认真！"他这样回答："教师讲课有精神，学生才会聚精会神地听课记笔记。"

　　1937年芦沟桥事变后，北京西苑机场被炸，清华告急，学校让教职员疏散，我们搬到城里朱光潜教授家。当时了一在燕京大学讲授暑期课，燕京大学还没停课，了一不顾路上随时可能出现危险，坚持坐人力车去上课，尽职尽责，直到课程结束。

　　了一的学生，现中山大学教授吴宏聪，曾向我讲起在西南联大时的一桩小事。他说："一次，我上课迟到了，轻轻地走进教室坐下。'站起来！'王先生命令我，'为什么迟到？'我低着头，说：'上课的教室换了，一时没找到。''下次早些来！'我真没想到先生对我会这么严厉，因为平时先生对我很好，还常约我给他主办的刊物写文章，并夸我文章写得好。"

抗战胜利后，了一应聘任中山大学文学院院长。他满腔热情地创办语言学系和文学研究所，每天办公非常忙碌，甚至每天上班前还要先去看看院内的厕所打扫干净没有。当时时局很乱，进步学生常常被捕，了一四处奔走营救，救出的学生有的暂住我们家。后来了一因此受到牵连，还因抵制某人挥霍公款谋私利而遭到威胁恐吓。为了避免发生事端，我们被迫到香港去躲避一段日子。后来，了一到岭南大学，这时有些教授对解放有顾虑，举家迁往美国、香港，了一对我说："我们哪儿也不去，留在广州等解放。"

1949年秋，我们以万分高兴的心情迎来了广州解放。解放后没几天，广州市军管会领导之一的朱光同志就会见了了一。原来朱光是二十年代了一的学生朱光琛。师生重逢乐融融，了一连夜赋诗"赠朱光"，抒发师生情谊和希望祖国昌盛的情感。

1954年暑假，了一在北京开会期间来信和我商量调往北京大学一事。这件事非常突然，我没有任何思想准备。当时我怀着七个月的身孕，身体又不好，大孩子要考高中，老二考初中，七口之家须在一个月以内搬到北京，困难之大可想而知。凭我多年经验知道，了一的所谓"商量"只是形式上表示对我尊重，其实他自己早已下定决心。忙乱劳累了一个月以后，准备就绪，了一从北京回来接我们了。临行的那天中午，了一从城里参加广州市委为他饯行的宴会回来，两眼直愣愣的，几十个来送行的人，他一个也没看见。我明白他醉了。我又急又气，本来与亲友离别已使我难过，这时忍不住哭了！直到北上的火车进入湖南省，他才醒来，后悔喝多了。我埋怨他，心里又原谅他：人生能有几回醉！广州的深情厚意，北京的热望重托，使他太兴奋了，怎能不醉！到京的第三天，我们的行李还没打开，全家还暂住在招待所，他却已踏上北京大学的讲台，开讲"汉语史"新课了。

平时除讲课、写稿外，了一还要答复不少信件，会见客人。凡

220

登门来访的，他有求必应；来信来函，他都亲自过目。北京有一个工人，业余爱好语言学，常常到家里来求教，了一总是循循善诱地向他讲解，连续几年从不厌烦。他不止一次用赞扬的口吻说："这个人并不聪明，但很用功，我愿意教他。"这种事有过许多。

......

六、壮心不已

黑暗总有尽头。1976年"四人帮"被粉碎了！了一万万没想到他"文革"中写的书又可以出版了。他以从未有过的兴奋心情对我说："我想把我所知道的全部写下来留给后人！"

1977年初，他的体重突然减了20斤，裤腰小了4寸，健康情况不好。他感叹道："艰难黄卷业，寂寞白头人。惆怅桑榆晚，蹉跎惜此身。"他觉得时间不多了，更加珍惜光阴，分秒必争地著述，还招了5名研究生。

经多方治疗，1978年他恢复了健康。这年夏天，他登上了长城，对前途又充满了信心。参加五届政协一次会议回来，他写了一首诗抒怀言志："四害横行受折磨，暮年伏枥意如何？心红不怕朱颜改，志壮何妨白发多！明月九天狂李白，铁弓七札老廉颇。相期报国争朝夕，高举红旗唱凯歌。"

1980年，在我们结婚45周年之际，了一书写了一首诗赠给我："甜甜苦苦两人尝，四十五年情意长。七省奔波逃狴犴，一灯如豆伴凄凉。红羊溅汝鲛绡泪，白药医吾铁杖伤。今日桑榆晚景好，共祈百年老鸳鸯！"这首诗使我很高兴，不仅因为它表达了我们夫妻的深情厚爱，更因为从诗中我看到了一的乐观心情。

同年8月26日是了一八十大寿。首都语言学界8月20日在政协礼堂欢聚一堂，举行由叶圣陶、胡愈之、吕叔湘、叶籁士、周有光、倪海曙、季羡林、岑麒祥、周祖谟等先生发起的"庆祝王力先生学术活动五十周年座谈会"。了一感到当之有愧，心情非常激动。他在答谢词中说："自愧庸材无寸功，不图垂老受尊荣，感恩泥首谢群公。"此后，他订了一个宏伟的写作规划，"还将余勇写千篇"！

12月底，他应香港大学和香港中国语文学会的邀请，赴香港讲学。我给他穿上压在箱底二十多年的西装（他多年不肯做新衣服，有一次，他把蓝色中山装前襟磨破的地方用蓝墨水涂了涂，去会见中央领导人），他神采奕奕，全然不像80岁高龄的老人！在香港讲课之余，他还到各处游玩，日程安排得满满的，但他似乎不觉疲劳。香港之行使他增加了对生活的兴趣，工作劲头更足了。

1981年10月，了一又应日中学院院长藤堂明保先生之邀赴日讲学。在日本访问期间，他看到国外对他的著作十分重视，对他十分尊敬，非常感动。他说，他没想到东京大学藏有他的《中国音韵学》1938年第一版，没想到他的《中国文法学初探》1940年出版，第二年就译成了日文。他认为我们对自己祖国的语言更须加倍努力研究，否则也会"出口转内销"的。为了祖国的荣誉，他日夜奋力工作。我理解他，尽量不去打搅他。每逢吃饭时间，总要三番五次地催促，他才肯放下笔。

年纪不饶人，了一的体力和精力都渐渐不如以前了。1985年初，他因十二指肠溃疡住了18天医院，这是他生平第一次住院。痊愈后，我尽量给他补充营养，劝他多休息。1985年8月的一天，他步行去北大临湖轩开会，忽然两腿发软摔倒在地。经医院检查说是脑动脉硬化，给他开些药物，要他多活动。这时他的最后一本著作《古汉语字典》只完成了不到三分之一。他已意识到自己不可能完成这120万字的巨著了，就把唐作藩、郭锡良、曹先擢、何九盈、蒋绍愚、张双棣几位请来商量，希望他们分写。他们各自尽管都有许多工作，仍答应了。了一感到欣慰。

了一很感谢山东教育出版社为他出了《王力文集》，在他 85 岁大寿时，他宣布捐献该文集的全部稿费，作为语言学奖金。

1985 年 10 月，他出席在北京香山饭店召开的"汉语教学国际会议"，并作了简短发言。头天晚上，他失眠了，这是他生平第一次失眠。此后，他身体越来越弱，每逢看病，医生都说是脑血管硬化。我劝他不要写大部头书了，写些小文章或写写自传，他摇摇头，他的眼睛也越来越坏，子女们给他从国内外买了各种放大镜十来个，他都嫌放大倍数不够。无论如何疲乏，他仍每天坚持工作，左手拿着放大镜，右手握着毛笔，鼻子几乎贴在桌面上，写呀写，每天至少写三五百字！

1986 年 3 月，他对我说："我眼睛实在看不清楚，身体实在疲乏，今后怎么办？"我只好安慰他："好好休息，身体好些再写。"

3 月 22 日，全国政协开会，他执意参加。谁知第三天他就发烧住院了。医生先是说他上呼吸道感染，我以为他住院后可以彻底检查治疗，过些天就会好的。万万没想到，他得了急性单粒细胞白血病，一去不复返了！他走得那么快，那么突然！我悲痛万分！

每当我走过他昔日的书房，总想看一看他的背影，总觉得他仿佛仍伏在陪伴了他几十年的书桌上，依然一笔一划认真写着、写着。听到我走近，他依然回过头来笑眯眯亲切地问："有什么事吗？"……我擦擦眼睛，是幻觉吗？不！亲爱的了一，你永远活着，永远活在我心里，活在子孙后代的心里。

碧水映晚霞

——访著名政治学家、法学家钱端升

从这间简朴的书房，就能看到主人的性格。没有任何华丽的陈设，几个简易的书柜靠墙排开，里面装满了各种中外文书籍。这些微微泛黄的书亲亲密密地挤在一起，已伴随主人度过了几十个春秋。一张老式的大写字台静静地摆在窗前，窗台上几盆万年青含翠欲滴。

在这里，我与钱端升老人开始了漫谈。

提起青年时代的生活，老人脸上显出无比留恋之情。

一九一九年，年仅十九岁的钱端升远渡重洋赴美留学。五年后，他获得了哈佛大学授予的政治学博士学位。祖国的命运紧紧地牵动着他的心，他怀着一颗强烈的爱国之心，回到了祖国。

当时的中国，处于军阀割据的战乱之中。一些帝国主义国家做着瓜分中国的美梦，中国的不少领土沦为租界。钱端升在清华大学讲课时，把研究和教学与中国现实的政治紧密地结合起来。他针对上海租界和美国对华政策等问题，发表了数篇文章，主张外国归还一切租界，废除治外法权。他还提出建立中国自己的行政系统的主张和观点。这位为人正直、充满激情的青年，以他的学识、才干得到了人们的敬佩。

一九三四年，国民党政府加剧了对进步文化的围剿，天津《益世报》主编罗隆基，因抨击时政遭到通缉而离职他去。不久，钱端升受聘担任了《益世报》主编。基于爱国之情，他经常组织一些抗议日寇侵略行径、揭露国民党政府内幕丑闻的稿件。这些文章使国民党政府感到又难堪、又恼火，多亏钱端升有位朋友一直暗中保护他。当时报馆在意租界，钱端升住在法租界，每天去报馆都要经过日租界。他在报馆常常要工作到深夜才离去，同事们纷纷为他的安全而担忧，他坦然地笑笑，依旧坚持下去。国民党北平军事部要员黄郛南下之日，钱端升发表了题为《送黄郛南行》的文章。名曰送行，实则讽刺黄郛在北方不受欢迎。黄郛看到此文，极为气恼，跑到蒋介石那里去告状，要求《益世报》停刊。国民党政府立即对报馆施加压力。刚刚工作了几个月的钱端升，就被迫辞职了。但是，他那种不畏风险、坚持正义的精神，在同事中产生了很大的影响。

三十年代，钱端升出版了许多著作，在学术研究上取得了重要的成就，引起国内外学术界的重视。他最重要的著作是由他主编的《民国政制史》。至今，该书仍是研究辛亥革命后至一九四八年中国政治制度史的很有价值的著作。

我望着眼前这位老者，心中不禁肃然起敬。

"听说，当时美国学府一再用高薪聘请您在美任教？"我问道。

钱老点了点头。他知道祖国更需要他。

新中国成立后，他把自己的全部心血灌注到研究工作中。他曾作为第一届全国人民代表大会宪法起草委员会顾问，参加了新中国第一部宪法的起草工作。他还曾从事外交工作，在一些外事部门任职，以渊博的学识、流利的英语和出色的组织能力受到国家领导人和外宾的赞誉。

他的学术生涯又是如此的坎坷，五十年代初，中国的政治学研究因某种原因中断了。一九五七年，他被错划为右派，被迫离开了讲坛。

但是，无论经历多少风雨，无论经历怎样的波折，他都未改初衷，依然孜孜不倦地探索、开拓。他把一片深情倾注在这片土地上。这就是一位中国的高级知识分子真挚、赤诚的心！

光阴似箭，人世沧桑。钱端升先生已到了耄耋之年。年事已高的钱老，依然为国家为社会做着大量的工作。他担任着人大常委会法律委员会副主任、中国政治学会名誉会长、中国法学会副会长等职，还应聘担任外交学院教授，指导外国政治制度专业的研究生。

在家里，他既是慈祥的长辈，又是严厉的教师。孙子对政治学有着浓厚的兴趣，几年来一直坚持自学。但因高考落选，曾一度灰心丧气，想放弃学习，干点轻松的事情。钱老得知他的思想波动，严肃地对他说，一个人的志向、爱好是可以选择的，但是，不论做什么事情，都不能知难而退，朝三暮四。缺乏自信力的人，是不会获得成功的。这是钱老的治学态度，也是对晚辈的期望。如今他的这位孙子已成为政治学专业的大学生。钱老也正是通过与晚辈交流思想，借以理解当代的青年。他一生研究政治，研究法律，也在研究社会，研究人。

鉴于我国政治学研究曾中断几十年这一特殊情况，我询问了一下钱老对于目前政治学研究的看法。钱老认为，政治学的研究与教学都应提倡首创精神，采取一些新的方法，使政治学能够满足在新的历史阶段所提出的要求。

说话间，邮递员送来了当天的报纸和信件。钱老笑着说："现在眼睛不好用了，用放大镜看报也费力气。"

我不忍过多地打扰，起身与钱老告辞。晚霞在天际燃烧，映红了他的脸庞。

第 十 五 课

来自安徽的小保姆

安徽省有两个县：一个叫和县，一个叫无为县。近六七年来，这两个县的农村姑娘大批涌入北京做家庭保姆，总数有五六万之多。北京人称她们"安徽小保姆"。

和县和无为县人口多土地少，农村实行承包以后，剩余了大量劳动力，再加上这里原来就有外出谋生的习惯，所以形成这股小保姆的人流。她们到北京后通过三条途径寻找工作：有的通过在北京做保姆的亲戚或邻居介绍；有的通过家务劳动服务公司介绍，保姆和雇主签定合同；有的到保姆市场亲自和雇主洽谈。保姆的工作有两种类型：有的固定在一家，吃住都在主人家，每月还有工资七十元左右。这样的雇主多半有婴儿或生病的老人，要人整

227

天照料。有的在几家轮流干活儿．叫"做钟点"。如果每天在一家干两小时，有五家就可以干十小时。以每小时九毛钱计算，一个月可以得到二百二十元。这些保姆都是四五个人合租一间住房，每人每月大约付三十块钱的房租，自己做饭每月花八十元左右，还可以有一百四十元的结余。

安徽小保姆的年龄，小的才十六七岁，大的二十六七岁，多半没结婚。她们来北京的一个重要目的是挣一点钱准备结婚，顺便到北京开开眼界。安徽农村还有重男轻女的陋习，女孩子失学的多，来北京的保姆一般只有小学文化水平。她们在北京耳闻目睹各种新鲜事物，倒真能长不少知识。她们回到农村，把城市的文明习惯也带了回去，对农村的发展会有些好处。但有的保姆回到农村，再也不能适应农村的劳动和生活，又造成不少问题。

北京的双职工很多，他们迫切需要人帮助干家务，安徽小保姆解决了他们的困难。一个双职工家庭每月可以收入四五百元，花五六十元请个帮手，不算一笔太大的开支。有的人家和保姆相处很融洽，建立了朋友般的关系，双方都很愉快。不可想象，一旦安徽小保姆都回家不干了，请惯了保姆的北京人将怎样过活。

生　　词

(1) 安徽　　　　〔名〕　Anhui（Provinzname）
　　 Ānhuī　　　　　　　Anhui（name of a province）
　　　　　　　　　　　　安徽（地名）

(2) 承包　　　　〔名〕〔动〕　sich vertraglich verpflichten zu
　　 chéngbāo　　　　　　contract（system）
　　　　　　　　　　　　請け負う

(3) 剩余　　　　〔形〕　ubrig bleiben
　　 shèngyú　　　　　　to leave over
　　　　　　　　　　　　余剰の

(4) 谋生　　　　〔动〕　sich seinen Lebensunterhalt verdie-
　　 móushēng　　　　　nen
　　　　　　　　　　　　to make a living
　　　　　　　　　　　　生計の道をはかる

(5) 途径　　　　〔名〕　Mittel und Wege；Weise
　　 tújìng　　　　　　ways and means
　　　　　　　　　　　　道、方途

(6) 签订　　　　〔动〕　abschliessen，unterzeichnen（Vertrag）
　　 qiāndìng　　　　　to conclude and sign（an agreement，
　　　　　　　　　　　　etc.）
　　　　　　　　　　　　調印、署名する

(7) 合同　　　　〔名〕　Vertrag
　　 hétong　　　　　　contract
　　　　　　　　　　　　契約（書）

(8) 雇主　　　　　〔名〕　　Arbeitgeber
　　gùzhǔ　　　　　　　　　employer
　　　　　　　　　　　　　　雇い主

(9) 洽谈　　　　　〔动〕　　sich durch Verhandlung einigen
　　qiàtán　　　　　　　　　to arrange by discussion
　　　　　　　　　　　　　　（直接に）交渉する

(10) 类型　　　　　〔名〕　　Typ
　　lèixíng　　　　　　　　　type
　　　　　　　　　　　　　　タイプ、類型

(11) 照料　　　　　〔动〕　　betreuen, sorgen für
　　zhàoliào　　　　　　　　to take care of
　　　　　　　　　　　　　　面倒をみる

(12) 轮流　　　　　〔动〕　　abwechselnd, der Reihe nach
　　lúnliú　　　　　　　　　to take turns
　　　　　　　　　　　　　　順番に……する

(13) 房租　　　　　〔名〕　　Wohnungsmiete
　　fángzū　　　　　　　　　rent（for a house）
　　　　　　　　　　　　　　家賃

(14) 结余　　　　　〔名〕　　(Kassen-) Überschuss
　　jiéyú　　　　　　　　　surplus
　　　　　　　　　　　　　　清算しての残り分

(15) 顺便　　　　　〔副〕　　nebenbei, bei der Gelegenheit
　　shùnbiàn　　　　　　　　in passing
　　　　　　　　　　　　　　ついでに

(16) 眼界　　　　　〔名〕　　Gesichtsfeld, Horizont
　　yǎnjiè　　　　　　　　　field or vision, horizon
　　　　　　　　　　　　　　視野

(17)	陋习	〔名〕	schlechte Angewohnheit
	lòuxí		bad habits
			古いしきたり
(18)	耳闻目睹	〔成〕	selbst erfahren；was man selbst sieht
	ěr wén mù dǔ		und hört
			what one sees and hears
			見聞する
(19)	帮手	〔名〕	Gehilfe，Helfer
	bāngshou		helper
			お手伝い
(20)	融洽	〔形〕	harmonisch，einträchtig
	róngqià		on friendly terms
			（感情的に）うちとけている

词 语 例 释

（1）她们来北京的一个重要目的是挣一点钱准备结婚，顺便到北京开开眼界。

"顺便"是副词，表示趁着做某一件事的方便，去做另一件事。例如：

① 我今天到学校上课，顺便在图书馆借了几本书。

② 我顺便来看看您，没有重要的事。

（2）她们在北京耳闻目睹各种新鲜事物，倒真能长不少知识。

"倒"是副词，有许多不完全相同的意思和用法，这里的"倒"只起舒缓语气的作用。如果去掉，语气就显得硬一些。例如：

① 咱俩一块儿去，这倒不错。

231

② 你说白葡萄酒比红葡萄酒好，那倒不一定。

（3）但有的保姆回到农村，再也不能适应农村的劳动和生活，又造成不少问题。

"再"是副词，它的意义和用法很多，在这里和"也"连用，后面跟着一个否定词"不"，表示动作不重复或不继续下去。例如：

① 你再也不要劝她了，她根本不听你的。

② 我再也不想跟他好了，他这人太小气。

③ 他给咱们这么点钱，再也不干了！

（4）不可想象，一旦安徽小保姆都回家不干了，请惯了保姆的北京人将怎样过活。

"一旦"是副词，意思是"有一天"。例如：

① 一旦发生事故，保险公司就会赔偿您的损失。

② 他一旦中学毕业就离开这个家庭。

课 外 读 物

（1）杜卫东《都市里的保姆世界》节录（《新观察》1987年第7、8、9期）

（2）费孝通《一项新的事业》（《中国妇女》1984年第5期）

课堂讨论思考题

（1）为什么安徽有那么多农村姑娘到北京来做保姆？

（2）请根据课外读物的介绍，说说北京的保姆市场。

（3）你们国家有家庭保姆吗？她们的工作、生活情况如何？

*　　　*　　　*

都市里的保姆世界（节录）

第一章：保姆市场

北京建国门南大街 2 号原是个门庭冷落的地方。一则短讯，使这里成了北京最热闹的处所之一。然而，人们大都高兴而来，快快而去。家务服务公司手续齐全，有地方政府的介绍信，有身体健康证明书，双方签定劳务合同，用这样的保姆固然放心，但是，却很难雇成。北京师范大学一位年轻妇女怀孕时就在家务服务公司登记交款，孩子出生快半年了，仍未有小保姆"光临"；原因是小保姆不愿意到家务服务公司登记。"公司要我出证明，要签合同，还要交五元钱，手续真多。我们从外地来的人，10 个有 9 个没有证明。公司把我们分到谁家后，如果和这家合不来，不干还不行。而且公司的工资低，只有 30 元，我自己找的户，每月 35 元。"

于是，自发的保姆劳务市场便在北京街头出现了。

夜幕垂下的时候

建外的保姆市场，数上午 10 点多钟到下午四五点钟最为热闹。这时候，多是急着用人的雇主和待价而沽的小保姆，以安徽的居多，依次为浙江、河北、河南、湖北、四川、东北等地。太阳一落山，未雇上保姆的年轻父母们大都"向后转"了，初来乍到的小保姆不是找到了主家，便是各自找地方投宿了。这时候，便有一些居心叵测的男女，混迹于保姆市场。

太阳西下，一天的功夫又白搭了，刘军心里急得冒火，他只能支付 30 元工资，又是看刚刚出生的婴儿，所以转悠了两天一个也没有谈成。眼看自己即将出国学习，妻子再过两个月就要生产，唉！这时，他见一个提包的外地姑娘从远处走来，便决定再做一

233

次"冲刺"。没想到，他把自己的窘迫处境一说，姑娘欣然应允。刘军高高兴兴地把姑娘领到家里。爱人挺着大肚子给姑娘做了一碗鸡蛋挂面；尔后，又带着她到附近的浴池痛痛快快洗了一个澡，水足饭饱、洗浴已毕的姑娘穿着女主人刚送给她的棒针毛衣，坐在沙发上一边嗑着瓜子，一边看起了春节联欢会展播，不时发出一阵阵会心的笑声……

第二天一早儿，刘军买来油条豆浆，然后叫妻子轻轻叩击姑娘的房门，敲了好几下，里面没有一丝动静。推开门一看，空无一人，只有一张纸条随风飘落在地上：

"谢谢你们的热情招带（待）。我走了！"……

小李和小何是哈尔滨郊区的两位姑娘，一个十八、一个十九。两人同村、同学。这一天傍晚，小何因和主人发生争执，"挑工"不干了，找到在附近帮工的小李，两个人一起来到了建外保姆市场，想结伴再找个事儿干。

走到建国门立交桥下，一个身穿军大衣的姑娘从后面赶上来，一拍她们的肩头："嘿，你们哪的？"

"黑龙江！"小李回答。

"找着事了吗？"对方又问。

"有事干，又辞了。"听她的口气，像是一个圈子里边的人，于是小李反问了一句："你是什么地方的。"

"安徽的！我姓陶。你们就叫我小陶吧！"

在小保姆中间，小陶是有一定"知名度"的。据说她长得漂亮，为人热情，初中没毕业就跑出来了，先后在合肥、上海、天津等地呆过，最后"定居"北京。用她的话说："我的户口是'通用'的，想在哪呆就在哪呆，谁也管不了！'联合国'要是雇保姆，我还想到那去开开洋荤呢！"她没有什么正经事干，可是兜里边钱不少，出手很大方。常常出入保姆市场，帮新来乍到的小保姆们搭搭桥，牵牵线。小李、小何举目一看，果然不同凡响：看她的举止、说话、穿着打扮，全然没有一点小保姆的土气劲儿。

在保姆市场转了一会，没有合适的活可做。眼瞅着一帮不三不四的人贼眉鼠眼地盯着她们不放，小何拉小李的衣襟，低声说："走吧！"

小陶走过来了，关切地问："你们今天晚上住哪？"

小李说："还回我帮工的人家里去住。"

"咳，你们都'挑工'了，还回去住有什么意思。这样吧，今天晚上我带你们找地方去住，明天我给你们找事儿干！"

她们跟着小陶上了汽车，下车以后七拐八拐来到了一个冷静荒芜的院子里。东屋的灯还开着，昏黄暗淡。小陶领她们进了屋。只见屋里有一个30多岁的男人正一个人闷头喝酒，见小陶回来了，舌头打着卷地招呼道："你，回……回来啦！"

小陶"嗯"了一声，放下挎包，随手把屋子中间用床单做成的布帘拉上，懒洋洋地倒在床上。

"他们家有女的吗？"小何不安地小声问。

"有。10点钟才下班。"小陶回答。

"你每天都住这儿？"

小陶点了一下头。

小何不便再问了。墙上的挂钟敲了12下，喝多了酒的那个男人已经倒在沙发上发出了不规则的鼾声，依旧没有人回来。她和小李合衣在床上挤了一宿，第二天刚一透亮，就悄悄地走了……

长镜头（一）：保姆群体的成因及问题

北京的保姆，犹如发了酵的面团，在短短几年内，一下子从几千人膨胀到四五万人。一个春雨霏霏的上午，我叩开了北京市妇联的办公室，想了解一下保姆群体的成因及状况。接待我的赵桔是北京经济学院85级毕业生，干练洒脱，思维敏捷，北京市三八服务公司就是她一手折腾起来的。

"保姆群体的成因可以从两个方面考查，"赵桔递给我一杯香

235

茗，然后侃侃而谈："首先，保姆作为一个群体，是城市社会经济发展的产物。人们对闲暇时间的需求、摆脱家务劳动的愿望以及大部分家庭具有了支付家庭劳务的经济能力使保姆群体的构成有了现实可能性，家务劳动社会化程度较低，传统的大家庭被小家庭取代等因素，决定了保姆群体的规模。另一方面，农村社会经济发展为保姆群体形成了外部条件。比如安徽无为县赫店乡，全乡总耕地面积 12000 亩，总人口 14000 人，人均耕地不到一亩，而一个劳动力在正常年景耕种十亩地是不成问题的。农村深入改革，解放了生产力，多余的劳动力就为保姆群体提供了充足的劳动力资源，仅赫店乡就有 750 人到北京做保姆。家务劳动具有劳动条件好，强度小，经济效益好的显著特点，对农村妇女有较强的吸引力。"

"这么说，她们进城做保姆，主要是在家没事干了？"

"可以这样说。当然，就每个人来说，出来的动机又不一样。有的是为了攒点嫁妆；有的是为了开开眼界，见见世面；也有一部分人是因为和家里闹了矛盾或是逃婚出来的。"

我讲了保姆市场的见闻，颇表忧虑。

赵桔告诉我，涌入都市的小保姆有两种情况，一种是通过组织介绍来的，有家乡证明和体格检查表，进京之前，当地政府拨出专款，由妇联组织她们进行短期培训，进行业务指导和职业道德教育，工作由北京市三八家务总公司进行安排。用户、保姆之间签有正式合同；1983 年以来，公司派出小保姆大约 16000 人，每年进行一次评比，由用户推荐，公司考查，评选出优秀家庭服务员，喜报寄回保姆所在地；作为小保姆优先招工的条件之一。这一部分小保姆不但用户用着放心，本身的合法权益也有保障。另一部分则是自发来京和私人"滚雪球"似地介绍来的，这些人在北京长期居住而不申报临时户口，所持证明或介绍信也是相互借用的，与用户之间采取的只是个人契约形式，双方利益均无保障，保姆市场上的成员主要是她们；其中，也有一部分是公司派出的小保姆在和用户解除了劳务合同后自行涌入的。这部分人要价高，流动性很大，因为不受约束，问题出的比较多，一些居心不良的人也往往打她们的主意。

"那为什么不采取一些措施呢？"我问。

"曾经取缔过。然而，保姆和她们的雇主驱而不散。"赵桔双手一摊，"把这些人管起来，是改变目前保姆群体混乱状况的当务之急。可是三八服务公司编制少，资金不足，真是心有余而力不足！"

我喝了一口茶，感到一股淡淡的苦涩……

第二章　主"仆"之间

如果说，保姆入户以前，用户与保姆之间的交往犹如雾里看花，那么，一旦把小保姆请到家里，时空的缩短仍旧难以很快消除彼此心理上的距离。昨天还是擦肩而过的陌生人，今天突然成了你的"家里人"，不免引起多多少少的骚动。这是心灵与心灵敞开与适应的艰难过程。

刚刚为请到小保姆而长舒了一口气的年轻父母们，往往要面临新的不安。

"你看不起我，咱就 Bye！Bye！"

"确实，如今的小保姆可了不得了。过去呢，是保姆看主人的脸色，悄悄地走路，轻轻地喘气。现在可倒好，主人得看保姆脸色，一不小心，没准就给您点脸色看！"

在这家工厂召开的座谈会上，一个年轻的母亲的发言立即引起了众多的响应，她说："可不是吗？我们家那位小保姆，愣指使我干活。"她模仿着小保姆的神态和腔调："'你把地扫扫，没瞅俺抱着孩子吗？''你把奶瓶给洗干净了，没见小贝贝在嘬手指头吗？'嗨！我俩到底谁是保姆？"

"我们家那位更可以！居然敢打孩子。"接话碴的是一个嗓门尖尖的天车工。"我们那口子，哥仨只有他的孩子是个男孩！五岁了，当爹妈的从来没有碰过一指头，可倒好，小保姆来了不到俩月，给打哭了两次，告孩子骂她！孩子不懂事，骂两句怎么啦？怎么能跟孩子较真呢！你还不能嗤儿她。稍微慢待她一点没准就给你'挑工'！"

年轻父母们的指斥并非没有道理。笔者在采写中了解到，现在的保姆，一个极显著的特点就是调换工作的速度快。一个小保姆在一家能干上三五个月就算不错，能干上一年的极属少见。有家用户，一个月之内像"走马灯"似的换了 11 个保姆，最长的一个干了 5 天。

保姆"挑工"的起因有些极为简单：

——"给小京京吃半个西红柿就成了，他小，吃多了消化不了！……唉，我说你怎么不听啊，还给她吃！……你聋了！""人家说，半岁的小孩可以吃一个西红柿，西屋的小杜鹃一顿就吃一个西红柿！""孩子是你的还是我的，咱们俩谁说了算！"

委屈的面容。眼眶中的泪花。回到房间去收拾东西的身影。

——"你们安徽人爱吃米饭吧！糙米维生素含量多，有营养，大姐昨天有意多做了一点，给你留的。""我习惯吃面食！"小保姆把一碗热气腾腾的饺子拢到自己面前，"糙米维生素含量多，有营养，呆会给媛媛吃吧！"

女主人愕然的神态。小保姆旁若无人的吃着饺子。饭毕，她把碗一推："算工钱吧！我有肝炎，别把你们家'千金'传染上！"

——"小陈，老爷子又屙了！"负责照顾病人的小保姆陈丽忙为老人擦洗干净身子，把脏衣服换下来。她打开洗衣机，刚要把脏衣服扔进去，男主人发话了："唉，洗衣机坏了，不能用！"陈丽只好找来大盆，在院子里搓洗起来。肥皂没有了，她去拿，走

238

到门口正巧听到男女主人的一段对话："洗衣机怎么坏了？""咳，没坏。老爷子的裤子上连屎带尿多脏啊！"怕脏了洗衣机，就不怕脏了我的手！在你们心里，我还不如一台洗衣机贵重！陈丽愤然地推门进屋。第二天，男主人便又出现在保姆市场……

是小保姆们过于挑剔了吗？

长镜头之二：尊重：——新型关系的基点

今天的小保姆和人们在小说、电影里看到的低眉顺眼，逆来顺受的旧时代的女佣确实有天壤之别了。她们有极强的自尊心，当她们的自尊心受到伤害时，总会以某种方式求得修补，尽管所采取的方式也许不尽得当。

"我们靠劳动吃饭，凭什么比人矮一截？"

问题恰恰就在这里有了分歧——

用户：你是我花钱雇来的。就得老老实实给我干活！

保姆：你有什么了不起，别以为两个臭钱就能把我使唤得溜溜转？

表面上，主人和小保姆之间可以"大哥"、"大姐"、"小妹"相称，但在潜意识里，又自觉不自觉地把彼此的关系看成了金钱可以买到的雇佣关系。

当然，如果能够走出了这个怪圈，就是另一番情景了。

朝阳区枣子街的 A 是德外房管局的炊事员，他有两个孩子，大的是先天性痴呆，生活不能自理；小的不满周岁，爱人在工厂当电焊工。她家的小保姆叫刘桂芳，一个人照顾两个孩子，还要抽空买菜做饭，料理家务，整天忙得团团转，但是她没有一句怨言。两口子要给她加工资。她不要："大哥大姐日子过得也不宽裕，我拿 50 已经不少了。"不少吗？眼下只看一个小孩工资已达 45元。"咱不能只认得钱。大哥大姐不拿我当外人，这就够了。苦点累点没什么，我就图一个心里头畅快！"

坑骗雇主的保姆固然也有，但类似刘桂芳这样的姑娘则更多见。只要你给她们一分温暖，她们就可能回报你一分热情。这就给了我们一个启示：彼此间真诚的尊重，是建立新型关系的基点。今天的保姆大都是 16 岁到 25 岁的年轻姑娘。据一次千户抽样调查表明，保姆平均文化程度为小学五年，有近一半以上的人受过初中以上的文化教育，较之"文革"前保姆群体的文化素质已大为改观。保姆的年轻化与保姆的文化水平提高，使得保姆的自我评价发生变化，她们既改变了身系围裙、手提菜篮的家庭妇女形象，也不再墨守百事顺从的旧习惯、旧章法。年轻保姆，特别是那些文化水平较高的年轻保姆，非常强烈地要求得到雇主和社会的尊重，对外界的社会评价相当敏感。这种自我评价的改变直接反映在他们对雇主的选择标准上。相当数量的保姆，心理上第一层次的需要是获得一个和谐的人际关系和工作环境，她们在选择雇主时的首要标准是对方的人品，其次才考虑报酬。即使是那些家庭生活困难，只是为了挣钱的人，也有 27% 在选择雇主时首先考虑对方的为人。可见，小保姆在从业过程中，更多关注的是自身的社会地位。

事实上，社会主义关系中保姆的性质已经发生了根本的变化。首先，保姆的服务对象发生了变化，城市请用保姆的家庭都是知识分子、国家干部和其他劳动者，他们使用保姆的目的已不是为了生活的享受，而是分担一部分家务劳动。因此，他们同保姆之间的关系应该是平等与互利的关系。其次，保姆的工作内容有了变化。旧社会那种受侮辱、受歧视的服务项目和方式已不存在。服务内容的三个方面，即幼儿保育，烹饪和家庭卫生整理，陪伴老人和照顾病残人生活都具有社会职业的性质。就总体而言，保姆业也是为人民服务的职业，保姆和雇主在人格上完全是平等的。如果我们能这样认识问题，遇到矛盾时设身处地地站在对方的角度上想一想，那么，就能共同创造出一个和谐、愉快的环境。

用爱才能感受爱，用心才能温暖心，用理解才能赢得理解，用

240

尊重才能换来尊重。

这就是心理学讲的"心理互换"。

一项新的事业

家庭一向是社会最基本的细胞。人人都是在家庭里成长，在家庭里生活。而家庭生活又都得由家务劳动来维持。从这个意义上说，家务劳动不是件新事。然而，像北京市妇联那样以社会的力量把家务劳动组织成一项社会性的服务行业，却是件新事，是一项极为重要的社会事业。

切实地组织社会力量，来帮助千家万户解决家务劳动的沉重负担，是当前的一项紧急任务。这是我在前年调查知识分子问题时的一种深切体会。我在昆明民盟的同志中进行了一次调查。我想知道干扰他们业务工作最大的因素是什么。结果，在这个问题的答案中填写家务负担过重的占了总数的 40% 以上。进一步分析，中年知识分子填写这个答案的占绝大多数，我就跟踪这个结果，访问了一些中年知识分子的家庭。看到他们上有老，下有小，挤在小小的房间里，上班前下班后，烧饭、洗衣、搞卫生；有孩子的，更不用说了，一刻也闲不住，尤其是女同志负担更重。这种情况不是个别，而是十分普遍。它严重干扰了知识分子智力的发挥，拖住了经济建设的后腿。

那么，家务劳动为什么会成为当前多数家庭的沉重负担呢?我认为，这是社会前进中出现的矛盾，现在我们做到了男女都有了就业机会，这是一大进步，改变了已往男的出外挣钱，女的在家干家务的传统模式。

问题也就发生在这里，夫妇都有了职业，家务怎么办？这是一个简单的数学公式：如果家务劳动量是 X，业务劳动量是 Y，传统模式中，夫妇共同负担的劳动量是 X＋Y。现在夫妇都就业了，家务劳动并不减少，总劳动量成了 X＋2Y。如果男女都就业，2Y 这个数量不变，增加的这一部分劳动，由谁来负担呢？这里可能有两种方式：一种是由夫妇的任何一方负担，一种是由夫妇共同负担。按照传统模式分工，往往由女的分管家务。这样一来，女的就要承受家务和业务双重负担，事实上是负担不了的。那只有采取夫妇双方共同担负家务的方式了。我们的中青年男子也有这方面的觉悟。但家务劳动中有一个很繁重的项目，就是抚育孩子。从怀胎到哺乳，男子是"爱莫能助"的。特别是在传统模式多多少少还留有尾巴的情形下，女方所承担的家务劳动量往往大于男方。这种不平衡的分工反过来又影响了女方的业务。目前，一些机要的人事部门很怕要女的。中学和大学招生时，甚至录取分数标准也发生了男女差额。这就是说，社会上在坚持男女有同等就业机会这一原则上打了折扣。因此，组织社会力量减轻家务负担，不只是解除"双职工"的后顾之忧，这同妇女作用的发挥和妇女社会地位的提高关系极大。

怎样减轻家务劳动负担，我想有三条办法：一是家务劳动职业化，二是家务劳动社会化，三是家务劳动机械化。

家务劳动职业化，是指社会上有一些人把各家的家务劳动作为专门职业包下来。最初级的形式就是"保姆"。现在北京的"保姆"至少已超过五万人。这是一个不小的队伍。但是，由于旧社会的"保姆"是"听人使唤的下人"，致使一些人对"保姆"还存有不正确的看法，把这种服务行业看成低人一等的职业。我们对此要有一个正确的认识。我们必须承认"家务服务员"是一项光荣的社会职业，对从事这项职业者应当有领导地负责培训和介绍工作。

家务劳动社会化是指把原来属于家务劳动范围里的事，转移成为社会的专业服务。托儿所和幼儿园就是一个例子。它把各家的孩子集中起来由专人抚育，这就使家务劳动的分量大为减轻。再如公共食堂、街道洗衣、缝纫组等，也已经是行之有效的社会服务事业。

在现实生活中，不是所有的家务劳动都是累人的负担，人们也不是怕家务劳动，怕只是负担过重，干扰自己的业务和应有的休息和娱乐。只要把家务劳动中那些成为负担的部分转移出去，就能使家务劳动的性质发生变化。这需要条件，那就是家务劳动的机械化，包括种种现代的设备。搞卫生有吸尘器，洗衣服有洗衣机等。这样家务劳动也就不太费事了。这些固然还是远景，但是应当说是现实的远景，只要我们的国家少折腾，少浪费，经济和文化能发展得快起来，这种好日子是不会太远的，像我这样年纪的人，还可以盼望见到。

把家务劳动组织成社会性的服务事业，是我们国家社会主义建设的一项基本的事业，一项新的事业。北京市妇联办的家务服务公司是向这个事业迈出的很重要的一步。让我们预祝妇联的同志们能搞出一套可以推广普及和逐步提高的经验，为职工解除后顾之忧，为千家万户造福。

第 十 六 课

出租汽车司机

出租汽车司机在中国是一种新兴的职业，干这一行的以二三十岁的人居多。

他们集中在机场和大饭店的门口，身穿时髦的西装，皮鞋擦得亮亮的，有的还叼着进口香烟。他们的车大多是进口货，这些车在北京的大街上飞驰着，从车窗里飘出流行歌曲或迪斯科音乐的音符。

这些出租汽车分别属于若干国营公司，私人所有的出租汽车很少。车费的基数是十二块，每公里一块二至两块四，夜间要加钱，行至郊区要加钱，返回空驶还要加钱。从北京大学到天安门，单程没有五十元是不够的；如果去机场接人，往返得二百元左右。二百元坐火车，可以往返上海了，那可是上千公里的路程啊！所以一般中国人没有特别的事情是决不叫出租汽车的。车不少，价又高，出租车应该好叫吧？不然！要想在街上随时拦一辆车尤其困难。原因是许多司机太看重钱，路近赚钱少不愿去，没有外汇不愿去，太偏僻的地方返程空驶也不愿去。一个司机包一辆车，当他吃饭或想休息的时候，明明有车停在那里，可就是不拉，你毫无办法。但他要是想用自己开的车办私事，谁也管不着。不过也不能一概而论，工作认真、服务态度好的司机并非没有，只是给人的印象比较淡薄而已。有时遇到这样的司机，心里也会感到很温暖的。

出租汽车司机的收入究竟多少，恐怕谁也说不清，反正比公共汽车司机高得多，而辛苦的程度远不如他们，难怪他们感到不公平。不过出租汽车司机也有自己的苦处，夜间出车到了偏僻的地方，他们感到不安全。司机被害钱财被抢的案件，不是没有发生过的。当旅游淡季或天气特别恶劣的日子，公司规定的赢利指标完不成，他们的收入也会受影响。如果听他们自己讲讲，也许还有外人不知道的苦恼。不过在外人看来，他们真够自由而快乐了。

生　　词

(1) 新兴　　　　　〔形〕　neu und aufstrebend
　　　xīnxīng　　　　　　　new and developing
　　　　　　　　　　　　　　新しく興った

(2) 行　　　　　　〔名〕　Beruf
　　　háng　　　　　　　　profession
　　　　　　　　　　　　　　職業

(3) 居多　　　　　〔动〕　in der Mehrheit sein
　　　jūduō　　　　　　　　to be in the majority
　　　　　　　　　　　　　　多数を占める

(4) 时髦　　　　　〔形〕　modisch
　　　shímáo　　　　　　　fashionable
　　　　　　　　　　　　　　流行の

(5) 叼　　　　　　〔动〕　zwischen den Lippen halten
　　　diāo　　　　　　　　to hold in the mouth
　　　　　　　　　　　　　　くわえる

(6) 迪斯科　　　　〔名〕　Disko
　　　disike　　　　　　　disco
　　　　　　　　　　　　　　ディスコ

(7) 音符　　　　　〔名〕　Musiknoten; hier: Tone
　　　yīnfú　　　　　　　　notes
　　　　　　　　　　　　　　音符

(8) 若干　　　　　〔数〕　einige, etliche
　　　ruògān　　　　　　　a certain number
　　　　　　　　　　　　　　若干

246

(9) 基数	〔名〕	Grund-，Kardinalzahl	
jīshù		cardinal number	
		基数、基本料金	
(10) 偏僻	〔形〕	entlegen，abgelegen	
piānpì		remote	
		へんぴな	
(11) 返回	〔动〕	zurückkehren	
fǎnhuí		to return	
		帰る	
(12) 私事	〔名〕	Privatangelegenheiten	
sīshì		private affair	
		私事	
(13) 一概而论	〔成〕	alles in einen Topf werfen	
yī gài ér lùn		lump together	
		一律に論ずる	
(14) 反正	〔副〕	wie auch immer，wie dem auch sei	
fǎnzhèng		however	
		いずれにせよ	
(15) 公平	〔形〕	gerecht	
gōngpíng		fair	
		公平な	
(16) 案件	〔名〕	Prozess，Rechtsverfahren	
ànjiàn		law case，incident	
		訴訟事件	
(17) 淡季	〔名〕	(Geschäfts-) Flaute	
dànjì		in the off season	
		シーズンオフ	

(18) 赢利	〔名〕	Profit
yínglì		profit
		利益
(19) 指标	〔名〕	Planziffer, Soll
zhǐbiāo		target
		指標、ノルマ

词 语 例 释

(1) 如果去机场接人，往返得一百二十元左右。

"得 (děi)"是助动词，表示情理上、事实上、或意志上的需要，意思相当于"应该"、"必须"，但不能单独回答问题。表示否定时说"不用"、"甭"，而不说"不得"。常用于口语。例如：

① 这件事得您自己告诉她。

② 买这本书得花六十块钱。

③ 我得好好谢谢他。

(2) 一百二十元坐火车，可以往返上海了，那可是上千公里的路程啊！

这里的"可是"是副词，表示强调的语气，常用于口语。用于感叹句时，句末可加语气助词。例如：

① 他可是一个好人（啊）！

② 汉语可是太难学了！

(3) 工作认真、服务态度好的司机并非没有，只是给人的印象比较淡薄而已。

"而已"是助词，意思和"罢了"一样，用在句子的末尾，表示仅仅这样。例如：

① 他不过说说而已，不必太认真。

② 那只是你的猜测而已，事实并不是这样的。

248

（4）出租汽车司机的收入究竟多少，恐怕谁也说不清，反正比公共汽车司机高得多。

"恐怕"是副词，有"也许"、"说不定"的意思，表示猜测或估计，带有担心或商量的语气。例如：

① 他还没来，恐怕飞机误点了。

② 这事儿恐怕太难，我干不了！

"反正"是副词，强调在任何情况下结果都不会改变。例如：

① 你别劝了，反正我不去。

② 反正我已经同意了，签名就签名吧！

课 外 读 物

《北京日报》工交部集体采写《出租车实况剪辑》（《北京日报》1988 年 5 月 26 日）

课堂讨论思考题

（1）读了课文和课外读物以后，你对出租汽车司机的印象如何？

（2）你们国家的出租汽车司机服务态度如何？他们的收入怎样？

（3）你在其他国家坐过出租汽车吗？那里的情况怎样？

*　　　　　*　　　　　*

出租车实况剪辑

解说词：出租汽车，每天川流在大街小巷。它是首都生活的一部分，更是群众生活的一部分。

常见人们或摇头叹息、或滔滔抱怨、或面红耳赤甚至粗喉"骂娘"地谈起它：要车难、拒载、"宰客"……

是社会偏见，还是确实如此？是个别、偶然现象，还是多数、普遍状况？

5月16日至18日，本报工交部的记者、实习生全体出动，分赴街头、医院、火车站、民航售票处、商店等地，要车、截车、乘车，进行了一次"抽样调查"。

请看实况剪辑：

千呼万唤不出车

镜头一：16日16时20分。报社编辑部。记者在拨电话。拨通了首都汽车公司驻新侨饭店车队。

"您是新侨出租汽车站吗？"

电话传来反问："你是哪儿？"

"我是本市居民，现在在东单邮局，想要一辆出租车。"

"现在没空儿，也没有车。"

"什么时候有车？"

"说不好。"

"喀嚓"对方把电话挂了。

镜头二：同一时刻。新侨饭店北门停车场。16辆"首汽"的"的士"正静静停在那里。饭店门前西侧第一棵大树浓密的树荫下，车队的司机、调度等六七人在一边乘凉儿，一边聊天儿……

画外音：没车耶？有车耶？只有天知道。

镜头三：16时40分。报社编辑部。记者又一次拨通了"首汽"驻新侨饭店车队。一位记者操着地道的陕西口音："我是外地人，刚到北京，想要个出租车去西郊。"

"没车！"

记者仍操陕西口音："我等会儿行不行？"

250

"等一会儿也不行，我们这儿专拉外宾。"

"师傅，我人生地不熟，请你帮个忙。"

电话里传出嬉笑声，接着，传来模仿的陕西口音："那你就慢慢儿等着吧……"

镜头四：时间同前。新侨饭店停车场。5辆"首汽"的"的士"先后开回来：一司机在忙着擦洗车；一个拿着小本似乎在算帐；另外三位则加入了大树下聊天者的行列。不久，两辆"的士"拉着从饭店出来的客人走了。17时25分，大树下的7名车队人员依然在兴致勃勃地聊着……

画外音：17日15时25分，记者改给北京市出租汽车公司东四站打电话。这个出租车站并不守着大饭店，没有"保点"任务，但回答与"首汽"同出一辙："没车"。几个记者灵机一动，决定用出租汽车司机常说的"肥活"试一试。

镜头五：报社编辑部。东四出租汽车站的电话又被叫通了。

记者："我们想到东高地，晚上六点左右回来，算包半天车，现在我们在东单电话局。"

话筒里传来痛快地回答："东单电话局不好调头，到东单加油站行不行？"

"要不我们去东四你那儿？"

"从东单到东四走好远呢，多麻烦，我到你那儿方便，五分钟就够了。"

"我怎么找你？"

"好办，说准地点，我开的是个白颜色的车……"

画外音："肥活儿"的威力果然大，记者们决定再试一次，这一次是操着陕西口音的记者要通了市出租汽车公司东四站的电话。

镜头六：记者："我刚从西安来，想要辆出租车到陕西省驻京办事处。"

话筒里传来生硬的回答："没车。"

"我包半天行不行？"

传来的声音变了："你来吧，到东四往北走就到了。"

"怎么找你？"

"我姓康。"

……

画外音：16、17日两天，记者用电话抽查了"光大"、"中北"、"翔远"等五六个出租汽车公司的站、点。总共打了20多个电话，其中一半电话不通，有的虽通，但整天无人接，而接通的又是上述回答，真是让人感慨万千。

妇产医院前的一幕

镜头一：16日13时，两名记者站在北京饭店东楼门前。一辆牌号92982的渔阳饭店出租车开到记者面前。司机掉头问："去哪儿？"记者答："妇产医院。"司机打开车门，记者上车，汽车启动。

疾驰的汽车车内。记者问司机："怎么不按计价器？"

"按也是两块八，不够油钱。"

"不能到妇产医院再拉回程吗？"

"那儿啊，尽是抱孩子，穿胡同的，谁去？"

画外音：这位出租汽车司机，一未拒载，二没漫天要价，老老实实按规定收费，令人不由想起一句古诗"红杏一枝出墙来"。

镜头二：同日13时10分。妇产医院安乐出租汽车站调度室里。一位女调度员安闲无事坐在那里。记者上前问："有车吗？"女调度员抬起眼皮："要车送病人？……"眼皮垂下："车去房山了，没有。"

"啥时能回来？"

"这可说不好了，你们到路口试试去。"

画外音：安乐公司的宗旨是为妇女儿童服务。按规定，安乐公司每天应有 4 辆车在妇产医院点值班。但据了解，该站一般只在上午设车接送病人，下午车便往往都到大饭店"抄肥"去了。

镜头三：离调度室几米处的妇产医院住院处门前。长椅上坐着一溜儿办出院手续的人。记者问："有人要出租车吗？"话音未落，大伙呼啦啦把记者围了起来："我到西郊青年公寓。""送孩子去朝外，有车吗？"……

镜头四：妇产医院胡同东口。几位截车的病人家属，眼睁睁地站在路旁。一辆、二辆、三辆……，出租车连连从他们身边驶过。拦车人频频招手，几十辆全无丝毫反应。又驰来一辆光华饭店的出租车。"嘎……"地一声停在截车人身后不远的马路边。司机从车里探出头："去哪儿？""送一个刚出生的孩子出院。"司机皱起了眉。

一位青年男子不知从哪里窜过来，抢过话头，冲司机说："我们包车半天，去长城饭店。"

司机皱起的眉头立刻舒展了："稍等，10 分钟马上就回来。"说完后，车屁股冒着烟开走了。车号：93213。人们个个等得眼睛冒火，但仍要继续等车。

画外音：记者又来到妇产医院西路口，重睹了东路口同样的情景，45 分钟时间内有 15 辆出租车驰过，其中 8 辆空驶，没有一辆"招手即停"。

"照着十小时等吧！"

镜头一：16 日 11 时 10 分。北京火车站前出租汽车候车亭。围栏外，两三个司机模样的小伙子在凭栏询问乘客："有去双井的没有？""你两位去哪儿？"记者提着箱子，问："张自忠路去不去？"对方摇了摇头："你们等着吧。""要等多久？""您照着十小时等吧。"

镜头二：一位着黑底小白格衬衣的男青年司机，隔栏问一位黄衣黄裙的姑娘："你去石景山呀？""我去石景山。""哪儿呀？""××大院。""几个人呀？""四个。"

小伙子又近前一步："你打算出多少钱呀？"

"黄裙子"面带笑容，声音可高了几度："什么叫打算出多少钱呀？你按计价器，该多少就多少呗！我可不是外地人，是地地道道的北京人！"

小伙子略有点尴尬："你这人怎么这样呀，我的意思是问你是公费还是私费？"

"我是私费。要是公费，花二百也没事呀……"

小伙子没再说什么，轻声说："那你等着吧。"

镜头三：17 日 9 时 30 分。北京站出租汽车亭，三十余人正在焦急地凭栏眺望。停车场上，一些出租汽车司机正在车中闲坐。记者依次上前询问："去西便门吗？""不去！""为什么不去？""正在等人。"……

画外音：有些司机仿佛统一了口径，回答不是"等人"，就是"不去"。

镜头四：一位身着暗花连衣裙，戴太阳镜的外国中年妇女叫住记者，指指在场的出租车，用标准的英语问道："这些是出租车吗？"记者答："是的！""为什么不拉客？"记者答："他们说在等人。"记者指指出租汽车候车亭，说："您到那里排队试试看。"外国妇女摇头说："我排了半个多小时队，可一辆车也没有。"

镜头五：东四，中国民航局大楼前。16 日 23 时 20 分。民航班车驶来，乘客们纷纷下车。出租汽车司机们拥到了班车门口，与乘客们搭讪起来。一位穿着白色衬衣的司机问一位中年妇女："上哪儿？""去蓟门里小区。""你打算花多少钱？""这……我们就两个人……""报销吗？""当然要报销。""你们掏 30 块钱吧！"说完扭头就走，那妇女无可奈何地跟他上了车。

镜头六：先后有几个司机和记者搭话。一穿深色衬衣的矮个青年说："去慈云寺，坐我的车吧。你们俩每人5块钱，俩人10块。"记者跟他走去，不多远，路边人行道上停放着一辆桔黄色无顶灯的小菲亚特，看一眼车号，不是出租汽车的牌号。"这种车我们不去了。""能给你们开发票。"记者摇头拒绝。矮个青年瞪起眼："你们什么意思?! 不去算了。"

镜头七：时针已指向深夜12时。当记者第四次在马路上招手要车时，一位开着辆红色"丰田"车的司机终于答应拉记者，开价是15元。记者扫了一眼贴在车窗上的价目表：每公里0.5元。而从东四经东单至慈云寺，也就是十公里左右。

招手40分钟车自去

镜头一：5月16日10时55分。宽阔的建国门内大街。社会科学书店前。两名记者站在快行线边的石墩旁，一辆辆空载的出租车不时从他们面前驰过。记者频频招手示意。开车的司机有的正襟危坐，视而不见；有的微笑点头，一掠而去。有的摆摆右手，若有所示……

一辆白色伏尔加"嗖"地停下来。司机打开车门："你们去哪儿?"

记者："去蒲黄榆。"

司机："噢，那修路了，去不了。"

记者："那你去哪?"

司机："我三天没交帐了，得回去交帐。"车门还未关上，汽车已启动了。

又一辆豪华型出租车停下来。司机摇下车窗："到哪?"

记者："我们有急事去蒲黄榆。"

司机：瞥了一眼仪表盘："那可去不了。"

记者："为什么?"

司机:"没油了。"

"嘟"的一声,汽车将一股带味儿的热气留给了记者。

又一辆出租车停下来。记者二话没说便拉开车门钻进车里。司机扭头:"你们去哪?"

记者:"去木樨地。"

司机:"这没法调头,我得绕一下。"

记者:"那我们先去蒲黄榆吧。"

司机:"蒲黄榆不去,那里没有回头客。如果你们去完蒲黄榆,再坐我的车去木樨地……"

记者下车了。

画外音:望眼欲穿的记者在这里招手达40分钟。眼前驰过的空驶车共15辆,10辆未停,5辆停车,没停的不知不停的原因,停下的各有拒载的理由。

镜头二:5月17日9时20分。地点同前。两名记者又伸出了不知疲倦的手。街上的车来往如梭,空载的出租车似乎比前一天少了。频频摇动的手。一辆辆疾驶而去的出租车……

画外音:一个小时时间,空车驶过13辆,只有两辆停了下来。回答与前一天大同小异。

镜头三:一辆白色吉林大发主动停在记者面前。女司机旁边还坐着一男青年。男青年客气地问:"要车吗?"

记者:"要、要。"

"你们去哪?"

"蒲黄榆。"

司机:"哎呀,我们刚从那回来,太难走了,不过……,上车吧。"

车厢里。记者同自称兄妹的两青年攀谈起来。

记者:"为什么叫出租这么难?"

男青年:"现在出租车都爱拉'洋人',挣外汇实惠。再说,从

256

这去蒲黄榆开不起来，又是单程，当然都不拉了。我们是个体车，平常包出去，这两天没事干，拉点散客。"

记者略有所悟："个体车？那你们有计价器吗？"

男青年："没有，'工商'只准我们拉货，他们划杠就是河，你们看着给吧。"

记者："有发票吗？"

男青年："有！和出租车的一样，可今天没带来。"

记者："没发票这车不能坐了。"

男青年："没关系，把地址记下来，或来我家取，或给你们送去。"

街上车水马龙，汽车艰难地行进着。大概是怕乘客寂寞，男青年打开录音机，滔滔不绝地讲解起最新音乐磁带来。

到达目的地，记者下车："多少钱呀？"

男青年："您就给25元吧，这是我的姓名、地址、车号，……"

画外音：公车和私车交溶在首都的大动脉上，公车挑活拒载，给私车让开一席之地。私车服务周到，可收费令人瞠目。

"梅花"、"莠草"各不同

镜头一：16日13时50分。友谊商店门前。南北两侧黑鸦鸦排满了各种型号的卧车，其中有出租车二十余辆。十几名中外乘客在烈日下候车。

一辆出租汽车开过来，人们蜂拥而上。"你回来，瞎掺和什么！"一声呐喊，人们止步。只见一个头顶草帽，眼戴墨镜的人拽住一位黄头发外国青年大声训斥着。外国青年双脚立正，鞠躬表示歉意。"起来起来，排队去。"这位维持秩序的人又赶起了一位坐在椅子上的外国女人，转身对几位出租汽车司机说："我根本没空儿坐，看他们坐我眼气。"

画外音：一声呐喊提醒人们这里还有一名调度员。他态度虽然生硬，工作却很认真，维持秩序、派车，忙得满头大汗。可调度员身边有几位出租司机在一起聊天、抽烟、悠闲自得，却不出车，令人费解。

镜头二：一位坐在椅子上的司机悄悄问排队的女侨胞去哪儿，当问明地点后，指指调度员的背影推托说："他不让去。"

画外音：这可能属于没有"油水"的差事，买卖未成交，顾客只好继续排队。

镜头三：40分钟后，一辆黑色的皇冠牌轿车开过来，调度员问记者："你们去哪儿？""第二外国语学院。"这时只见司机眉头一皱，记者心中忐忑不安。但司机终究没有拒载，随手按下计价器，汽车朝通县方向驶去。

画外音："二外"距北京市十公里左右，回程旅客少，因此司机大都不愿去。"二外"的外国朋友对此反映强烈。

镜头四：在皇冠卧车内。记者："据说你们出租汽车司机都不愿意去'二外'，为什么？"

司机："车队承包后，每台车每日上缴96元，里程利用率要达到90％以上，去'二外'回程空驶，经济损失大，所以司机都不愿意揽这样的活儿。"

记者："那您为什么同意去？刚才看见您犹豫不定，但还是满足了我们的要求。"

司机："我们有难处，顾客乘车也不容易。我们是一月一算帐，这次亏了，以后可以补回来。"

画外音：经事后了解，这位宁可自己吃亏，不让乘客为难的司机是"中北"三队的岳文良同志。他的车号是88072。

镜头五：18日16时零5分，京西宾馆西门外。一辆白色皇冠疾驶而来，记者上前问："去东单吗？"留着小平头、身穿白衬衣的司机答："不去，我该回宣武门了。""宣武门到东单不远了，我

258

有点事，麻烦您啦。""不去，你看这路能走吗?"当记者拿出纸笔抄记车号时，司机打开车门走下车来："抄车号管什么用，有本事把牌子摘了。"这辆香格里拉出租车的车号："北京01—95745"。

"一枝'黑杏'出墙来"

镜头一：17日清晨8时10分，东交民巷东口出租车站。记者操陕西口音："同志，我急着去二里沟办事。麻烦你……""不去。到那边问去吧。"正在擦95423号车的司机回答得很干脆。"同志……"问话还在嗓子眼，正在闲聊的93945号司机敏捷地反问道："去哪儿?""二里沟。""谁去那儿?"一旁的93870号司机问："报销吗?""报销又怎么样?""如果报销，就多出点钱，我拉你一趟。""你说要多少钱?""20元。"

画外音：这位司机多收了一倍多的钱，可按他的说法，还远远赶不上跑黑车的。那么，跑黑车的又能"黑"到什么程度?

镜头二：17日18时40分，东交民巷东口，一群出租车停在街边，司机在扎堆儿闲聊。记者上前问："谁去白石桥?"86794号司机爽快地应承下来。记者见既无顶灯，又无计程器，有些犹豫。司机说："我这车是包车，高兴了出来赚点钱。""包车出来拉活儿，国家不允许啊!""嗨，不允许的多啦，可大伙都这样。"一上车，司机扭过头说："给15元吧，我也不跟你多要。"记者瞥了一眼里程表，末尾三位数是353。车到白石桥，尾数变为365，行了12公里。

画外音：这辆尼桑车的单价是每公里0.8元。记者实在不知司机所说的不多要钱是怎么算出来的。

镜头三：17日21时10分，首都体育馆。大型歌舞表演刚刚散场，人们潮水般涌向街头。沿街停着七八辆甲壳虫似的菲亚特小车。车号D5228号、84446号等。全部没有顶灯和出租车的运营执照。记者走到C0768号车前问道："到双榆树去吗?"一个叼着

259

烟卷的青年与同伴商量了一下说："交10块钱吧。"记者上车问："你们没有出租车许可证，拉客不怕被抓住?"开车的小伙子满不在乎地说："怕什么?我都玩了一年多车了，从来没人管过。再说，全市好几千辆这种私人小车，都干这个。"记者听后愕然。车到目的地。小伙子收下10块钱说："我没有发票，对不起了。我还得再拉两趟活儿……"话音未落，一加油走了。

第 十 七 课

街心公园的早晨

中国人习惯早睡早起，一般说来六点钟就起床了，洗漱以后就到附近的街心公园活动，然后才用早餐。街心公园的早晨，大概是一天里最热闹的时候了。

到街心公园活动的人大致可以分成四类：

第一类是打拳练功的。太极拳是各种拳里最普及的一种，适合年老体弱者。年轻人喜欢长拳或耍棍棒这类比较激烈的运动，常常两个人对打。还有不少人练气功，气功的种类很多，但不外动功和静功两种。人们根据自己的体质选择，天天坚持做，可以收到健身去病的效果。这一类人可称之为古典派。

第二类是跳迪斯科的。其中以妇女为多，中老年妇女

261

尤其多。据说这种舞有助于减肥，所以她们的兴趣很大。跳舞的人成群结队，在强烈的音乐伴奏下扭动着身躯，和那些练太极拳的人形成强烈对比。迪斯科本来是洋玩意儿，跳迪斯科是为了娱乐，可是传到中国就变成健身的舞蹈了，而且如此普及，真不知是怎么回事。这一类人可称之为现代派。

第三类是遛鸟儿的。大部分是老头儿，手里提着细竹编成的鸟笼，一边迈着方步一边前后晃动着鸟笼，悠然自得。他们有自己的"领地"，总是树木茂密之处或有回廊的地方，可供他们把鸟笼挂在枝头或廊檐，任自己的爱物在那儿歌唱。大概鸟儿也怕孤独，喜欢见到同类，鸟儿聚多了就唱得更欢。它们的主人们一边听着悦耳的音乐一边闲聊，那毫无牵挂的神气，使他们也成了公园里极好的点缀。这一类人可称之为闲逸派。

第四类是吊嗓子唱戏的。这类人多半是男性，老少都有。他们是些戏迷，业余爱好者。早晨来到树下水边空气新鲜的去处喊几句，一来为了练嗓子，二来可以吐故纳新增进健康。也有带胡琴来专门为他们伴奏的，兴致高的时候，几个人便唱出戏里的某一个片断，召来许多看热闹的，那一小片地方就成了临时的戏台。北京爱好京剧的多，公园里的戏迷大都唱京剧。外地多半唱当地的地方戏，例如西安唱秦腔，成都唱川剧等等。

街心公园早晨的活动大概持续一个多小时，然后人们陆续离去，开始一天的工作。如果要问：中国人的一天是从哪儿开始的？不妨回答：街心公园。

生　词

(1) 打拳　　　〔动〕　schattenboxen
　　 dǎquán　　　　　to do taichi (see below)
　　　　　　　　　　　太極拳を練習する

(2) 太极拳　　〔名〕　Taijiquan, Schattenboxen
　　 tàijíquán　　　　a kind of traditional Chinese shadow boxing
　　　　　　　　　　　太極拳

(3) 长拳　　　〔名〕　eine aggressivere Form des Schattenboxens, mehr Kampfsport
　　 chángquán　　　 a more aggressive kind of traditional Chinese shadow boxing
　　　　　　　　　　　長拳（動きの激しい太極拳の一種）

(4) 耍　　　　　〔动〕　praktizieren, üben; sich vergnügen
　　　shuǎ　　　　　　　mit
　　　　　　　　　　　　practise; play
　　　　　　　　　　　　操る、ふりまわす

(5) 激烈　　　　〔形〕　heftig, stürmisch, intensiv
　　　jīliè　　　　　　　sharp, intense
　　　　　　　　　　　　激しい

(6) 气功　　　　〔名〕　Qigong; ein System von
　　　qìgōng　　　　　　　Atemubüngen
　　　　　　　　　　　　Qigong; system of deep breathing
　　　　　　　　　　　　exercises
　　　　　　　　　　　　気功

(7) 体质　　　　〔名〕　körperliche Konstitution
　　　tǐzhì　　　　　　　physical constitution
　　　　　　　　　　　　体質

(8) 减肥　　　　〔动〕　abnehmen (Gewicht), abspecken
　　　jiǎnféi　　　　　　　to lose weight
　　　　　　　　　　　　ダイエットをする、減量する

(9) 成群结队　　〔成〕　in Massen, haufenweise
　chéng qún jié duì　　in crowds
　　　　　　　　　　　　グループをなす

(10) 扭动　　　　〔动〕　sich wenden, sich drehen
　　　niǔdòng　　　　　　to swing
　　　　　　　　　　　　体をくねらせる

(11) 洋玩意儿　　〔名〕　ausländisches Spielzeug, Dings
　　　yáng-wányìr　　　foreign curiosity
　　　　　　　　　　　　西洋の娯楽

(12) 娱乐　　　　　〔名〕　Vergnügen
　　　yúlè　　　　　　　　amusement
　　　　　　　　　　　　娯楽

(13) 遛鸟儿　　　　　　　den Vogel ausführen
　　　liùniǎor　　　　　　to walk a bird
　　　　　　　　　　　　鳥を連れて散歩する

(14) 方步　　　　　〔名〕　gemessenen Schritts
　　　fāngbù　　　　　　　measured steps
　　　　　　　　　　　　ゆったりした歩み

(15) 晃动　　　　　〔动〕　schaukeln, wiegen
　　　huàngdòng　　　　　to rock
　　　　　　　　　　　　ゆらす

(16) 悠然自得　　　〔成〕　sorglos und mit sich zufrieden
　　　yōurán-zìdé　　　　　to be carefree and content
　　　　　　　　　　　　悠悠自適なさま

(17) 领地　　　　　〔名〕　Territorium, Gebiet
　　　lǐngdì　　　　　　　territory
　　　　　　　　　　　　領地

(18) 回廊　　　　　〔名〕　Wandelgang
　　　huíláng　　　　　　　winding corridor
　　　　　　　　　　　　回廊

(19) 檐　　　　　　〔名〕　Dachvorsprung
　　　yán　　　　　　　　eaves
　　　　　　　　　　　　軒

(20) 闲聊　　　　　〔动〕　plaudern
　　　xiánliáo　　　　　　to chat
　　　　　　　　　　　　おしゃべりをする

(21) 牵挂　　　　　〔动〕　　sich um etwas sorgen
　　　qiānguà　　　　　　　to worry
　　　　　　　　　　　　　　気がかりになる、心配する

(22) 神气　　　　　〔名〕　　Gesichtsausdruck
　　　shénqi　　　　　　　　expression；air
　　　　　　　　　　　　　　感じ、雰囲気

(23) 点缀　　　　　〔名〕　　Dekor，Ornament
　　　diǎnzhuì　　　　　　　ornament
　　　　　　　　　　　　　　色どり

(24) 闲逸　　　　　〔形〕　　gemächlich und sorgenfrei
　　　xiányì　　　　　　　　leisurely and carefree
　　　　　　　　　　　　　　世事をはなれて、悠悠たる
　　　　　　　　　　　　　　さま

(25) 吊嗓子　　　　　　　　　die Stimme üben
　　　diào-sǎngzi　　　　　　to do vocal exercises
　　　　　　　　　　　　　　のど慣らしをする

(26) 戏迷　　　　　〔名〕　　Theater-oder Opernfan
　　　xìmí　　　　　　　　　theatre fan
　　　　　　　　　　　　　　芝居ファン

(27) 业余爱好　　　〔名〕　　Liebhaberei，Hobby
　　　yèyú-àihào　　　　　　hobby
　　　　　　　　　　　　　　アマチュア

(28) 去处　　　　　〔名〕　　ort，Platz
　　　qùchù　　　　　　　　place
　　　　　　　　　　　　　　場所、地点

(29) 吐故纳新　　　〔成〕　　Verbrauchtes abstossen und Frisches
　　　tù gù nà xīn　　　　　aufnehmen

expel the stale and take in the fresh

古い気を吐き出し、新しい
気を吸収する、深呼吸

(30) 胡琴　　　　〔名〕　Huqin; genereller Ausdruck fur
　　　húqin　　　　　　bestimmte zweisaitige gebogene In-
　　　　　　　　　　　strumente
　　　　　　　　　　　Huqin; a general term for certain
　　　　　　　　　　　two-stringed bowed instruments
　　　　　　　　　　　胡弓

(31) 伴奏　　　　〔动〕　begleiten (musikalisch)
　　　bànzòu　　　　　　to accompany
　　　　　　　　　　　伴奏する

(32) 兴致　　　　〔名〕　Lust, Interesse
　　　xìngzhì　　　　　　interest
　　　　　　　　　　　興味

(33) 片断　　　　〔名〕　Teil, Fragment, Passage
　　　piànduàn　　　　　part (passages)
　　　　　　　　　　　断片

词 语 例 释

（1）到街心公园活动的人大致可以分成四类。

"大致"是副词，在这里是"大约"的意思，表示对数量、时
间的不很精确的估计。例如：

①　对于这个问题，大致有三种不同的看法。

②　学完博士课程大致要五年。

（2）其中以妇女为多，中老年妇女尤其多。

"以……为……"后面跟一个形容词，表示比较起来怎么样。

267

例如：

① 这里的中国留学生以学工的为多。

② 您的病还是以针灸为宜。

③ 我看您的身材还是以穿宽松的衣服为好。

（3）早晨来到树下水边空气新鲜的去处喊几句，一来为了练嗓子，二来可以吐故纳新增进健康。

"一来……二来……"表示按顺序列举原因或目的。例如：

① 我到中国，一来是为了学习汉语，二来是为了研究中国经济。

② 在家里养花一来可以消遣，二来可以美化环境。

（4）如果要问：中国人的一天是从哪里开始的？不妨回答：街心公园。

"不妨"表示可以这样做或这样说，没有什么妨碍。例如：

① 吃点中药对你没有害处，不妨试试。

② 我对这个问题的意见，你不妨告诉他，没有关系。

课 外 读 物

（1）高远《中老年迪斯科》(《散文世界》1988年第7期)

（2）中杰英《鸟的喜剧》(《一分钟小说一百篇》中国文联出版公司1986年出版)

课堂讨论思考题

（1）每天早晨在街心公园活动的人有哪几类？

（2）你有早起锻炼身体的习惯吗？你是怎样锻炼身体的？

*　　　　*　　　　*

中老年迪斯科

日前清晨，偶然来到日坛公园。刚进门，迎面传来轻柔的音乐，走不远，眼前的大道上站满了人，合着电子乐那强烈鲜明的节拍翩翩起舞，灵活地舒展摇动，左右前后，进退蹬点，时而似群莲绽蕾，时而似风中杨柳，时而似蝶飞抖翅，时而似浪里醉仙……细观，舞蹈中又夹有体操的展臂扩胸，舒腰伸腿，品之，那手到眼到的身段步伐，又颇具武术气功之妙韵。

舞者逾百，排列有序，且有领舞者，疑为哪个有组织的集体在排练。上前打听，原是松散聚合，自愿而来，跳中老年健身迪斯科的。

迪斯科，一个时期曾同西方资产阶级腐朽生活方式连在一起，被视为洪水猛兽般可怕的异端。怪哉，曾几何时，渐渐变成中国老百姓所喜爱的群众性活动。始流行于青年，每于舞会中一展青春活力，令传统的交谊舞侧目。现在，连比较稳健的中老年也由瞧不惯转而爱上了。当今的青少年则又潜心于"霹雳"去了。好事乎？坏事乎？不是很应当值得一些人省思吗？

乐曲中还有南北民歌风的女声伴唱："人海茫茫多风浪，有时清风有时雨……""是谁迎来春天？是谁装点春天？……"令人在享受轻柔的歌声中回味。在二十年前，也曾有过一次群众性的街头跳舞——由北而南，一片"忠"字舞，虽也好闹了一阵，但很快便销声敛迹，以至比孕育它的那场革命要短命得多。靠政治压力造起来的"愚忠"注定了夭亡的下场。奇哉乎？怪哉也？历史就是这样同某些人开着玩笑。

这个公园里的中老年迪斯科，活动已有一两年。维持并推动其发展的基本群众多数是离退休职工干部，且半边天为盛，他们虽已古稀花甲，然精神矍铄，腰腿灵活，只是节奏较青年人为舒缓。舞者中似也不乏正在工作的中年甚或青年人，急急而来，掐着钟点匆匆而去。

这队伍不仅占据着公园的主干道，也都延向旁边的甬道、树丛和草坪，看得出，距离中心的边缘，不时有怯怯的新来者，队伍仍在扩大中。

有趣的是，教练全是热心的志愿者，她（他）的义举当然受到欢迎和支持，人们主动捐赠赞助，购买录音机和电池。据说，录音机已用坏而更换过四台了。

这还只是公园中的一伙，在这个公园花坛中央，另有两伙，人数少些。三四十人一伙，如出操，跟着前边教练，一招一式地学基本动作，很像初级班。另一伙，人更多些，动作难度更大，成员年龄较轻，大概是中级班吧。

像这样的迪斯科活动，听说北京各大公园中都有，与早已占据其中的气功、武术、体操等晨间活动并立争妍，可谓百花竞放。

经电视台传播而得以倡导的中老年迪斯科，已在群众中落脚普及，北方南方，各有流派，风格迥异。自发自愿，自娱自益，健美长寿，乐在其中。这大概是其日趋旺盛的原因吧。

放眼公园，鹅黄的迎春，嫣红的桃花，嫩白的李花朵朵怒放，春天来了。

鸟 的 喜 剧

有那么一个老头，是我每天在小公园里做"杂拌"操练身体时认识的聊友。这地方眼下正在动土改大观园拍《红楼梦》电视剧，我瞧着到处施工，好久没去了，"杂拌"操也自动改"打坐入定"了。那天排队买菜，忽见老头拉长了脸提着鸟笼子过来打招呼。也不知为什么，一瞧见他我就会想起《茶馆》里的松二爷，无论长相做派都是一个味儿，爱鸟之情更是维妙维肖。咱就别打听老先生的大名了，管他叫"松三爷"算了吧！

"大老弟您瞧瞧这事儿的……"松三爷闷着声跟我诉说起来了。原来是他们那个"老头乐玩鸟团"最近做了个严肃的决议，为了表示热爱野生动物，动员每位骨干团员放飞一只最心爱的小鸟；还商定某日下午到公园去举行仪式，以示隆重。

"三爷，这是大好事，功德无量啊！赶明儿我给您写篇报告文学吧。""我……我还心疼它呢！"老先生举起他那只漂亮的百灵鸟，快流出眼泪了。"哎，瞧您说的，要把您一辈子关在笼子里您合着也不好受吧！""不，它跟那里头住着可享福哩。我这鸟呀，还很有点来历，老街坊给的鸟蛋在我怀里捂出来的。打一小就喂好吃的，每天小米儿拌鸡蛋黄掺四环素，身体棒着呐，连喷嚏都没打过。那嗓子又嫩又甜，广播电台还给录过音当效果呢！您说这回放出去，它上哪儿找吃的？野树林子里有鸡蛋黄掺四环素吗……"

我这才体会到时代的不同，松三爷比松二爷的脑筋又开化多了，二爷活着那会还没有四环素哪！

那天风和日丽，为了写鸟的报告文学，我便跟着玩鸟团去参加开笼盛典。那场面真没治了，老头们一个个穿着新鞋新衣，拿出好兵帅克的姿势排了笔直的一行，把鸟笼高高地举起。只听老团长说一声："放！"一刹时笼门大开，大小鸟扑楞楞上了天，纷纷向自由王国报到去了。

"嗳，大老弟瞧……瞧它这是怎么啦……"独有松三爷在一边急得要哭。原来是他那只心爱的小宝贝说什么也不飞出来，拍呀、轰呀、捅呀，它就在那儿耍上赖皮了。干脆，我一伸手把它拽出来，往高处那么一扔。嘿，还真飞起来了。玩鸟团的团员们正鼓掌叫好呢，哟——掉下来了，它永远地自由了。不，给它自由它也不要了！

　　赶个时髦，我把鸟的遗体送给一位鸟类专家去解剖，作了学术方面的结论：缺乏锻炼并因滥用药物损害神经系统导致运动失调；服用蛋黄高胆固醇引起血管硬化心脏破裂死亡（原文如此，可能有些科学家不在意标点符号）。

　　呜呼哀哉——报告文学就此结束。

第 十 八 课

家 用 电 器 热

十年前，中国一般的家庭希望添置的东西不过是四大件：自行车、手表、收音机、缝纫机。这四件都全了，也就满足了。那时一个普通职工每月的工资大约六十元，买一辆国产自行车要用掉两个半月的工资，买一块瑞士梅花牌手表要用掉五个月的工资，买一台普通收音机或缝纫机要用掉三个月工资。所以当时买齐这四件东西就不容易了。

近十年来各行各业的人都增加了收入。一般家庭已不再满足于以前的四大件，而有了更高的要求，那就是彩电、电冰箱、洗衣机、收录机。这四样东西成为八十年代后期新的四大件。现在一个普通职工每月的基本工资大约一百元，仅以工资收入购置这些电器还是很困难的。但现在各种奖金相当多，每个家庭的就业人数也多了，全家一起积攒两年买一件电器，是可以做到的。就以彩电来说吧，前三四年一台十四英寸的不过一千五百元上下，每月攒六十元，两年就可以买到手了。国产的单缸洗衣机才二百元，一个技术工人两个月的奖金，就够买一台了。

近两年来通货膨胀严重，家用电器涨价的幅度更大。可是追求高消费的心理刺激着人们，不少人家仍然努力攒钱购置高档家用电器，进口的二十英寸彩电、一百七十立升双开门电冰箱、全自动洗衣机、四喇叭立体声收录机，都渐渐进入了普通的家庭。这些商品常常脱销，为了买到它们，有人就走后门，形成不良风气。在一段时间里，一台日本出产的二十四英寸彩电卖五千多元，一台日本出产的一百七十立升电冰箱卖三千多元，一般家庭真不敢问津了！

中国是一个发展中的国家，工业基础薄弱，人口又过多，并没有高消费的条件。近几年提倡高消费造成许多问题，目前正在改变这种状况。

274

生　词

(1) 电器　　　〔名〕　Elektrogeräte
　　　diànqì　　　　　　electrical equipment
　　　　　　　　　　　　電気用品

(2) 添置　　　〔动〕　hinzukaufen
　　　tiānzhì　　　　　to add to one's possessions
　　　　　　　　　　　　買いたす

(3) 缝纫机　　　〔名〕　Nähmaschine
　　　féngrènjī　　　　sewing machine
　　　　　　　　　　　　ミシン

(4) 瑞士　　　〔名〕　Schweiz
　　　Ruìshì　　　　　Switzerland
　　　　　　　　　　　　スイス

(5) 积攒　　　〔动〕　nach und nach ansparen；
　　　jīzǎn　　　　　to collect
　　　　　　　　　　　　少しずつ蓄える

(6) 高消费　　　〔名〕　Ber luxuskooum
　　　gāoxiāofèi　　　high consumtion level (high prices)
　　　　　　　　　　　　高額消費

(7) 通货膨胀　　　〔名〕　Inflation
　　　tōnghuò-　　　　　inflation
　　　péngzhàng　　　　インフレーション

(8) 幅度　　　〔名〕　Ausmass
　　　fúdù　　　　　range, degree
　　　　　　　　　　　　幅

275

(9) 心理 xīnlǐ	〔名〕	Psyche; seelische Verfassung psychological 心理
(10) 刺激 cìjī	〔动〕	anreizen, stimulieren to stimulate 刺激
(11) 高档 gāodàng	〔形〕	hochwertig, erstklassig high-grade 高級な
(12) 脱销 tuōxiāo	〔动〕	ausverkauft to be sold out 売り切れる
(13) 风气 fēngqì	〔名〕	allgemeine Praxis, Sitte common practice 風潮
(14) 不敢问津 bùgǎn-wènjīn	〔成〕	sich nicht nach dem Preis zu erkundigen wagen not dare to make inquiries 敢えて問わない

词 语 例 释

(1) 十年前，中国一般的家庭希望添置的东西不过是四大件：自行车、手表、收音机、缝纫机。

"不过" 在这里是副词，意思是 "只是"、"仅仅"，表示限于一定的范围，常跟 "罢了"、"而已" 配合着用，以冲淡语气。例如：

① 他们不过是吵吵嘴而已，不致于离婚。

② 他不过是说说罢了，你以为他真的会自杀吗？

（2）一般的家庭已不再满足于以前的四大件，而有了更高的要求，那就是彩电、冰箱、洗衣机、收录机。

"再"是副词。和否定词合用时，如果否定词在前，表示动作不再重复或继续下去；否定词在后，表示同样的意思，但语气更强，有"永远不"的意思。例如：

① 自从摔伤以后，他不再跑步了。

② 我批评他以后，他再也不撒谎了。

③ 吃了这种药，她再不头疼了。

（3）中国是一个发展中的国家，工业基础薄弱，人口又过多，并没有高消费的条件。

"并"在这里是副词，加强否定语气。放在"不"、"没"、"没有"、"无"、"非"等前面。常用于表示转折的句子中，有否定某种看法，说明真实情况的意味。例如：

① 你以为她会来，其实并没来。

② 人们都说这部电影好，我看并不好。

③ 经过调查并无此事。

课外读物

（1）浩然《人往高处走》

（2）杨善华、骆箐《城市家庭消费趋向试析》节录（见刘英、薛素珍主编《中国婚姻家庭研究》，社会科学文献出版社1987年出版）

课堂讨论思考题

（1）你认为把钱花在家用电器上值得吗？

（2）你认为中国目前适合提倡高消费吗？

人往高处走

　　年轻美貌的媳妇，很爱她那身强力壮的丈夫；老实厚道的丈夫，更把媳妇当成天底下不会有第二个的宝贝儿！从结婚到眼下两个人在山村那三间出类拔萃的砖瓦房里过了两年半甜甜蜜蜜的小日子。美中不足的是，两个人心里边都暗藏着一种不满足的情绪。

　　晚霞在雄伟的峰顶上燃烧，媳妇倚着门，眼巴巴地等着她那在十渡乡山货栈当合同工的丈夫下班归来。

　　丈夫的自行车终于出现在被绿色簇拥的小路上，骑了一半推了一半的十里行程，害得他汗水淋漓。但一瞧见媳妇那喜眉笑眼，苦呀累呀，全都被冲洗过似的干干净净。

　　媳妇蝴蝶似地飞过来，伸手摘下挂在车把上的人造革提兜，打开拉链翻找一阵儿："嗳，我让你买的那种到大腿根儿的尼龙丝袜呢？"

　　"我想，你整天下地收拾庄稼，上山伺候树木，没必要穿那玩艺儿……"

　　"你没见我大姐穿的那双？好像露着腿光着脚一样，一摸才知道穿着袜子，谁见谁眼馋。"

　　第二天丈夫回来，赶紧把一双高桩尼龙丝袜递给媳妇。媳妇笑得抿不上嘴，立刻穿上，站在土炕上又舞又蹦地让丈夫看。丈夫让她招引得满心高兴，等到熄了灯，想跟媳妇亲热亲热，媳妇却对他说："我二姐今儿个来看我，带着一台特别新鲜的外国产的录音机，可棒啦！咱也买一个吧。"

　　丈夫说："你二姐夫是援外工人，有条件，我到哪儿弄去？"

　　"买个国产的也行呀！"

　　"又有半导体收音机，又有话匣子，还不够你听？"

"人往高处走，我们让他们比下去我受不了……你不答应我，就不跟你好啦！"

丈夫叹口气，扳过媳妇扭到一旁的肩头，说："把存款全取出来，给你买，还不行吗？"

他们两年半婚后的甜蜜生活里，常常掺上点儿"袜子"和"录音机"这一类事件的苦味儿。

有一天，上了床，闭了灯，在照例的情形之下，媳妇又给丈夫提要求："前儿个我到我妹子家去串门儿，人家买了电冰箱，真气派！咱也得买一个。你别摇头、嚗牙花子，到银行借债也得买。没东西放，净停电，当摆设，也得摆在屋里一个。我从小就这个脾气，只能比别人高，不能低半寸……"

丈夫听罢，沉默一阵儿，坐起身来说："行。得先把房顶挑挑，把院墙抹抹，把大门修修再办。"

"房和墙都是咱俩结婚那会儿盖的，才几年？不漏不塌地弄它干啥？"

"我兴许好多年不能回家。你，还有就要出世的孩子，得过日子呀？"

媳妇恼怒了："跟你说买电冰箱，你打什么岔！绕什么弯子！"

丈夫闷了半晌，突然说道："你妹夫今儿傍晚被逮捕了，起码得判十五年徒刑。跟他比，我连一丁点儿谋私的权都没有，为了满足你的要求，我只有砸银行、抢信用社……"

年轻貌美的媳妇没容老实厚道的丈夫把话说完，就伸出手，用力捂住他的嘴，随即哽咽地宣告："不，不！你不能毁自己！你不能毁我！你不能毁我们那没见面的孩子……我们的日子过得够美满的了，有点儿不足，往后咱们量力而行，慢慢补上，我决不再难为你……"

顷刻之后，小两口便甜蜜地睡下了。

城市家庭消费趋向试析（节录）

我国城市家庭目前仍是基本的消费单位，家庭消费是构成社会消费的重要部分。研究我国城市家庭消费的趋势，是研究城市家庭消费职能的一个重要方面。因此，从社会学角度考察影响市民家庭的消费投向的因素是必要的。出于这样的打算，1983年上半年，我们在上海张家弄居委会作了一次家庭现有耐用消费品数量和消费意愿的调查。

张家弄地区三面被复兴中路、襄阳南路和南昌路包围，紧靠市中心，人均月收入接近50元。按市场调查揭示的消费规律，处于这样的生活水平，购买耐用消费品将在家庭消费中占重要地位。因此，我们只将耐用消费品作为调查项目，了解在电子计算器、收录两用机、电子管收音机、录音机、黑白电视机、彩色电视机、缝纫机、电风扇、照相机、电冰箱、洗衣机、两用车、空气调节器、家具等方面（由于自行车、手表目前已普及，这次调查略去了这两项）的购买趋向。

我们一共调查了739名已婚妇女，分属646个家庭（有的一家有2或3个已婚妇女）。从职业状况看，其中无职业（家务）的人数不到总数的七分之一，文教卫生、工程技术、科研等人员约占总数的四分之一，国家机关、党群组织、企事业干部等约占4%，各种办事人员约占4%，从事商业和服务行业的约占十分之一多一点，工交企业的工人略多于三分之一。从年龄看，青年（20—35岁）有188人，中年（36—59岁）有336人，老年（60岁以上）有215人。

（一）

根据市场调查和预测的理论，消费投向首先与家庭是否拥有这些耐用消费品有关。所以，我们先调查了这些家庭中目前所有的上述耐用消费品的数量（见表1）。

表1　耐用消费品拥有情况表

名称	电子计算器	收录两用机	电子管收音机	录音机	电视机（包括彩色）	缝纫机	电风扇	照相机	电冰箱	洗衣机	两用车
数量	138只	161台	259台	106台	577台	488部	537台	124台	32台	48台	7辆

注：有31个家庭（因为这几家每家只有一个已婚妇女，故调查对象也是31人）无
　　上述任何一种消费品。

表中明显反映出电视机拥有量占第一位，其次是电风扇、缝纫机。其中有一些家庭是拥有2台电视机或两台电风扇、两部缝纫机的，但按家庭算，则646个家庭中有565个有了电视机，占总数87.5%。它一方面反映出电视机已成为家庭生活中不可缺少的一件消费品，另一方面也反映出人们的生活方式，特别是闲暇时间的利用，已随着电视机进入家庭而发生了深刻的变化。从调查情况看，家庭拥有的，绝大多数为黑白电视机，彩色电视机为数甚少，而且，大多是国外带来的。为了进一步说明问题，我们又将这11种耐用消费品按购买的时间作一交互分类（见表2）。

从这张表上可以看出几点：

1. 消费，首先是一个生产的问题。只有有了生产和销售，才有消费。生产的不断发展，价格日益与大多数市民的收入水平相适应，产品不断更新换代，才能带动消费不断增长。70年代之前，电子计算器、盒式录音机和收录、洗衣机等在国内均未大批生产，市场上看不到，有的（如电冰箱）即使有，市场价格也昂贵，

群众难以购买。1977 年后，电视机、电风扇不仅大批生产，且更新换代快（9 吋电视机被 12 吋取代，老式摇头电扇被有定时、调速装置所取代），价格也逐渐下降，这样购买量也就激增了。

2. 1977 年以来，这些耐用消费品购买量迅速增长。一方面反映了粉碎"四人帮"以来人民群众由于收入增加使购买力大大增加，另一方面也反映出由于思想解放带来的生活方式的变化——一些过去被视为"奢侈品"的东西（收录机、洗衣机、电冰箱）已经被家庭接纳，逐步成为常见的消费品。无疑，模仿——互相仿效这种社会心理也促使了消费的增长。

3. 从不同时期的购买数量来看，出现较大增长势头的是收录两用机、录音机、电冰箱、洗衣机和电风扇。由于我们实际上统计到 1982 年底，所以 1981 年来这几大件的购买数量几乎和 1977—1980 年这四年的购买数量拉平。虽说收录两用机、电冰箱、洗衣机、录音机的绝对数字较少，但购买率却增长较快，几乎都增加了一倍。照相机有所增长，但增长的幅度还是明显低于前几种耐用消费品。电子管收音机、电视机、缝纫机则基本持平。购买数下降的是电子计算器和两用车。

4. 从绝对数字看，收录两用机、录音机、电冰箱、洗衣机、照相机的购买潜力还是很大的。虽然从表上看，电冰箱、洗衣机的拥有量不如电视机大，这是因为，这二大件是近几年才大批出现在市场上的，价格（特别是电冰箱）比较贵，不少人出于对它们的质量及经济上的考虑，往往不愿先试用。只要降低成本，提高质量，这些消费品的销售前景是十分乐观的。

在不持有上述 11 种耐用消费品的 31 个调查对象中，除了一人不满 50 岁以外，其余的都年逾花甲。在调查中，不少人表示，年纪大了，不想再添置什么了。从她们的家庭结构看，孤身独居的占了将近一半（15 人），老夫妻俩一起生活的有 8 人，与一个孙子女同住的有 2 人，夫妻俩与 1—2 个未婚子女同住的有 3 人，有

1 人是丧夫，与 1 个未婚子女一起生活，只有 2 个家庭是三代同堂，6 口人。从收入看，孤身无收入的 9 人，人均月收入在 35 元以下的 13 人，丈夫、子女收入不详的 6 人，只有 3 人家庭人均月收入在 35 元以上，最高的是一个 79 岁的孤身老太太，退休金和生活补贴加在一起是 66 元。应该指出，我们是根据本人和一起生活的家庭成员的工资、奖金、福利及生活补贴来算人均收入的，考虑到不在一起生活的子女的赡养问题，以及个人以前的积蓄，这些家庭的实际收入会高于我们的统计数字，但离生活富裕尚有相当的距离。不满 50 岁的一个被调查者，本人有精神病，无工作，丈夫在外地工作，低工资，2 个孩子均未成年，其生活困难是可想而知的。因此，这 31 个家庭中，除了一个祖孙同住的 2 口之家和一个三代同堂的 6 口之家有购置想法外，其余的均无此打算。

可见除了耐用消费品的质量和价格外，消费投向还要受到年龄、经济、家庭结构、住房条件和文化程度的影响。

洗衣机、电冰箱是耐用消费品中的新产品，而且是购买量增加较快的品种。我们对目前家中已有这两大件的调查对象的情况，也从文化程度，居住条件，经济状况和年龄等方面作了一个分析。

首先，从表 3 中可以看出，文化程度对购买意愿的影响。从相对比例来说，具有大专以上文化的占该类总人数的 17.1%，其次是高中，占 10.2%，其余各类均在 10% 以下。从表中还可以看出，无厨房及无卫生设备的，购买洗衣机的甚少，因为洗衣机的使用必须要有上下水道。看来，卫生设备将成为洗衣机扩大销售的一个先决条件。由于目前洗衣机社会保有量还较低，所以暂且还可以不管。但将来要扩大洗衣机的销售就必须在进一步改善居住条件情况下才能办到。

表2　耐用消费品购买时间表

耐用消费品 / 购买年代	电子计算机(台)	收录机(台)	收音机(台)	录音机(台)	电视机(台)	缝纫机(部)	电风扇(台)	照相机(台)	电冰箱(台)	洗衣机(台)	两用车(辆)
1940年前			1				1	3			
1940—1949年			6			9	12	7	1		
1950—1957年			17	1		22	21	4			
1958—1965年			56	4	1	77	21	10			
1966—1976年	0	3	78	46	68	185	66	31	2		
1977—1980年	78	73	58	48	333	118	213	36	10	11	2
1981年以后	29	77	33	7	155	65	185	25	19	34	4
不详	25	8	10		20	12	18	5	3	3	1

表 3 拥有洗衣机的调查对象的情况

（1）文化程度和年龄交互分类表

文化程度 / 年龄	文盲	小学	初中	高中	大专	大学肄业	大学以上	总计
20—35 岁			3	4	2			9
36—59 岁	1	1	4	11	3		6	26
60 岁以上	2	5	3	2			1	13
总　计	3	6	10	17	5		7	48

（2）卫生设备和厨房交互分类表

卫生设备 / 厨房	无卫生设备	卫生设备合用	卫生设备独用	总计
无　厨　房			3	3
厨房合用	2	19	5	26
厨房独用	3	1	15	19
总　　计	5	20	23	48

（3）人均月收入分类情况表

	0	0
	10—25 元	1 人
	25.1—35 元	2 人
	35.1—45 元	9 人
人均月收入	45.1—55 元	12 人
	55.1—65 元	9 人
	65.1—79.9 元	7 人
	80—99.9 元	4 人
	100—300 元	3 人
	不详	1 人

第 十 九 课

中　国　菜

中国菜在世界上享有盛名，几乎每个大城市都有中国餐馆。中国菜讲究"色、香、味"三者的调和。由此也可以看出中国文化的特点，那就是协调各方面的关系，使之达到稳定与融合。儒家注重社会关系的协调，君臣、父子、夫妇，都有一定的规范不可逾越。道家注重协调人和自然的关系，从而达到人类自身的超越。中国这两大哲学流派，在追求协调这一点上有共同之处。中国菜的制作烹调，功夫放在"色、香、味"的调和搭配上，其道理是一样的。

中国菜有不同的系统，大致是按地区划分的。主要分：鲁菜、川菜、粤菜、淮扬菜和湘菜等几类。

鲁指山东省，鲁菜就是山东菜，主要是在山东东部沿海一带兴起的，所以特别长于海味的烹调。北京的许多大饭馆，例如萃华楼、丰泽园、同和居，都是山东馆子。著名的烤鸭店全聚德，虽然以北京烤鸭著称，原先也是山东人开的。在北京有不少年老的厨师讲山东话，这也说明山东菜在北京的优势。

川指四川省，川菜就是四川菜。川菜的特点是辣和麻，辣是因为用的辣椒多，麻是因为用的花椒多，又辣又麻，给舌头以强烈刺激，同时加速血液循环，往往冬天也会吃出一头大汗，浑身舒畅。因为辣椒是红色的，所以川菜常常是一盘红。那鲜明的颜色也很刺激人的食欲。四川除大菜以外小吃也做得好，抄手啦，汤圆啦，水饺啦，都很精致很可口。如果到四川的成都，千万别放过那里的小吃。

粤指广东省，粤菜就是广东菜。广东人吃蛇、吃猫，有一道菜叫龙虎斗，就是用蛇肉和猫肉一起做的。不过在粤菜里还是以海鲜为主，龙虾、海蟹是名贵的佳肴，用蚝油做的豆腐也很好吃。广东点心很有名，种类多，味道好，各种各样吃一点，就可以当饭了。广东人讲究饮茶，就是一边喝茶一边吃这些点心。中国有"食在广州"的话，大概是不错的吧？

淮扬指江苏省扬州一带，淮扬菜就是江苏菜。淮扬菜的特点是甜，咸中带甜，让人觉得柔和而不刺激。早在西晋的时候，有位文学家叫张翰，是吴中人。他在北方做官时间久了，又厌恶官场的种种丑恶，便辞职回家。可是他不便直说辞职的原因，就说因秋风起而想念家乡的鲈鱼和莼菜（秋天这两样食物最好）。现在的淮扬菜里，当然还有这两道菜的。

湘指湖南，湘菜就是湖南菜。湘菜的特点也是辣，不是一般的辣，辣得外地人受不了。就连早点的咸菜也是辣的，各种做法的姜摆一桌子，随你挑哪一种都能把你辣得直咧嘴。湖南人还爱吃苦瓜，配上辣椒和豆豉，味道浓烈，很刺激食欲。

除了上述几种菜系之外，还有宫廷菜、孔府菜、清真菜等，北京北海的仿膳、琉璃厂的孔膳堂、王府井的东来顺这几家饭馆可作为代表。它们的风味就不必一一介绍了。

在中国吃饭到处都要用筷子，外国人在吃饭的同时学习筷子的用法，也许是附加的一种乐趣吧？

生　词

(1) 享有　　　　　〔动〕　etwas geniessen
　　xiǎngyǒu　　　　　　 to enjoy, to have
　　　　　　　　　　　　 （社会的に名声などを）得ている

(2) 盛名　　　　　〔名〕　hohe Reputation
　　shèngmíng　　　　　　 high prestige
　　　　　　　　　　　　 高い名声

(3) 调和　　　　　〔动〕　ausgewogen sein, in harmonischem
　　tiáohé　　　　　　　　 verhaltnis stehen
　　　　　　　　　　　　 to be in harmcnious proportion
　　　　　　　　　　　　 ほどよく配合する

(4) 协调　　　　　〔动〕　harmonisieren, aufeinander abstim-
　　xiétiáo　　　　　　　　 men
　　　　　　　　　　　　 to harmonize
　　　　　　　　　　　　 調和する

(5) 稳定　　　　　〔形〕　fest, stabil
　　wěndìng　　　　　　　 stable
　　　　　　　　　　　　 安定している

(6) 融合　　　　　〔动〕　sich vermischen, ineinander ver-
　　rónghé　　　　　　　　 schmelzen
　　　　　　　　　　　　 to fuse, to blend
　　　　　　　　　　　　 融合する

(7) 儒家　　　　　〔名〕　Konfuzianische Schule；Konfuzian-
　　Rújiā　　　　　　　　　 er
　　　　　　　　　　　　 the Confucian school；Confucian-
　　　　　　　　　　　　 ism
　　　　　　　　　　　　 儒家

(8) 君臣　　　　〔名〕　Monarch und Minister
　　jūnchén　　　　　　monarch and minister
　　　　　　　　　　　　君臣

(9) 规范　　　　〔名〕　Norm, Standard, Regel
　　guīfàn　　　　　　　standard
　　　　　　　　　　　　規範

(10) 逾越　　　　〔动〕　überschreiten
　　yúyuè　　　　　　　to exceed
　　　　　　　　　　　　乗り越える

(11) 道家　　　　〔名〕　Taoistische Schule; Taoist
　　Dàojiā　　　　　　　Taoist school; Taoism
　　　　　　　　　　　　道家

(12) 超越　　　　〔动〕　übersteigen, uberschreiten
　　chāoyuè　　　　　　to surmount, to surpass
　　　　　　　　　　　　超越する

(13) 哲学　　　　〔名〕　Philosophie
　　zhéxué　　　　　　　philosophy
　　　　　　　　　　　　哲学

(14) 流派　　　　〔名〕　Schule; Sekte
　　liúpài　　　　　　　　school; sect
　　　　　　　　　　　　流派

(15) 烹调　　　　〔动〕　kochen, Speisen zubereiten
　　pēngtiáo　　　　　　to cook
　　　　　　　　　　　　調理する

(16) 功夫　　　　〔名〕　Fähigkeit, Können, Geschicklichkeit
　　gōngfu　　　　　　　skill
　　　　　　　　　　　　手腕、本領

(17) 搭配　〔动〕　arrangieren, zusammenstellen (grup-
　　dāpèi　　penoder paarweise)
　　　　　　arrange (in pairs or group)
　　　　　　組み合わせる

(18) 系统　〔名〕　System
　　xìtǒng　　system
　　　　　　系統

(19) 大致　〔副〕　im grossen und ganzen, generell
　　dàzhì　　generally
　　　　　　大体、およそ

(20) 海味　〔名〕　Meeresfrüchte, Seedelikatessen
　　hǎiwèi　　choice seafood
　　　　　　（珍しい）海産の食品

(21) 烤鸭　〔名〕　Bratente
　　kǎoyā　　roast duck
　　　　　　アヒルの照り焼き

(22) 辣　〔形〕　scharf, beissend
　　là　　spicy hot
　　　　　　ひりひり辛い（とうがらしのような
　　　　　　辛さ）

(23) 麻　〔形〕　prickelnd, kribbelnd
　　má　　a tingling sensation　brought on by
　　　　　　certain spices
　　　　　　しびれるように辛い（サンショのような
　　　　　　辛さ）

(24) 循环　〔名〕　zirkulieren, kreisen
　　xúnhuán　　circulation
　　　　　　循環

(25) 小吃 〔名〕 Imbiss, Happen
xiǎochī snack
一品料理、簡単な食事

(26) 抄手（即馄饨） 〔名〕 Huntun; Suppe mit gekochten
chāoshǒur Fleischtäschchen
wonton; dumpling soup
ワンタン

(27) 汤圆 〔名〕 in Wasser gekochte Klebreisklösschen
tāngyuánr mit süsser Füllung (für das Later-
nenfest)
sweet dumplings made of glutinous
rice flour (for the Lantern Festival)
タンメン

(28) 水饺 〔名〕 gekochte Fleischtaschchen, gefüllt
shuǐjiǎo mit Fleisch und Gemüse
dumplings (with meat and veg-
etable stuffing); jiaozi
水餃子

(29) 精致 〔形〕 fein, exquisit
jīngzhì fine
丹念である

(30) 可口 〔形〕 wohlschmeckend
kěkǒu tasty
口当たりが良い

(31) 龙虾 〔名〕 Languste
lóngxiā lobster
ロブスター

(32) 海蟹　　　　　〔名〕　Krabbe
　　 hǎixiè　　　　　　　　crab
　　　　　　　　　　　　　　かに

(33) 佳肴　　　　　〔名〕　Delikatessen（vor allem Fleisch und
　　 jiāyáo　　　　　　　　Fisch）
　　　　　　　　　　　　　　delicacies
　　　　　　　　　　　　　　美味な料理

(34) 蚝油　　　　　〔名〕　Austernsauce
　　 háoyóu　　　　　　　　oyster sauce
　　　　　　　　　　　　　　かき油

(35) 豆腐　　　　　〔名〕　Sojabohnenkase
　　 dòufu　　　　　　　　bean curd
　　　　　　　　　　　　　　豆腐

(36) 当　　　　　　〔动〕　dienen als, behandelt werden als
　　 dàng　　　　　　　　 treat for
　　　　　　　　　　　　　　(……と）する

(37) 西晋　　　　　〔名〕　die Westliche Jin-Dynastie（265—
　　 Xījìn　　　　　　　　 316)
　　　　　　　　　　　　　　the Western Jin Dynasty（265—
　　　　　　　　　　　　　　316)
　　　　　　　　　　　　　　西晋時代（265—316)

(38) 鲈鱼　　　　　〔名〕　Flussbarsch
　　 lúyú　　　　　　　　　perch
　　　　　　　　　　　　　　スズキ

(39) 莼菜　　　　　〔名〕　Schleimkraut, Wasserschild
　　 chúncài　　　　　　　 Brasenia purpurea. An edible water-
　　　　　　　　　　　　　　plant
　　　　　　　　　　　　　　ジュンサイ

(40) 姜　　　　　〔名〕　Ingwer
　　　jiāng　　　　　　　ginger
　　　　　　　　　　　　しょうが

(41) 咧嘴　　　　　　　　den Mund verzerren
　　　liězuǐ　　　　　　　to grin
　　　　　　　　　　　　口をゆがめる

(42) 苦瓜　　　　〔名〕　Balsambirne
　　　kǔguā　　　　　　　balsam pear
　　　　　　　　　　　　ニガウリ

(43) 豆豉　　　　〔名〕　fermentierte Sojabohnen
　　　dòuchǐ　　　　　　　fermented soy beans
　　　　　　　　　　　　豆でつくった副食物、味噌、納
　　　　　　　　　　　　豆の類

(44) 浓烈　　　　〔形〕　streng, intensiv
　　　nóngliè　　　　　　　strong (flavor)
　　　　　　　　　　　　（におい、味などが）激しい、強い

(45) 宫廷　　　　〔名〕　Palast
　　　gōngtíng　　　　　　palace
　　　　　　　　　　　　宮廷

(46) 孔府　　　　〔名〕　Konfuzius' Wohnhaus
　　　Kǒngfǔ　　　　　　Confucius's mansion house
　　　　　　　　　　　　孔府

(47) 清真　　　　〔名〕　Islam
　　　qīngzhēn　　　　　　Islam
　　　　　　　　　　　　イスラム教

(48) 附加　　　　〔形〕　zusätzlich
　　　fùjiā　　　　　　　additional
　　　　　　　　　　　　つけ加えた

词 语 例 释

（1）鲁菜就是山东菜，主要是在山东东部沿海一带兴起的，所以特别**长于**海味的烹调。

"一带"泛指某处以及与它相连的地方。例如：

① 中国江南一带雨量充足气候湿润。

② 明清两代，北京大学这一带有不少著名的园林。

③ 您看，这一带风景多好！

"长于"是擅长于的意思，表示在某一个方面或几个方面做得特别好。例如：

① 我长于会话，她长于写作。

② 我长于美术，这工作干得好。

（2）如果到四川的成都，**千万**别放过那里的小吃。

"千万"在这里是副词，有"务必"、"一定"的意思，后面用"不"、"别"等副词，更强调否定的意味。例如：

① 我托你的事千万别忘了！

② 今天的会很重要，千万不能迟到。

"千万"用于否定时，可以换成"万万"。例如："万万别忘了"，"万万不能迟到"。

"千万"也可以用于肯定句，表示强调。例如：

① 我托你的事，请千万记在心上！

② 我们都在等你，千万来呀！

注意："千万"用于肯定时，不能换成"万万"。

（3）他**不便**直说辞职的原因，就说因秋风起而想念家乡的鲈鱼和莼菜。

"不便"在这里是动词，不适宜的意思，也说"不便于"。后面必须带一个动词宾语，表示不适宜做某件事。例如：

① 这是她的私生活，我不便过问。

② 我不便拒绝他的好意，可是又不想去，你看怎么办。

注意："不便"的肯定式是"便于"，而不是"便"。可以说"便于讨论"，而不说"便讨论"。

(4) 外国人在吃饭的同时学习用筷子，也许是附加的一种乐趣吧?

"吧"是助词，用在问句末尾时，这些问句往往不是单纯提问，而有揣测的语气。例如：

① 这本书是新出的吧?（我想大概是新出的）

   这本书是新出的吗?（单纯提问）

② 这些礼物她也许喜欢吧?（猜想她会喜欢）

   这些礼物她喜欢吗?（单纯提问）

课 外 读 物

(1) 杨文骐《中国饮食文化和食品工业发展简史序》（中国展望出版社 1983 年出版）

(2) 菜谱一则：油焖大虾（见《中国菜谱》，中国财政经济出版社 1975 年出版）

(3) 昕宇《北京东来顺的涮羊肉》（《文化与生活》1980 年第 1 辑）

课堂讨论思考题

(1) 中国有哪些大的菜系? 各有什么特点?

(2) 你吃过中国菜吗? 你觉得中国菜味道怎样?

(3) 你用过筷子吗? 感觉怎样?

*　　　　　*　　　　　*

《中国饮食文化和食品工业
发展简史》序

从考古发掘和文献记载中得到证实：在人类历史上，我们的祖先开拓懂得使用火和人工取火技术的新纪元。虽然根据文献记载，我国进入陶器、铜器、铁器时代和开始掌握酿酒技术的时间，可能比埃及和巴比伦晚一、二千年，但这两个文明古国的文化和历史，都由于异族的侵入，在纪元前就已中断。只有我国的文化和历史，其中也包括饮食文化和历史，虽然也曾屡受异族的侵略和兵燹之祸，遭到破坏，却能不断地发扬壮大。寿命之长和生命力之强，是举世无匹的。

我国的饮食文化从地下的考古发掘可以上溯数十万年。文献记载一般是从夏、商、周三代开始。盘庚迁殷（约在公元前一千二百七十年）以前缺乏可信的史料，只能在先秦的传说和考古的论断约略看到一些稀疏的影子。年代不十分准确可靠。到了周朝共和元年（公元前八四一年）我们已经有了史官，并且采用天干、地支纪年的方法，一年不断地记载史事。迄今已有二千八百多年。这样，也给研究我国饮食文化发展的历史提供许多方便。也是世界任何国家所望尘莫及的。

我国的饮食文化以其历史悠久、一脉相承、绵延不断、历代都有所发明、创新和有所兼收并蓄外国的和国内各民族的饮食文化熔冶于一炉；以其自成体系、丰富多彩和具有独特的民族风格著称于世。它是在长达四、五千年的历史长河中，汇聚许多细流所形成的巨流。原产我国，首先被我国人民所驯化、所精心培育的食用动植物品种之多，我国在食品生产技术和加工食品方面的创造发明之多：在食品方面，力求物尽其用，化废为宝以及食疗结合等方面所积累的智慧之丰富，历代饮食文化史料和食品著述

297

之丰富，堪称给全世界树立了光辉的典范。

我国的饮食文化是我国也是全世界闪烁着灿烂的光芒的珍贵文化遗产。我国的饮食文化史是我国文化史，也是世界文化史的重要组成部分，以我国为代表的东方饮食文化和以欧美为代表的西方饮食文化，是当今世界上并存着的既互相颉颃又互相渗透的两大体系。它们都是在自我发展和吸收外来的饮食文化的过程中不断地发展和壮大的。它们之间的相互交流，取长补短和相互促进是今后人类饮食文化发展的主流，也是改善、提高和丰富各国和全世界人民饮食生活的重要途径。

目前，国内外在饮食文化史的研究方面，都还没有引起足够的重视。我国在这方面的研究和整理工作，正本清源弄清其来龙去脉的努力，也相当落后于形势。日本的篠田统先生帮我们开了一个头。他在昭和四十九年（1974年）写成《中国食物史》一书。之后，美国的张光直等人在1977年写成《中国食品文化》。上述两书和本书的写法，着重点和内容都不很相同。国内虽然也有一些零星的有关我国制茶、酿酒、酿醋、酿造酱油等的历史方面的论文发表，而迄今为止，还没有一本比较全面和有系统的专书出版。

作者写这一本书主要有以下两个方面的动机和目的：

一、鉴于许多人对我国饮食文化和食品工业发展史缺乏了解，有许多争论，譬如酱油、豆腐、蔗糖、烧酒等食品始于何时？张骞从西域传入哪些食品？等等，诸说纷纭，以讹传讹的情况尤为普遍。我国有许多对改善人民饮食生活有过巨大的贡献，值得后人讴歌和纪念，诸如饴糖、豆豉、豆酱、酱油、酒曲、豆腐、粉丝、皮蛋等的发明家，由于这些食品多数来自民间，在刚刚开始问世的时候，往往不被注意，它的创造发明人不但没有留下姓名，甚至连创制年代和地点都无从查考，应该给予崇高的评价。许多中外饮食文化交流的重要史迹，发生的年代及其影响，以及我国

298

食品工业从萌芽到现在的发展情况，都应该加以介绍，使人们特别是从事食品行业的干部和科技人员等能够有一个比较正确和全面的了解。

二、鉴于目前还存在着两种情况：一部分人认为中国食品文化，特别是烹饪技艺，是全世界最丰富多彩和最优美的。另一部分人认为欧美食品科学和工业水平最高。食品工业现代化就是照搬欧美的食品科学和工业方面的最新成就。尤其是后一种思想在我国食品科技界很占优势。许多科技人员只读洋装书，不读线装书。只知外国有巴斯德，不知中国有贾思勰。只知外国有速煮面、软罐头；不知中国的伊府面和粽子是世界最早的速煮面和软罐头。他们对中国传统的食品生产技术，很少了解。而事实上，现在世界上早已不存在一个国家或一个民族"纯血统"的饮食文化。我国的饮食文化早已渗进不少外来的"血统"。闭关自守和全盘西化都是行不通的。作者希望能以许多史实来说服上述两种人，既不要夜郎自大，也不要数典忘祖，失却民族自信心和自尊心。希望大家能同心同德，共同以古为今用、洋为中用、中为洋用、中西结合、推陈出新、继往开来为准则，为我国食品工商业和人民饮食生活的中国式的现代化做出贡献。同时也希望今后在编写食品教材方面，能够本着同样的宗旨加以补充和充实；既适应时代要求，又适合我国的具体情况和需要。

综上所述，要写好这样一本书是很不容易的。比写英、美、日的饮食文化史要困难复杂得多，而其意义自然也要比写那些书要巨大和深远得多。作者从事有关资料的搜集已有将近三十年时间。十几年前就打算写这样一本书。到七九年初才开始动笔。断断续续地写了将近两年。现在虽已草草写成，只不过是粗枝大叶，述其梗概，而错漏之处，肯定不少。一方面应该归咎于作者个人才力、利用业余时间和可供参阅的文献资料有限；另一方面则是由于许多典籍已经失传，或不见记载或以讹传讹所造成的困难。作者只不过是想尽力而为之，开一个头，抛砖引玉，希望能引来热烈的讨论和评论，引来许多宝贵的意见，作为下一次再版时校补或是重新改写的重要依据，尤其希望后人踵事继起，引来了更多更好的有关这些方面的专著。

本书以引证为主，阐述为辅。引证尽可能摘录原文，但也有因原著一时无法找到，只得转抄其他书籍引证的记载的情况。

最后，作者诚恳地欢迎读者们不吝指教。以匡不逮。

菜 谱 一 则

一〇三、油焖大虾

原　料

对虾	一斤
鸡汤	二两
葱末	一钱半
姜末	一钱半
青蒜	一钱
绍酒	三钱
精盐	二分
味精	四分
白糖	四钱
熟猪油	一两
芝麻油	六钱

制　法

1. 新鲜对虾用凉水洗两遍，剪去虾腿、虾须和虾尾。由头部开一小口取出沙包，再将虾背劐开，抽出沙线，切成三段（小的可切成两段）。青蒜去根洗净消毒，切成一寸长的段。

2. 将炒勺放在旺火上，倒入熟猪油烧到五、六成热，下入葱末、姜末和大虾，煸炒几下，加入绍酒、精盐、白糖、鸡汤、芝麻油、味精。待汤烧开后，盖上勺盖，移到微火上焖约五分钟，然后再改用旺火焖，当汤汁已收浓时，撒上青蒜段即成。

特　点

此菜大虾红艳油亮，再饰以碧绿的青蒜段，瑰丽美观。肉质鲜嫩，味道香甜。

北京东来顺的涮羊肉

北京东风市场北门，有一家七十五年的老店，名东来顺，以供应涮羊肉闻名中外，为人民生活增添着情趣。

涮羊肉是冬令佳肴。每年从秋末开始，直到次年暮春，在东来顺的餐厅里总是笑语喧哗，座无虚席。一个个紫铜火锅，炭火正红，热汤滚沸；一盘盘薄达一毫米以下的羊肉片，红白相间，像朵朵盛开的鲜花；衬上嫩绿的白菜，雪白的粉丝，玉石一般的糖蒜，每张餐桌都像一幅精致的图案，就是看看也是一种享受。

涮羊肉的特点：第一是选肉要严，第二是切肉要薄，第三是佐料要精美，第四是火候要适当。四者缺一不可。

选肉的要求是羊肉没有膻味，吃起来能全部咽下不"吐核"。东来顺不但保持了选用膘满肉嫩的西口大羊，而且坚持用阉过的肥羊。每只羊重四十多斤，能够用作涮羊肉的只有十二三斤，就是上脑、后腿、大三叉、小三叉和臀部的"黄瓜条"。除了这几个部位一概不用，所以说选肉要严。

切肉要薄。每片肉长二十厘米、宽四厘米，而薄厚在一毫米以下。如果把一片肉平铺在青花瓷盘里，你可以透过肉片隐约看出盘子上的图案。这种刀技，是东来顺切肉师傅的拿手本领。

有了好肉还得好佐料。涮过的肉片要蘸上酱油、辣油、料酒、芝麻酱、豆腐乳、韭菜花、卤虾油等七种调料配成的浆汁才好吃。顾客可以按照不同口味自己调配。除了佐料，还有白菜、香菜、龙口粉丝等配料也都很有讲究。特别是糖蒜，更是别有风味。自然，涮羊肉还得好在涮字上。肉片下锅，要善于掌握火候，要把肉片涮得不老不生，恰到好处。

东来顺既接待内宾又接待外宾。凡来过东来顺的外宾和侨胞，几乎都是满意而去的。一位法国老人吃过涮羊肉后，兴致勃勃地讲他到过非洲和拉美的好多国家，第一次吃到这样的好菜。一位荷兰客人说：吃到这样的美餐，简直如同过圣诞节一样。一批冰岛朋友饭后还全体起立鼓掌，向服务员道谢，并特地请来厨师一一握手致谢……在这些珍贵友谊的鼓舞下，东来顺的涮羊肉必将精益求精，更好地为中国人民和世界人民服务。

第 二 十 课

当代通用的礼貌用语

中国自古以来就很讲礼貌，十分注重使用礼貌用语，特别是书面语言尤其讲究。例如：古人写信在对方名字下一定要加"先生"、"大人"、"阁下"这一类的话，以表示尊敬。而在信的末尾自己姓名的前面一定要加"晚生"、"受业"这一类的话，以表示谦逊。当代不大讲究这些了，但"礼多人不怪"，讲话写信适当用些敬语，更能显示自己的修养。

当代有哪些礼貌用语呢？这里只能简单地介绍几种最常用的：

问候语：最普通的是"您好！""您早！""晚上好！"这些都不必回答，只用同样的话问候对方就行了。但"您近来好吗?"却是期待回答的，带有更关注的意味，多半用在熟人之间。

感谢语：最普通的是"谢谢!""太感谢啦!""十分感谢!"近来常听人说"太谢谢啦!"这不太合乎汉语的习惯，感谢有程度轻重的区别，前面可以加"太"字。谢谢只是一种表示，没有轻重的区别，前面不必加"太"字。正像可以说"十分感谢"而不说"十分谢谢"一样。"谢谢"还有拒绝的意思，和说话时的口吻有关。例如"谢谢您的好意!"这句话多半带有拒绝的意味，后面的意思是"请别管我!"

道歉语：最普通的是"对不起!"在打搅了别人以后应该这样说，在请求别人帮忙时也可以这样说。比较文雅的说法是"真抱歉!"请注意，"对不起"和"真抱歉"都有拒绝的意思，有时甚至是很不客气的。例如："对不起!请走开!""真抱歉！我不能听你的!"

请求语：最普通的是一个"请"字，这个字可以用在很多场合。例如："请问，去北京大学怎么走?""请给我一杯茶!""请不要吸烟!""请便!"

礼貌用语的用法很灵活，一定要根据不同的场合，不同的对象，有选择的使用，才能恰到好处。

最后再简单介绍一下写信的礼貌用语和格式。

书信开头的称谓：可以只称名不称姓，这样显得亲切。但对方如果是单名，则习惯上是姓名一起称呼，或许因为只称呼一个字的名显得过于亲昵，或许因为单音节读起来不大顺口。例如对方叫"王大成"，可以写"大成："如果对方叫"王成"，最好不要写为"成："，而要写为"王成："。有人除了名之外还有字，如果你知道他的字是什么，称字比较尊敬也比较亲切。在姓名下面要不要加头衔呢？这要看你和对方的关系以及对方的地位而定。如果关系比较亲密，可以不加头衔，否则还是加上比较尊敬。头衔是表示一个人的职务或身份的，如教授、校长等等。除了头衔还有其他的称呼，常用的有："先生"是男性的尊称；"女士"是女性的尊称。如果对方是学术界的长者，虽然是女性也可称"先生"。在姓名、头衔或其他称呼的后面还可以再加上这样的字样："台鉴"、"大鉴"、"雅鉴"等等，鉴是看的意思，台、大、雅，都是敬语，连起来意思是请对方看自己这封信。如果对方是官员，可以称"阁下"、"足下"。如果对方是文人，可以称"文席"、"史席"、"著席"。如果对方是比较年轻的女性，可以称"芳鉴"。以上列举的这些词语，写白话信不一定非用不可，用上可以显得文雅一些，但整篇书信的风格要协调一致，这是必须注意的。

信的结尾一定要有祝福语，现在常用的有这些："祝您健康！""祝您幸福！""祝您快乐！""此致敬礼！"文雅一点的说法是"顺祝大安！""敬祝教安！""恭祝秋安！"也可以说"致以崇高的敬意！"等等。

署名也有讲究，除非对方是很亲密的人，一般应当把自己的姓和名都署上。姓名之后，还可以根据对方的身份以及你和他的关系加上这样的话："上"、"拜上"、"敬上"等等。

信封的写法，要注意的只有中间一行，即对方姓名之后的称呼，一般说来应和书信开头的称呼一致。称呼后面再加上"启"、"亲启"、"台启"之类的话就行了。

生　词

(1) 大人　　　〔名〕　Verehrter Vater
　　dàren　　　　　　Dear Father（or mother）
　　　　　　　　　　父上（母上）

(2) 阁下　　　〔名〕　Eure Exzellenz
　　géxià　　　　　　Your Excellency
　　　　　　　　　　閣下

(3) 晚生　　　〔名〕　Ihr Schüler
　　wǎnshēng　　　　Your Student
　　　　　　　　　　小生、愚弟

(4) 受业　　　〔名〕　Ihr Schüler
　　shòuyè　　　　　Your pupil
　　　　　　　　　　小生、愚生など、学生の師に
　　　　　　　　　　対する謙遜のことば

(5) 怪　　　　〔动〕　jmd. Schuld geben jmd. etwas Vor-
　　guài　　　　　　　werfen
　　　　　　　　　　to blame
　　　　　　　　　　とがめる

(6) 期待　　　〔动〕　erwarten，hoffen
　　qīdài　　　　　　to hope
　　　　　　　　　　期待する

(7) 关注　　　〔动〕　etwas aufmerksam verfolgen
　　guānzhù　　　　　to pay attention to
　　　　　　　　　　配慮する

(8) 文雅　　　〔形〕　gebildet，kultiviert
　　wényǎ　　　　　cultivated・elegant
　　　　　　　　　　高尚な、上品な、エレガントな

307

(9) 恰到好处　　　　　　　　　　　genau passend sein
　　qiàdào－hǎochù　　　　　　　just right
　　　　　　　　　　　　　　　　ちょうどいい、ぴったりくる

(10) 格式　　　　　　〔名〕　　　　Form，Muster
　　géshì　　　　　　　　　　　　form
　　　　　　　　　　　　　　　　一定の形式

(11) 称谓　　　　　　〔名〕　　　　Titel，Bezeichnung，Benennung
　　chēngwèi　　　　　　　　　　appellation
　　　　　　　　　　　　　　　　称呼

(12) 单名　　　　　　〔名〕　　　　einsilbiger Name
　　dānmíng　　　　　　　　　　name（one word）
　　　　　　　　　　　　　　　　一字の名

(13) 亲昵　　　　　　〔形〕　　　　sehr intim，sehr vertraut
　　qīnnì　　　　　　　　　　　　very intimate
　　　　　　　　　　　　　　　　大変親しい

(14) 顺口　　　　　　〔形〕　　　　flüssig zu lesen，zu sprechen
　　shùnkǒu　　　　　　　　　　smooth，fluid
　　　　　　　　　　　　　　　　口調がいい

(15) 字　　　　　　　〔名〕　　　　Grossjährigkeitsname，angenommen
　　zì　　　　　　　　　　　　　im Alter von 20 Jahren
　　　　　　　　　　　　　　　　a "style name" taken at the age
　　　　　　　　　　　　　　　　of twenty，by which a man is some-
　　　　　　　　　　　　　　　　times called
　　　　　　　　　　　　　　　　あざな

(16) 头衔　　　　　　〔名〕　　　　Titel，Rang；Dienst-，Ehrenbezeich-
　　tóuxián　　　　　　　　　　nung
　　　　　　　　　　　　　　　　title
　　　　　　　　　　　　　　　　肩書き

(17)	足下 zúxià	〔名〕	höfliche Anrede，meist in Briefen a polite form of address（mostly in letters） 貴下、足下（書翰文用語）
(18)	结尾 jiéwěi	〔名〕	Schluss，Ende ending 結末
(19)	署名 shǔmíng	〔动〕	unterschreiben to sign 署名をする
(20)	讲究 jiǎngjiù	〔动〕	Sorgfalt，Umsicht（erfordern） in need of careful study 研究に値すること
(21)	启 qǐ	〔动〕	öffnen to open 開く

词 语 例 释

（1）当代不大讲究这些了，但"礼多人不怪"，讲话写信适当用些敬语，更能显示自己的修养。

"不大"就是"不太"、"不很"、"不常"的意思，多用于口语。

例如：

① 我不大喜欢这部电影。

② 这一带不大出车祸，除非是下雪天。

（2）近来常听人说"太谢谢啦！"这不太合乎汉语的习惯，……

"合乎"是动词，意思是合于、符合。例如：

309

① 他的结论合乎事实，完全可以成立。

② 你写的文章不合乎老师的要求，恐怕不能及格。

（3）**这句话多半带有拒绝的意味，后面的意思是"不用你管"。**

"多半"有两个意思，一是超过半数，相当于"大半"。例如：

① 他们多半会说英语，只有少数人不会。

② 这些书多半是小说，只有三本是诗。

"多半"的另一个意思相当于"大概"。例如：

① 虽然下雨，但他多半会来。

② 我看今天的会多半开不成。

课文里的"多半"的意思是后者。

（4）**对方如果是单名，则习惯上是姓名一起称呼，………如果关系比较亲密，可以不加头衔，否则还是加上比较尊敬。**

"则"和"否则"都是连词。"则"在这里是"那么"的意思，表示根据前面所说的条件得出后面的结果。常用于书面。例如：

① 如能勤奋学习则可大有进步。

② 如不戒烟，则有患癌症的危险。

"否则"的意思是"如果不这样，那么"，用在分句的开头。例如：

① 你应该勤奋学习，否则不可能进步。

② 请戒烟吧，否则有患癌症的危险。

课 外 读 物

（1）鲁迅《致母亲》选二（《鲁迅全集》第十卷）

（2）孙犁《芸斋书简》选二（《散文世界》1988 年第 10 期）

课堂讨论思考题

（1）常用的感谢语、道歉语、请求语有哪些？

(2) 请就你的母语和汉语在使用礼貌用语方面的异同作一比较。

*　　　　*　　　　*

致母亲（选二）

（1933）

母亲大人膝下，敬禀者，七月四日的信，已经收到，前一信也收到了。家中既可没有问题，甚好，其实以现在生活之艰难，家中历来之生活法，也还要算是中上，倘还不能相谅，大惊小怪，那真是使人为难了。现既特雇一人，专门服侍，就这样试试再看罢。男一切如常，但因平日多讲话，毫不客气，所以怀恨者颇多，现在不大走出外面去，只在寓里看看书，但也仍做文章，因为这是吃饭所必需，无法停止也，然而因此又会遇到危险，真是无法可想。害马虽忙，但平安如常，可释远念。海婴是更加长大了，下巴已出在桌面之上，因为搬了房子，常在明堂里游戏，或到田野间去，所以身体也比先前好些。能讲之话很多，虽然有时要撒野，但也能听大人的话。许多人都说他太聪明，还欠木一点，男想这大约因为常与大人在一起，没有小朋友之故，耳濡目染，知道的事就多起来，所以一到秋凉，想送他到幼稚园去了。上海近数日大热，屋内亦有九十度，不过数日之后，恐怕还要凉的。

专此布达，恭请

金安。

男树　叩上　七月十一日
广平及海婴同叩

（1936）

母亲大人膝下，敬禀者，不寄信件，已将两月了，其间曾托老三
　　代陈大略，闻早已达览。男自五月十六日起，突然发热，加以
　　气喘，从此日见沉重，至月底，颇近危险，幸一二日后，即
　　见转机，而发热终不退。到七月初，乃用透物电光照视肺部，
　　始知男盖从少年时即有肺病，至少曾发病两次，又曾生重症肋
　　膜炎一次，现肋膜变厚，至于不通电光，但当时竟并不医治，
　　且不自知其重病而自然全愈者，盖身体底子极好之故也。现
　　今年老，体力已衰，故旧病一发，遂竟缠绵至此。近日病状，
　　几乎退尽，胃口早已复元，脸色亦早恢复，惟每日仍发微热，
　　但不高，则凡生肺病的人，无不如此，医生每日来注射，据
　　云数日后即可不发，而且再过两星期，也可以停止吃药了。所
　　以病已向愈，万请勿念为要。海婴已以第一名在幼稚园毕业，
　　其实亦不过“山中无好汉，猢狲称霸王”而已。

　　专此布达，恭请
金安。

男树　叩上　七月六日
广平海婴同叩

312

芸斋书简（选二）

致孙柏昌（大港油田）

柏昌同志：

看过了你写的散文和小说。散文可以发表。小说意境高远，手法新颖，足见功力。在文字上，过于雕琢，有伤自然。今后是否再写得自然一些，供你参考。

我正忙于准备搬家。即祝

近安！

孙犁　14/3（1988）

致卫建民（北京）

建民同志：

4月20日信敬悉。

我还住在老地方。东西都装好了，新居的电尚未通，所以就等着，什么也干不成了。

给你的那封信，登在今年三月十八日《天津日报》第五版上。

今年的生日，恐怕还是自己吃一碗面条。其实我差不多天天吃面条，但到了生日这一天，如果自己没有忘记，还总是要吃一碗的。

祝

近安！

犁
4.23

生词索引

317

T

W